Der Autor Sebastian Canaves ist seit vielen Jahren begeisterter Weltenbummler und neugieriger Individualreisender, der sich vor kurzem seinen Lebenstraum erfüllt hat: Reiseblogger zu werden. Sebastian ist Unternehmer, Reisender, Berater, TEDx-Speaker, Social-Media-Experte, Autor und Gründer von OFF THE PATH, einem der erfolgreichsten und größten Reise-Blogs im deutschsprachigen Raum. *www.off-the-path.com/de*

Das Buch In seinem ersten Buch gibt der sympathische Blogger alle notwendigen Informationen preis, um eine Reise fernab der bekannten Pfade planen zu können: Wie organisiert man eine abenteuerliche Individualreise? Wie spart man für eine Weltreise? Was ist der ideale Rucksack, und wie packt man ihn möglichst effizient? Was tut man, wenn unterwegs der Reisepass verlorengeht? Mit zahlreichen persönlichen Erlebnissen gibt Sebastian Canaves Einblick in seinen Erfahrungsschatz als (Welt-)Reisender und verrät in mehr als 100 Tipps, wie man den perfekten Urlaub erlebt.

Sebastian Canaves

Unter Mitarbeit von Tom Thron

Off the Path

Eine Reiseanleitung zum Glücklichsein

Anders Reisen,
Mehr Erleben!

Ullstein

Besuchen Sie uns im Internet:
www.ullstein-taschenbuch.de

Originalausgabe im Ullstein Taschenbuch
1. Auflage August 2015
2. Auflage 2016
© Ullstein Buchverlage GmbH, Berlin 2015
Umschlaggestaltung: Fabian Sixtus Körner
Titelabbildung: © Sebastian Canaves
Buchgestaltung und Illustrationen: Axel Raidt
Bildnachweis der Vorlagen: siehe Seite 238
Layoutsatz: Red Cape Production
Druck und Bindearbeiten: CPI books GmbH, Leck
Printed in Germany
ISBN 978-3-548-37603-5

Inhalt

Vorwort: Wie ich zum Reisen kam 11

I Warum Reisen toll ist und was Backpacking ausmacht

Warum Reisen toll ist 17
Was ist Backpacking? 21

II Vorbereitung

Was für eine Reise plane ich? 27
    Welcher Reisetyp bin ich? 27
    Wohin? 31
    Wie lange? 51
    Wann? 54
    Nur Freizeit oder auch arbeiten? 58
    Städtereise oder Naturerlebnis? 68
    Wie viel Abenteuer, wie viel Sicherheit? 72
    Allein oder in Gesellschaft reisen? 75

Was kostet mich das? Die Finanzierung 78
    Wie du richtig Geld sparst 80
    Geld verdienen für die Reise 86

Was brauche ich? Die Ausrüstung und das Packen 90
    Immer am Mann! 90
    Das richtige Gepäckstück 92
    Packliste 94

Was muss ich vor der Abreise noch organisieren? 100
    Was geschieht mit meiner Wohnung? 100
    Versicherungen für unterwegs 106
    Was kann zu Hause alles ruhen? 107
    Fremdsprachenkenntnisse auffrischen 109

III Unterwegs

Die ersten Tage 113
    Jetlag 113

Die große Unterkunft-Frage:
Wo soll ich heute Nacht nur schlafen? 118
    Unterkünfte mit Dächern und Wänden 118
    Camping 132
    Schlafen an öffentlichen Orten 134

Achte auf deinen Körper 139
    Krankheiten oder Unwohlsein 139
    Tipps gegen Hitze und Kälte 146

Wie komme ich von A nach B? Verkehrsmittel 148
    Flugzeug 148
    Bahn 151
    Schiff 152
    Auto 158
    Motorrad 170
    Fahrrad 172

Was kostet das hier? 174

Online arbeiten von unterwegs 176
    Verdienstmöglichkeiten im Internet 176
    Ist »Reisen & Arbeiten« wirklich etwas für mich? 179

Endlich Zeit für mich! 180
    Relaxen 180
    Sightseeing 181
    Sport/Action 182

Fettnäpfchen 186
    Wörter 186
    Gesten 188
    Essen und Trinken 190

Kleidung	192
Handlungen	194

Probleme und Katastrophen ... 198
    Keine Reiseerinnerungen? ... 198
    Schlangen am Flughafen ... 198
    Verspätungen und Stornierungen ... 199
    Sich verlaufen ... 200
    Dinge verlieren oder bestohlen werden ... 200
    Geld alle ... 201
    Entführung ... 203
    Naturkatastrophen ... 203
    Ängste ... 205
    Tiere ... 207
    Sicherheitstipps ... 214
    Einsamkeit ... 217
    Online bleiben ... 218

IV Nach Hause kommen

Nach Hause kommen ... 225
    Danksagung ... 228

Anhang
    Register ... 231
    Bildnachweis ... 238

Exkurse
    Schottland – der Hammer! ... 48
    4 Dinge über Curaçao ... 52
    Warum Bangkok einen längeren Aufenthalt wert ist ... 70
    Backpacking in Nicaragua ... 88
    Ein Tag am See – der Inle Lake in Myanmar ... 116
    Der Südosten Finnlands:
    6 Dinge, die man in der Region Saimaa unternehmen kann ... 136
    Kreuzfahrt? Machst du Witze? ... 156
    8 Dinge, die du noch nicht über Athen wusstest ... 184

Warum dieses Buch?

Dieses Buch ist richtig für dich, wenn du noch wenig Erfahrung mit dem Rucksackreisen hast oder du dich zum ersten Mal für das Backpacken interessierst. Wenn du mit einem Mal den Drang verspürst, deinen Koffer, der dir viele Jahre brav gedient hat, in der Ecke stehen zu lassen, und stattdessen mehr Wert auf Flexibilität setzt. Wenn du statt Pauschalreisen und Luxushotels lieber Abenteuer erleben und Erfahrungen sammeln willst.

In diesem Buch zeige ich dir, wie du eine Backpacking-Reise planst. Wie du günstig reist, viel siehst, und noch viel wichtiger: richtig viel erlebst! Mein Ziel dabei: Deine Reise mit dem Rucksack soll so genial sein, dass du danach nur noch so reisen möchtest. Du sollst nach deiner Rückkehr als Erstes den alten Koffer verkaufen wollen! Und ich will dir eine Idee geben, wie du das Reisen zu deiner Lebensform machen und mit deinem Lebensunterhalt verknüpfen kannst.

Wenn du es bedauerst, noch nie mit einem Rucksack gereist und noch nie richtig tief in eine andere Kultur eingetaucht zu sein, wenn du neidisch auf jeden bist, der schon mal ein Blatt und seine Finger statt eines Tellers und einer Gabel benutzt hat oder sich die Nacht mit Einheimischen und rätselhaften Schnäpsen um die Ohren geschlagen hat – dann ist dieses Buch genau das Richtige für dich!

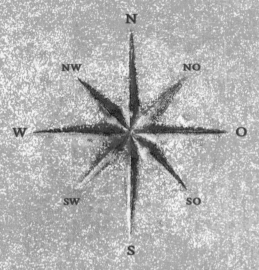

VORWORT

VORWORT: WIE ICH ZUM REISEN KAM

Den ersten Flieger nahm ich mit sechs Wochen. Als Kind bin ich mindestens einmal im Jahr von Mallorca aus, wo ich aufgewachsen bin, nach Düsseldorf geflogen, um meine Großeltern am Niederrhein zu besuchen. Fast 14 Jahre lang ging es jedes Jahr für ein paar Wochen nach Deutschland. Zwischendurch gab es natürlich auch jede Menge anderer Reisen mit meiner Familie. Als ich 14 war, zogen meine Mutter, mein Bruder und ich dann nach Freilassing – ein kleines bayerisches Kaff in der Nähe der österreichischen Grenze.

Ich habe mich dort nie richtig wohl gefühlt und war immer froh, wenn wir in den Urlaub geflogen sind. Zumal wir tolle Reisen gemacht haben. Unter anderem war eine Karibik-Kreuzfahrt dabei, außerdem haben wir das westliche Mittelmeer fast komplett bereist und auch innerhalb Deutschlands viel gesehen. Unsere Mutter hat uns gerne mitgenommen und uns viel von der Welt gezeigt.

Mit 16 kam ich dann in ein Internat in der Nähe von Osnabrück. Ich hatte es im Süden Deutschlands nicht mehr ausgehalten – und schulisch lief es auch nicht so gut. Im Internat haben wir viele Ausflüge mit Freunden gemacht, die bereits ein Auto hatten, sind in den Urlaub nach Portugal geflogen und vieles mehr.

Endgültig angesteckt mit dem »Travel Bug«, wie das Reisefieber unter seinen »Opfern« genannt wird, habe ich mich dann, als ich nach dem Fachabitur nach Australien ging. Ich war 18 und sollte in Brisbane für einen österreichischen Bettenhersteller arbeiten. Ich fing ganz unten an: In den ersten Tagen habe ich Retouren-Pakete gescannt – eine sterbenslangweilige Aufgabe. Als Nächstes durfte ich Daten ins System eintragen – auch nicht wirklich spannend. Aber zum Glück war das Unternehmen klein genug, dass der Chef mitbekam, was seine Angestellten so draufhatten. Dank guter Arbeit wurde ich ein paarmal befördert und landete schließlich zuerst im Vertrieb, wo ich mich um die Logistik der Lieferungen innerhalb von Australien und Neuseeland kümmerte, und später im Marketing, wo ich die geplante Expansion des Unternehmens nach Kanada vorbereitete. Vor allem im Vertrieb bekam ich ein sehr gutes Gefühl für das Land, da ich täglich mit Hunderten von Kunden aus ganz Australien und Neuseeland telefonierte und Lieferungen koordinierte.

Die Wochenenden nutzte ich, um Brisbane besser kennenzulernen und um mit meinem Auto, einem sehr kleinen Geländewagen, das Umland und die Küste zu erkunden. Ich fuhr mit Freunden an einen meiner Lieblingsorte, Byron Bay, lernte das Surfen in Surfers Paradise an der Gold Coast und besuchte die größte Sandinsel der Welt, Fraser Island. Es war eine tolle Zeit. Und spätestens mein Roadtrip mit meinem kleinen Holden Jackaroo gegen Ende meiner Zeit in Australien sorgte dafür, dass ich endgültig mit dem Travel Bug infiziert war. Ich fuhr von Brisbane über die Sunshine Coast, vorbei an 1770, dem weltweit einzigen Ort, dessen Name nur aus einer Zahl besteht, sowie am Airlie Beach und an Magnetic Island vorbei bis nach Cairns hoch. Beim Baden vor den Whitsundays wurde ich von einem neugierigen Hai umkreist, und in 1770 ringelte sich eine Schlange um meinen Knöchel.

Von Cairns ging es über Mount Isa und Alice Springs zum bekannten Uluru, auch Ayers Rock genannt, und dann weiter über Adelaide und die Great Ocean Road bis nach Melbourne und Sydney.

Sydney sollte einer meiner letzten Stopps sein, bevor es zurück nach Brisbane ging. Am Nikolaustag um 4 Uhr früh kippte mir in einer Kneipe jemand K.-o.-Tropfen ins Getränk und raubte mich später aus. Als ich orientierungslos durch die Straßen irrte, wurde ich von einem Auto angefahren, dessen Fahrer anschließend Fahrerflucht beging. Ich war im Arsch – in einer Großstadt, in der ich niemanden kannte, und schwer verletzt. Mit letzter Kraft schleppte ich mich zu einem Taxi und ließ mich vom Stadtteil The Rocks ins St. Vincent Hospital in Darlinghurst fahren, wo ich in den folgenden Tagen mehrfach operiert und mein zertrümmertes linkes Handgelenk wieder zusammengeschraubt wurde. Weil meine linke Körperhälfte mehr oder weniger gelähmt war, standen erst mal einige Wochen im Rollstuhl an.

Geraubt worden war neben meinem Pass und meiner Kamera auch all mein Geld, so dass ich erst einmal eine Weile in Sydney festsaß, bevor ich nach Brisbane zurückfliegen konnte. Die Schwägerin meines Chefs war zum Glück die deutsche Generalkonsulin. Sie stellte mir im Handumdrehen die richtigen Papiere aus, damit ich Australien verlassen und legal nach Deutschland zurückkreisen konnte. Davor musste ich aber noch meine Papiere als gestohlen melden und vor allem noch mal zurück nach Sydney, um mein Auto einen Tag vor dem Abflug zu verkaufen. Bekommen habe ich noch 950 australische Dollar (ca. 600 bis 700 Euro) dafür, gekostet hatte es mich einmal ca. 7.000 AUD ...

Trotz dieses schlimmen Erlebnisses stand für mich nie in Frage, was für ein tolles Land Australien ist. Und ich war angefixt von der tollsten Droge der Welt: dem Reisen!

Nach einem Monat Reha in Deutschland ging ich recht spontan nach Deventer in den Niederlanden, um dort *International Business and Management* zu studieren. Während dieser Zeit nutzte ich jede freie Minute, um wegzufliegen. Damals startete ich auch meinen Reiseblog *Off The Path*. Von Deventer ging ich nach Bulgarien, wo ich an der American University of Bulgaria ein Semester *Journalism and Mass Communication* studierte. In den sieben Monaten in Bulgarien habe ich Griechenland, Mazedonien, Ungarn, die Türkei und einige andere Länder im Osten Europas besucht.

2012 ging es dann nach Asien. In Bangkok begann ich ein Praktikum in einer PR- & Marketingagentur, woraus schnell ein richtiger Job wurde. Ich betreute große Kunden und flog zwischen Bangkok und anderen Städten hin und her, um mich mit den Kunden zu treffen. So organisierte ich zum Beispiel für einen Hotelkunden ein Fotoshooting in Krabi und die Eröffnung eines Einkaufszentrums in Chiang Mai. Eine tolle und verrückte Zeit mit vielen Partys, langen Nächten und wenig Schlaf.

Ich habe mich damals in Thailand verliebt. Aber ich nutzte die Zeit auch, um andere Länder wie zum Beispiel Kambodscha, Myanmar und Sri Lanka zu erkunden. Die unheimlich netten Menschen, die gute Infrastruktur und das Essen ziehen mich seither jedes Jahr wieder dorthin. Dieses Vorwort habe ich zum Beispiel in einem Café in Chiang Mai geschrieben.

Nach fast einem Jahr in Bangkok war ich mir allerdings nicht mehr sicher, ob die Karriere als Marketingberater, die ich jahrelang verfolgt hatte, überhaupt das Richtige für mich war. Mehr oder weniger über Nacht packte ich meine Sachen und flog zurück nach Deutschland. Nach Jahren des Reisens dachte ich, es sei vielleicht an der Zeit, wieder näher bei der Familie zu sein. Schließlich war inzwischen auch mein Neffe geboren worden, den ich selten gesehen hatte. Ich zog also für ein paar Wochen in das Gästezimmer meiner

Eltern und schaute mich in Hannover um, wo sie mittlerweile wohnten. Nach zwei Wochen war mir klar, dass mir die Stadt zu klein, zu eng und nicht international genug war, und so packte ich meine Sachen wieder und ging nach Berlin.

Seit September 2012 ist Reiseblogger mein Hauptberuf. Ich arbeitete über 100 Stunden die Woche, um Inhalte zu kreieren und meine Reichweite aufzubauen, traf mich mit anderen Bloggern, ging auf Konferenzen und vernetzte mich, was das Zeug hielt. Der Erfolg ließ nicht lange auf sich warten: Die Userzahlen stiegen und mit ihnen auch die Einnahmen. Ich war auf einmal ein erfolgreicher Blogger. Ich wurde auf Konferenzen und Messen wie die ITB eingeladen, um dort mein Wissen zu teilen, nahm an Pressereisen teil, um Destinationen zu erkunden.

Kurz: Ich habe mir meinen Traumjob selbst erschaffen und liebe es, neue Kulturen und Menschen kennenzulernen und die unglaublichen Landschaften unseres so großartigen Planeten zu sehen.

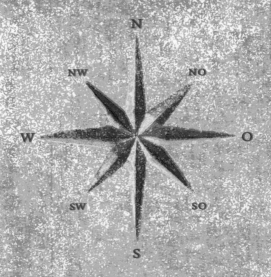

Warum Reisen toll ist und was Backpacking ausmacht

I

WARUM REISEN TOLL IST

Mit 25 Jahren habe ich bereits 65 Länder besucht, also mehr als ein Drittel der Staaten auf der Erde. In acht Ländern habe ich bisher gelebt. Und es ist kein Ende abzusehen. Auf meinen Reisen rund um die Welt habe ich Erstaunliches gesehen, habe bemerkenswerte Menschen kennengelernt, das köstlichste Essen gegessen und mich mehr als einmal in die Natur, die Menschen und vieles mehr verliebt.

Als ich ein Teenager war, war Reisen ein Hobby. Heute ist es ein wesentlicher Bestandteil meines Lebens. Als professioneller Reiseblogger toure ich um die Welt, die ich nun anders sehe als zuvor. Ich suche ständig nach neuen Geschichten und versuche, meinen Lesern die Welt mit meinem Blog näherzubringen. Während der letzten Jahre bin ich zu der Überzeugung gelangt, dass das Reisen die perfekte Medizin ist. Gegen ein gebrochenes Herz, gegen den Unistress, gegen Angst und vieles mehr! Du fragst dich immer noch, warum du reisen solltest?

Vorurteile ablegen Mein bester Freund in der Kindheit war schwarz. Ich erinnere mich nicht, dass ich mir als Kind jemals Gedanken über seine Hautfarbe gemacht habe. Erst als meine Großeltern mich eines Tages von der Schule abholten und sagten: »Oh, du hast nie erwähnt, dass dein Freund schwarz ist!«, wurde es mir erstmals bewusst. Als Kinder sind wir offen für alles und kommen gar nicht auf die Idee, dass äußerliche Unterschiede zwischen Menschen eine Rolle spielen könnten. Erst später begegnen uns die Maßstäbe und Wertvorstellungen der Gesellschaft – und dieses Festhalten am Status quo, das es allen, die anders sind, echt schwer macht. Reisen hilft dir, dem Status quo zu entfliehen und die Welt wieder stärker mit »kindlichen« Augen zu sehen – ohne Vorbehalte und ohne die Tendenz, Menschen anderer Kulturen in eine Schublade zu stecken. Schließlich sind wir alle Menschen. Wir sind alle aus Fleisch und Blut.

Freunde in aller Welt finden Du wirst auf deinen Reisen viele eindrucksvolle Menschen treffen. Stelle dabei sicher, dass du auch nach der Reise noch mit ihnen in Kontakt bleibst. Und »in Kontakt bleiben« heißt mehr, als ein neues Profilbild oder ein Status-Update zu »liken«. Besorg dir beim Kennenlernen ihre Telefonnummern und ruf deine Reisebekanntschaften einfach ab und zu mal an. Ihre

Stimmen zu hören wird ein Grund mehr sein, möglichst bald deinen Rucksack zu packen und wieder loszufahren.

Eine neue Sprache lernen Klar, man kann auch an der Uni einen Spanischkurs machen. Oder die Sprache mit Büchern und einem Computerprogramm lernen. Du kannst aber auch rausgehen, dir ein Apartment in Barcelona mieten, jeden Tag auf dem örtlichen Markt einkaufen, mit den Einheimischen in einer Tapas-Bar am Ende der Straße sprechen und am Strand longboarden, bevor du den Tag an der Promenade von Barceloneta mit deinen neuen spanischen Freunden bei einem Drink zum Sonnenuntergang beendest.

Foodgasms überall auf der Welt Stell dir das beste Essen vor, das du jemals in deiner Heimatstadt gegessen hast. Erinnere dich an das Gefühl, das du beim ersten Bissen hattest. Es tat so gut, es war so lecker. Nun vervierfache dieses Gefühl. So fühlt es sich an, auf Reisen das erstaunliche Essen überall auf der Welt zu kosten.

Reisen ist die beste Universität des Lebens Das meiste, was ich über Business weiß, habe ich durch meine und auf meinen Reisen gelernt. Der Kontakt mit anderen Menschen, Kulturen, Sprachen, Verhältnissen und Sitten wird dich Dinge lehren, die du nie lernen könntest, indem du dir den Hintern in einem Hörsaal platt sitzt. Wenn du wirklich verstehen willst, was Ökonomie bedeutet, wie unsere Erde geologisch und biologisch beschaffen ist, was Entfernung heißt, wie Gesellschaften funktionieren (oder zerfallen), was Politik bewirken kann und sollte – dann reise! Du kriegst zwar kein offizielles Zeugnis – aber die Visastempel in deinem Pass sagen sicher genug über deine Erfahrungen und dein Weltwissen aus.

Werde zum Geschichtenerzähler Es gibt Menschen, die allem kritisch gegenüberstehen. Die denken, dass du mit dem Reisen deine Zeit verschwendest. (Wenn du Pech hast, gehören auch deine Eltern zu diesen Skeptikern.) Erzähle ihnen all die Geschichten, die du erlebt hast, während sie zu Hause oder im Büro saßen. Erzähl ihnen von deinem Zusammentreffen mit dem Fischer am Tonsai Beach in Thailand, der dich ermutigt hat, deine Träume zu verwirklichen. Oder erzähl ihnen, wie cool es ist, in einer schönen Wohnung in Bangkok mit einem Pool auf dem Dach und einem privaten Fitnesscenter zu leben – für nur 300 Euro im Monat. Erzähl ihnen vom Reichtum und der bunten Fremdheit der Welt jenseits der Grenzen, in denen sie sich vielleicht bewegen. Oder sprich ihnen einfach einen simplen Satz in allen Sprachen vor, die du mittlerweile kannst. Sie werden deinen Geschichten zunehmend gebannt zuhören und sich ihre negativen Kommentare beim nächsten Mal verkneifen. Wetten?

Das Leben beginnt außerhalb deiner Komfortzone Klar, wir alle kennen wohl diesen Spruch. Aber Klischees sind erstens nicht immer falsch und entstehen zweitens nicht zufällig. Das wahre, wilde, abenteuerliche Leben beginnt nun mal außerhalb deiner Komfortzone. Das erste Mal auf der linken Seite fahren? Verrückt! Sich im Dschungel Thailands verlaufen? Irre! Einen Hochwasser führenden Fluss auf einer kaputten Brücke überqueren? Leben pur! Bungee-Jumping in ein trockenes Flussbett in Schottland? Crazy!

    Richtiges Reisen ist wie Bungee-Jumping. Mach es einfach! Stürz dich rein!

Fertigkeiten und Selbstvertrauen entwickeln Im ländlichen Thailand genau das serviert zu bekommen, was man haben wollte, ohne die Sprache zu sprechen? Einer Gemeinde helfen, nach einem großen Sturm ein Camp wieder aufzubauen? Den Gipfel des Berges erreichen, nachdem man auf dem Weg mehrmals fast kollabiert ist? Der absolute Hammer!!

Auf Reisen wirst du entdecken, wie viele Dinge du kannst, ohne dass es dir bewusst war. Das Selbstvertrauen, das du aus jeder gemeisterten Herausforderung schöpfen wirst, ist durch nichts auf der Welt aufzuwiegen. Du wirst die Erfahrung machen, dass du sehr vieles erreichen kannst, wenn du es wirklich willst. Auch wenn du es dir eigentlich nicht zugetraut hast. Das macht dich übrigens auch sehr interessant für jeden einigermaßen klugen Arbeitgeber …

Mach das Beste aus der einen Chance, die du hast! Du hast bekanntlich nur dieses eine Leben – und es gibt keine Chance, dass du es überlebst. Also mach das Beste aus dieser einmaligen Chance, die du hast. Hake so viele Dinge wie möglich ab auf der Liste der tollen Dinge, die du bis zu deinem Lebensende erledigt haben möchtest. Fang sofort damit an. Hier die erste Aufgabe: Schau dir innerhalb von 365 Tagen, nachdem du diesen Satz gelesen hast, die beeindruckenden Landschaften der Highlands in Schottland oder die Tempel von Bagan an!

Also los: Pack deine Sachen und zieh raus in die Welt! Das Abenteuer liegt direkt vor dir. Du musst es dir nur nehmen.

WAS IST BACKPACKING?

Backpacking bedeutet erst mal ganz simpel: Reisen mit nur einem Gepäckstück, nämlich einem Rucksack, statt mit Koffern oder anderen Gepäckstücken.

Backpacking wird oft mit Low-Budget-Reisen in Verbindung gebracht – die meisten stellen sich bettelarme Abiturienten oder Studenten vor, die sich einfach nichts anderes leisten können. Tatsächlich finden sich Backpacker inzwischen aber in nahezu allen gesellschaftlichen Schichten und Altersklassen. Leute, die ausreichend Geld haben und sich öfter mal ein Hotelzimmer und ein schickes Essen leisten, aber trotzdem Fans des Rucksackreisens sind, nennt man »Flashpacker«. Die Mehrheit, also die, die stark aufs Geld achten müssen, heißen »Budget-Backpacker«.

Für viele bedeutet der Griff zum Rucksack: mehr Mobilität, mehr Unabhängigkeit oder kurz: mehr Freiheit. Ein Backpacker kann stets sein gesamtes Gepäck bei sich haben – und dabei Orte erreichen, an die man mit traditionellen Gepäckstücken niemals käme. Wer das nicht versteht, sollte mal versuchen, einen Koffer auf einem Motorroller zu transportieren – einem der gängigsten Transportmittel in vielen Ländern. Backpacking bedeutet: Wo ich selbst hinkann, kann auch mein Gepäck hin – weil ich alles direkt am Körper trage.

Der typische Backpacker hat einen Rucksack mit 60 bis 70 Litern Volumen dabei, also ein ordentliches Gerät, das so groß ist wie der eigene Oberkörper. 12 bis 20 Kilo bringt so ein Rucksack schnell auf die Waage, was für längere Fußwege schon eine Last ist.

In jüngster Zeit entsteht allerdings ein neuer Trend: minimalistisches Backpacken. Äußerliches Kriterium ist hierbei die Größenvorgabe der Fluggesellschaften für Handgepäck. Während der traditionelle Backpacker sein Rucksackmonstrum meist als Sperrgut aufgeben muss, nimmt der Minimalist sein maximal 40 Liter großes Teil mit in die Kabine und kann am Ziel direkt losziehen ins Abenteuer.

Und er ist natürlich noch viel weniger eingeschränkt in seiner Bewegungsfreiheit – Größe und Gewicht seines Gepäcks lassen ihm alle Möglichkeiten.

Die meisten greifen zum Rucksack, wenn sie längere Touren vorhaben – zum Beispiel eine Weltreise, einen Trip durch mehrere asiatische oder südamerikanische Länder oder auch eine Interrail-Reise.

Der Vorteil des Backpackings ist, dass man sehr flexibel ist und nicht viel vorausplanen muss. Ein Flugticket und die ersten paar Nächte vor Ort reichen, um sich einen Überblick über die Stadt oder das Land zu verschaffen und die nächsten Stationen zu planen.

Während der typische Pauschaltourist für seine zwei Wochen Urlaub 20 bis 30 Kilo an Klamotten und Kram in seine diversen Koffer und Taschen packen kann, muss der Backpacker viel selektiver bei der Auswahl der mitzunehmenden (und immer zu schleppenden) Gegenstände vorgehen – jedes Kilo zählt (vgl. Abschnitt »Was brauche ich? Die Ausrüstung und das Packen«).

Außerdem ist die im Kopf getragene Last nicht zu unterschätzen. Ein Pauschaltourist packt zu Hause seinen Koffer, packt ihn im Hotelzimmer aus und fliegt am Ende mit all seinen Sachen wieder nach Hause. Eventuell Vergessenes kann am Urlaubsort meist problemlos nachgekauft werden. Das ist also recht einfach. Ein Backpacker muss sich überlegen, welche Destinationen er besuchen wird und was er dafür braucht – und vor allem: was nicht. Außerdem ist er viel unterwegs, und die Gefahr, etwas zu verlieren oder zu vergessen oder beklaut zu werden, ist wesentlich größer. Der Ballast im Kopf ist also folgender:

- Habe ich auch alles Wichtige dabei?
- Hoffentlich wird mir nichts geklaut!
- Was passiert, wenn ich dieses wichtige Teil verliere, während ich fünf Tage von der nächsten Einkaufsmöglichkeit entfernt bin?
- Das ist viel zu wenig Platz für meine ganzen Klamotten!

Backpacker verzichten in der Regel bewusst auf viele Annehmlichkeiten, die sie zu Hause selbstverständlich in Anspruch nehmen. Außerdem waschen sie ihre Kleidung selbst, wann immer nötig, und müssen deshalb weniger mitnehmen. Reist man in einer Gruppe, spricht man sich am besten ab – nicht jeder muss schließlich eine volle Zahnpastatube mitschleppen, wenn auch eine für alle genügt.

Was ist Backpacking?

Und wer sich von überflüssigen Dingen wie den zwei Lieblingsextrapullis oder fünf Sicherheitsgarnituren Socken und Unterwäsche befreit, macht gleichzeitig auch seinen Geist frei. Die Beschränkung auf das Wesentliche ist ein wichtiger Teil der Backpacking-Philosophie. Für die erste (und vielleicht auch noch die zweite) Reise packen die meisten Backpacker noch viel zu viel ein. Spätestens danach hat man begriffen, dass weniger oft mehr ist.

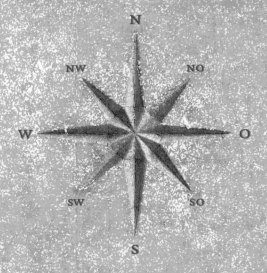

VORBEREITUNG II

WAS FÜR EINE REISE PLANE ICH?

Backpacking kann vieles sein und bedeuten. Und es gibt sehr viele Arten, mit einem Rucksack um die Welt zu reisen. Willst du nur Länder und Menschen kennenlernen? Oder willst du deine Reise so organisieren, dass du dabei auch deinen Lebensunterhalt verdienst? Willst du dich vielleicht in einem fremden Land engagieren und dort als Freiwilliger arbeiten? Vielleicht willst du dir aber auch einfach nur während deines Au-pair-Jahrs oder Auslandssemesters an den Wochenenden und in den Ferien den Rucksack aufsetzen und dein Gastland erkunden? Beherrschst oder studierst du eine bestimmte Fremdsprache und willst dich in ihrem Gebrauch üben?

Wichtig ist, dass du ungefähr weißt, was und wohin du willst, wie lange du unterwegs sein möchtest und ob du eher auf Zivilisation oder auf Wildnis stehst. Denn egal, was du vorhast: Jede Reise benötigt ein bisschen Vorbereitung. Wenn du die nun folgenden Fragen für dich beantwortet hast, werden die Planung und die Reise selbst um einiges entspannter ablaufen. Aber keine Sorge: Ein großes Abenteuer wird es trotzdem. Das ist ja der Sinn der Sache.

WELCHER REISETYP BIN ICH?

Natürlich ist jeder Mensch individuell und besonders. Trotzdem lassen sich die vielen Menschen, die ich auf meinen Reisen kennengelernt habe, zu Gruppen oder »Reisetypen« zusammenfassen – je nachdem, worauf sie Lust haben, wie sie sich vorbereiten, was ihnen wichtig ist, wovor sie Angst haben, wie spontan sie sind und so weiter.

Vielleicht erkennst du dich im einen oder anderen Typ wieder und kannst so deine Reiseplanung noch optimieren, weil du besser abschätzen kannst, welche Orte und welche Art von Backpacking-Reise am besten für dich geeignet sind. Auch wenn natürlich in jedem Backpacker eine ordentliche Portion Abenteuerlust steckt.

Abenteurer Bungee-Springen in Südafrika, mit den Stieren rennen in Spanien, Surfen auf Bali, mit Weißen Haien schwimmen in Australien, Klettern in Thailand – dies sind typische Aktivitäten, für die Abenteurer auf Reisen gehen. Sie scheuen dabei kein Risiko, bereiten sich aber gewissenhaft vor, was Ausrüstung und Logistik betrifft.

Beim Kampf um das Erreichen ihres Ziels sind sie ehrgeizig, aber nicht unvorsichtig. Und natürlich frei von Ängsten wie Höhenangst, Klaustrophobie etc.

Einige der besten Länder für Abenteurer sind: Neuseeland, Australien, Brasilien, Bolivien, Südafrika, Tansania und Norwegen.

Die neun spektakulärsten Adventure-Locations
- Queenstown, Neuseeland
- Banff, Kanada
- Costa Rica
- Schottland
- Krüger-Nationalpark, Südafrika
- Namibia
- Bali, Indonesien
- Bolivien
- Patagonien, Argentinien

Romantiker Einsame Spaziergänge in abgelegenen Buchten auf den Seychellen. Mit der Gondel durch Venedig fahren. Silvester in der Stadt der Liebe verbringen. Perfekte Strände und eine gemütliche kleine Hütte auf Bali. Eine gemeinsame Reise ist der perfekte Weg, um sich noch näher zu kommen. Manche setzen aber auch darauf, den perfekten Partner auf einer Reise kennenzulernen. Vor Ort checken Romantiker als Erstes, wo man eine gute Flasche Wein kaufen kann – und von wo aus man den schönsten Blick auf den Sonnenuntergang hat. Idealerweise natürlich am Meer. Wichtig für die Wahl des Urlaubsorts: Eher Sonne und Wärme als Regen und Wind. Und eine üppige Blütenpracht statt karstiger Berge.

Einige der besten Orte für Romantiker sind: Paris, Venedig, Rom, Santorini, Seychellen, Thailand, Südafrika, Buenos Aires, Bali

Kulturbegeisterte Was gibt es Besseres, als unterwegs den eigenen Horizont zu erweitern? Kunst, Kultur und Geschichte stehen bei Reisen ganz oben auf dem Programm der Kulturinteressierten: Museen, archäologische Ausgrabungsstätten, Architektur und die Begegnung mit der einheimischen Kultur und den Traditionen. Laut und bunt

muss es nicht sein für sie – und ohne Fachlektüre im Gepäck fliegen sie gar nicht erst los. Ihre Reiseländer suchen sie gerne auch nach ihren Sprachkenntnissen aus.
Einige der besten Ziele für Kulturbegeisterte sind: Europa, Indien, Japan, Peru (Machu Picchu), Mexiko, Kambodscha (Angkor Wat), Türkei, Ägypten, Jordanien.

Sieben Weltwunder außerhalb Europas, die du gesehen haben solltest
- die ägyptischen Pyramiden
- das Tal der Könige (Ägypten)
- Machu Picchu (Peru)
- Angkor Wat (Kambodscha)
- Reisterrassen auf Bali
- die Osterinseln
- die Chinesische Mauer

Reise-Newbies Verlässt du Europa zum allerersten Mal? Bist du nervös, weil dein erster Transatlantikflug ansteht? Hast du Angst, weil du zu wenig darüber weißt, wie man sich in deinem Reiseland verhält? Es gibt einige Orte, wo der Kulturschock nicht so groß ist – oder gar nicht vorhanden (siehe dazu auch den Abschnitt »Ein bestimmtes Land?«, S.31 bzw. den Abschnitt »Mehr als zwei Monate Zeit«, S.54).
Einige der besten Orte für Newbies sind: London, Paris, Barcelona, Rom, USA, Kanada, Australien und Neuseeland.

Red-Bull-Suchtis Ein Abenteuer ist dir noch zu langweilig? Du lebst immer am Limit? Dann nichts wie weg und abseits der Touristenpfade reisen. Dein perfekter Trip führt dich nach Ghana, Nepal, Kolumbien und Co. Keine touristische Infrastruktur, keine planbaren Verkehrsmittel, kein Englisch, keine Bioläden.
Einige der besten Länder: Tibet, Uganda, Papua-Neuguinea.

Planer Du bist Perfektionist durch und durch und willst von Anfang an wissen, wann du wo sein und was du dort erleben wirst. Deine

Reise buchst du komplett durch, um einen genauen Überblick zu haben. In Frage kommen in diesem Fall eher westliche Länder, da hier auf das Zeitmanagement halbwegs Verlass ist. In asiatischen und südamerikanischen, aber auch in afrikanischen Ländern läuft selten etwas nach Plan.

Risikoscheue Du machst dir vor der großen Reise Sorgen und willst auf Nummer sicher gehen. Es könnte ja so viel passieren. Dein Portemonnaie mit allen Dokumenten könnte geklaut werden, weshalb du alles doppelt und dreifach als Kopie mitnimmst. Du hast die vollständigste Reiseapotheke dabei, die es gibt. Dich zieht es eher nach Europa, Nordamerika und Australien. Alles andere ist zu exotisch und gefährlich für dich.

Spontane Chaoten Dir ist alles egal, Hauptsache, du hast eine coole Zeit. Das Abenteuer fängt an, sobald du den Fuß vor die Tür setzt. Du weißt nicht, was heute noch ansteht und wo du morgen sein wirst. Das Leben ist einfach ein großes Abenteuer, und du lässt dich auf alles ein. Den Flug nach Bangkok lässt du verfallen, weil Bali so chillig ist. Du solltest immer eine Liste mit allen Botschaften dabeihaben – nur für den Fall, dass du mal wieder deinen Reisepass irgendwo liegenlässt. Dich zieht es eher nach Südostasien, denn hier klappt immer alles irgendwie.

Gutmenschen Du willst nicht nur was erleben, sondern auch etwas verändern und Gutes tun. Das Schlüpfen der Schildkröten auf den Kapverden beobachten und aufpassen, dass keine fremden Einflüsse dieses Naturereignis stören. Einen neuen Brunnen im Township in Südafrika zu bauen gehört für dich zur Selbstverständlichkeit. Für dich kommen unterentwickelte Regionen in Asien, Afrika und Südamerika in Frage.

Die meisten von uns sind nicht auf einen dieser Typen festgelegt. Wenn es dir auch so geht, solltest du dich für einen ungefähren Stil entscheiden und dann versuchen, einige Dinge aus anderen Bereichen in deine Reise einzubauen. Sei einfach ehrlich zu dir selbst und mal dir aus, was du dir erträumst – was deine Reise dir bringen soll und wie du die Welt erleben willst. Die meisten Traveller lieben die

Abwechslung. So bin ich zwar eher der Abenteurer, lerne aber immer gerne Neues auf Reisen und verlaufe mich auch mal mit meiner Freundin in den kleinen, romantischen Gassen von Rom.

WOHIN?

Die Welt ist groß. Fast 200 Länder stehen dir zur Verfügung, die erforscht werden möchten. Damit diese Vielfalt dich nicht schon in der Planungsphase überfordert, solltest du dir ein paar grundsätzliche Dinge klarmachen: Bist du auf ein einzelnes Land neugierig, auf eine Region (z. B. Südostasien), einen ganzen Kontinent (z. B. Südamerika), oder willst du möglichst viel von der Welt sehen auf deiner Reise? Und bist du eher der Stadt- oder der Naturtyp? Willst du lieber aufregende, turbulente, pulsierende Metropolen wie zum Beispiel Bangkok, Hongkong, Sydney, Rio oder San Francisco besuchen, oder liebst du es naturnah und erlebst lieber das Great Barrier Reef, den Grand Canyon und die Pagoden in Bagan? Und weiter: Magst du lieber Berge und körperliche Aktivität oder Strand und Chillen? Wenn du diese Fragen beantwortest, kannst du deine Optionen eingrenzen und zielgenauer planen, um eine tolle Zeit auf deiner Backpacking-Reise zu haben.

Ein bestimmtes Land?

Für deine erste Backpacking-Reise empfehle ich dir, nur durch ein Land zu reisen. Die meisten Länder (ausgenommen Stadtstaaten) sind groß genug für eine längere Tour von mindestens zwei Wochen.

Auch bietet sich für das erste Mal eher ein »westliches« Land an, dessen Kultur sich nicht zu sehr von deiner eigenen unterscheidet. Das sind im Wesentlichen:

- alle europäischen Länder
- USA
- Kanada
- Australien
- Neuseeland

Solltest du schon etwas mehr Erfahrung haben, kann ich dir zusätzlich Länder wie Mexiko oder Costa Rica in Zentralamerika, Argentinien oder Brasilien in Südamerika, Südafrika unter den afrikanischen oder Thailand unter den asiatischen Ländern empfehlen, da diese etwas exotischer sind, aber dennoch eine gute Infrastruktur besitzen.

Warum nur ein bestimmtes Land?

Alle diese Länder sind groß genug, um sie ausgiebig zu bereisen, ohne dass es langweilig wird. Besonders am Anfang solltest du es langsamer angehen lassen. Nimm dir Zeit, dich (und eventuelle Mitreisende) besser kennenzulernen – und die vielen Dinge rechts und links des Weges zu entdecken, von denen du nicht mal wusstest, dass sie existieren.

Wenn du dich auf ein Land beschränkst, kannst du auch tiefer in die Kultur eintauchen und damit beginnen, die Menschen, die Mentalität und die Sprache zu verstehen. Wenn du schnell von Land zu Land reist, wirst du mit großer Wahrscheinlichkeit viel Zeit auf Flughäfen, in Hotels oder Hostels verbringen und dabei eher andere Backpacker kennenlernen als Einheimische. Die Versuchung, dich vor allem mit anderen Deutschen auszutauschen, ist groß, denn es liegt nun mal in der Natur des Menschen, sich im Zweifelsfall eher mit Landsleuten zusammenzutun. Aber war das der Sinn deines Aufbruchs in eine fremde Welt?

Versuche diesem Impuls zu widerstehen und lasse dich auf das Neue ein. Denn genau dadurch machst du großartige neue Erfahrungen.

Eine Region oder ein Kontinent?

Viele Backpacker entscheiden sich, einen ganzen Kontinent zu bereisen. Dafür braucht man in erster Linie viel Zeit. Auch hier empfehle ich dir für den Anfang Europa.

Europa

Auch wenn wir in Europa natürlich sehr viele verschiedene Kulturen und Sprachen auf engstem Raum haben, ist es doch ein kulturell recht homogenes Gebiet, das durch die jahrtausendealte Geschichte des Christentums geprägt wurde. Und vor allem sind dir die Mentalität sowie die Sitten und Gebräuche vertraut. Außerdem ist die

Infrastruktur in Europa sehr gut. Wenn du tatsächlich ganz Europa mit dem Rucksack bereisen willst – von Skandinavien bis Portugal und von Großbritannien bis Russland –, brauchst du viel Zeit.

Die beste Reisezeit Die beste Zeit, um Europa zu bereisen, ist zwischen Frühling und Herbst. Am sinnvollsten ist es, wenn du im Frühling in Südeuropa anfängst und dann langsam Richtung Norden reist. Der Grund hierfür ist, dass der Süden im Sommer unerträglich heiß ist. Zudem sind dann viele Großstädte wie Madrid, Barcelona, Rom und Paris von Touristen überlaufen, und es sind nur wenige Einheimische vor Ort, weil sie um diese Zeit selbst in den Urlaub fahren. Nordeuropa hingegen, wie zum Beispiel Skandinavien, ist im Sommer besonders schön und hat auch im Hochsommer recht erträgliche Temperaturen im oberen 20-Grad-Bereich.

Nordamerika

Nordamerika ist ein ideales Ziel für einen langen Backpacking-Trip. Die Kultur in Nordamerika ist unserer sehr nahe. Zwar besteht der Subkontinent nur aus den zwei Staaten USA und Kanada, aber jeder dieser Staaten ist so groß wie ganz Europa und beherbergt unglaubliche Städte und Landschaften. An den Küsten liegen einige der coolsten Städte der Welt, wie zum Beispiel New York, New Orleans, San Francisco, Los Angeles, Seattle und Vancouver. Die landschaftliche

Vielfalt reicht von den Wüsten in den Südstaaten über die Rocky Mountains und die Great Plains über die Großen Seen bis zur atemberaubenden kanadischen Wildnis und der arktischen Landschaft Alaskas.

Die beste Reisezeit Die beste Zeit, um Nordamerika zu bereisen, ist das Sommerhalbjahr. Im Winter kann es extrem kalt und unangenehm werden. Der »Indian Summer« genannte Herbst, während dessen sich die Blätter spektakulär verfärben, ist vor allem an der Ostküste ein faszinierendes Naturschauspiel.

Asien

Asien ist ein unglaublich großer und vielfältiger Kontinent. Im Westen liegen die arabischen Länder wie zum Beispiel Dubai, Syrien und Afghanistan. Im Osten liegen China, Korea und Japan, im Südosten zum Beispiel Thailand, Indonesien und Vietnam und im Norden das zu Russland gehörende Sibirien. Dazu kommt der indische Subkontinent mit seinen Nachbarländern – von Nepal und dem Himalaya im Norden bis Sri Lanka ganz im Süden. All diese Länder und Regionen sind nicht nur landschaftlich total unterschiedlich, sondern auch kulturell. Du reist also nicht einfach nur nach Asien, sondern musst dich für eine der vielen Welten auf dem asiatischen Kontinent entscheiden. Und jede davon ist eine lange Reise wert!

Die beste Reisezeit Die Arabische Halbinsel sollte man eher im Winter ansteuern, weil es dort im Sommer bis zu 50 Grad heiß wird. Indien und Südostasien kannst du quasi jederzeit bereisen, da es dort fast immer warm und schön ist. Auch in der Regenzeit (Mai bis Oktober) ist Südostasien gut auszuhalten. Regensaison bedeutet nämlich, dass es einmal am Tag für ein bis zwei Stunden stark regnet – davor und danach scheint wie gewohnt die Sonne. Japan, Korea und China solltest du eher im Sommer bereisen, wenn es dort warm ist. Japan ist besonders schön während der Kirschblütenzeit im Frühling!

Mögliche Routen für Asien findest du unter anderem im Abschnitt »Mehr als zwei Monate Zeit« sowie unter »Traumziele der nächsten Jahre« weiter hinten im Buch.

Mittelamerika

Zwischen Mexiko und Kolumbien erstreckt sich die zentralamerikanische Landbrücke. Die Hauptsprache in den mittelamerikanischen Ländern und auf den Inseln der Karibik ist Spanisch. Ich würde dir für den Anfang entweder Mexiko oder Costa Rica empfehlen, weil dies zwei der bestentwickelten Länder auf dem Subkontinent sind und der Kulturschock hier nicht so groß wird. Danach kannst du dich weitertasten, zum Beispiel nach Nicaragua, Panama oder Guatemala. Strom- und Internetprobleme gehören in diesen Ländern zum Alltag. Auch haben die meisten mittelamerikanischen Länder eine schlechte Verkehrs-Infrastruktur, und das Kurz- und Fernstreckennetz wird oft mit alten US-amerikanischen Schulbussen betrieben. Diese nennt man auch »chicken busses«, da man in diesen Bussen wie in einem Hühnertransport zusammengepfercht sitzt – und weil oft auch lebende Hühner mit an Bord sind, die auf den Markt gebracht werden. Ein einmaliges Erlebnis!

Die beste Reisezeit Zwischen Herbst und Frühling ist eine sehr gute Zeit, um Zentralamerika zu bereisen, da die Temperaturen dann am niedrigsten, das heißt: noch sehr angenehm sind. In Urwaldgebieten gibt es mehrfach am Tag heftige Gewitterschauer, die mit dem, was wir aus Europa kennen, nicht vergleichbar sind: Man ist binnen Sekunden bis auf die Haut durchnässt. Im Sommer ist es extrem heiß und trocken. Da machen lange Reisetage in engen Bussen wenig Spaß!

Südamerika

Auch auf dem riesigen südamerikanischen Subkontinent ist Spanisch die Hauptsprache; nur in Brasilien wird Portugiesisch gesprochen. Kulturell wird Südamerika noch (in stärkerem Ausmaß als Nordamerika) von den dort ansässigen indigenen Völkern geprägt. Da der Kontinent auf der Südhalbkugel liegt, ist dort Sommer, wenn bei uns Winter ist. Landschaftlich sind einerseits die Amazonas-Regenwälder, andererseits das Hochland der Anden prägend.

Die beste Reisezeit Während es im Winter im Norden noch recht warm ist, liegt der Süden, also zum Beispiel Feuerland, schon nahe der Antarktis und ist entsprechend kalt. Die beste Zeit, um Südamerika zu bereisen, ist zwischen dem dortigen Frühling und Herbst, also von September bis März.

Australien und Neuseeland

Von uns aus gesehen am anderen Ende der Welt liegen mit Australien und Neuseeland zwei der beliebtesten Länder für Backpacking sowie Work and Travel (dazu später in einem eigenen Kapitel Genaueres).

Australien hat sechs Bundesstaaten und zwei »Territorien«, die sehr unterschiedlich sind. In Queensland, dem Northern Territory und Western Australia findest du das Outback, also die Wüsten und Halbwüsten. In Queensland findest du allerdings auch tropische Strände und Regenwälder. Im nördlichen Western Australia gibt es eine Menge Buchten und Strände und im Süden rund um Margret River unglaubliche Weinregionen. Auch South Australia ist für seine Weinbaugebiete bekannt. Victoria und New South Wales haben 3.000 Kilometer Küste mit den wichtigsten Städten Sydney und Melbourne sowie der Reißbrett-Hauptstadt Canberra. Die Insel Tasmanien vor der Südostküste ist nach Canberra der kleinste Bundesstaat.

Neuseeland wird von den einheimischen Maoris auch »Land der langen weißen Wolke« genannt. Regen bzw. mäßige Regenfälle sind in Neuseeland an der Tagesordnung. Nicht ohne Grund ist Neuseeland für das satte Grün und die vielen Schafherden bekannt – das ideale Land für die Dreharbeiten zu den »Herr der Ringe«-Filmen, die das Land zusätzlich populär gemacht haben.

Die beste Reisezeit Im neuseeländischen Winter (also von Mai bis August) gehen die Temperaturen im Binnenland auf bis zu minus 10 Grad runter, während an der Küste im Durchschnitt um die 10 Grad plus herrschen. Im Sommer wird es nicht so heiß wie in Australien. Die Durchschnittstemperatur liegt im Sommer bei 20 bis 25 Grad.

Australien kann man eigentlich das ganze Jahr über besuchen. Im dortigen Winter solltest du dich im subtropischen Norden des Landes aufhalten, wie z. B. dem Northern Territory und im Norden von Queensland und Western Australia. Zwischen Frühling und Herbst solltest du den südlichen, nicht so heißen Teil des Kontinents besuchen. Da die Gebäude in der Regel nicht isoliert sind, kann der Winter hier sehr ungemütlich werden, auch wenn es in vielen Teilen nicht wirklich kalt wird (ca. 15 Grad). Melbourne und Sydney können sehr kalt werden; in manchen Gegenden kann auch Schnee fallen.

Die ganze Welt?

Im ursprünglichen Sinne bedeutet eine Weltreise, dass man jeden Längengrad mindestens einmal überquert und dazu meistens auch den Äquator. Das heißt, dass man einmal von West nach Ost oder Ost nach West um die Erde reist. Dabei müssen nicht zwingend alle Kontinente betreten werden – das tun sogar nur die wenigsten Weltreisenden!

Meist sind Weltreisen zwischen sechs und zwölf Monate lang; in dieser Zeit will man so viel wie möglich sehen. Das ist ein bisschen so wie Interrail, nur per Flugzeug: Man verbringt viel Zeit in Verkehrsmitteln und relativ wenig an den einzelnen Zielorten. Eine Weltreise sollte also gut durchdacht sein.

Eine vorgebuchte Weltreise mit einem »Um-die-Welt-Ticket« dauert meist zwölf Monate und hat sechs bis zehn längere Stopps. Hier die Vor- und Nachteile eines solchen Rundum-sorglos-Pakets:

Vorteile einer Weltreise mit »Um-die-Welt-Ticket«

99% Sicherheit Wenn du – etwa, weil du mit Kindern reist – vor allem auf Sicherheit bedacht bist, dann liegst du mit einem »Um-die-Welt-Ticket« richtig. Du weißt von Anfang an, wann und wo du sein wirst, und du kannst die komplette Reise von zu Hause aus planen und buchen und musst dir unterwegs keine Gedanken mehr machen.

Einmalige Kosten Auch wenn es oft eine Milchmädchenrechnung ist: Du zahlst einmal für die Flüge und musst unterwegs nicht immer wieder neu buchen und zahlen. Allerdings ist so ein »Um-die-Welt-Ticket« in den allermeisten Fällen teurer als Einzeltickets.

Bessere finanzielle Planbarkeit Wenn du weißt, wann du wo sein wirst, kannst du um einiges besser planen. Du weißt, dass du am Tag 365 wieder zu Hause bist und dein Geld bis dahin reichen muss. Wenn du auf eigene Faust reist und nicht an einem bestimmten Tag zurück sein musst, kann es schnell passieren, dass aus 365 Tagen 500 oder 700 werden. Da ist es natürlich schwerer, sich sein Geld einzuteilen.

Problemlose Einreise Oft benötigst du für ein Touristenvisum und die Einreise in ein bestimmtes Land (etwa die USA) auch ein Rückflugticket. Mit einem »Um-die-Welt-Ticket« hast du solche Probleme nicht.

Nachteile einer Weltreise mit »Um-die-Welt-Ticket«
....

Weniger Spontaneität und Flexibilität Stell dir vor, du verliebst dich auf deiner Reise in einen bestimmten Ort oder gar in einen Menschen, der an diesem Ort lebt. Was eigentlich total cool und toll ist, kann schnell zum Alptraum werden, denn bei einem »Um-die-Welt-Ticket« musst du auf jeden Fall weiterfliegen, sprich: alle Flugsegmente wie geplant absolvieren. Sonst werden alle darauffolgenden Flüge automatisch annulliert, und du musst viel draufzahlen, um später weiterzufliegen! »Um-die-Welt-Tickets« nehmen dir somit genau die Freiheit, die dir eine Weltreise eigentlich bringen sollte. Du kannst nicht einfach in den nächsten Flieger steigen und mit Freunden zum Silvesterfeiern statt nach Argentinien nach Panama fliegen – weil du an eine bestimmte Route gebunden bist.

Du wirst weitaus weniger sehen Wenn du nicht das ultimative Ticket mit zig Verbindungen und Flügen buchst, wird es echt schwer, viel von einem Land zu sehen. Am meisten lernst du nämlich über ein Land, indem du in alten Bussen unter Einheimischen von A nach B fährst und dich richtig auf das Land und die Kultur einlässt. Mit dem normalen »Around-The-World-Ticket« hingegen hetzt du schnell durch ein Land und schaust es dir nur oberflächlich an – nach dem Motto: Schnell reinfliegen und wieder raus!

»Um-die-Welt-Tickets« sind nicht immer billiger: Wie schon erwähnt, ist ein »Um-die-Welt-Ticket« meistens sogar um einiges teurer als viele einzelne One-way-Flüge. Und selbst wenn es vielleicht doch mal einige Hundert Euro billiger sein sollte, solltest du dir sehr gut überlegen, ob es dir das wert ist, dafür sehr viel Freiheit aufs Spiel zu setzen.

Umbuchen ist fast unmöglich oder sauteuer: Wenn du ein einfaches »Um-die-Welt-Ticket« buchst, ist das Umbuchen meistens nicht inklusive, sondern richtig teuer. Viele Anbieter kalkulieren insgeheim genau mit diesen Umbuchungsgebühren, durch die sie erst so richtig an den Tickets verdienen.

Eingeschränkte Auswahl Mit einem »Um-die-Welt-Ticket« bist du, was die Auswahl der Airlines angeht, oft auf eine Allianz beschränkt. Und es gibt leider auch nur zwei, die wirklich gut sind: Star Alliance und Oneworld.

Roadtrip

Sommer, Sonne, viel Spaß und ein großartiges Abenteuer – so sollte ein Roadtrip sein. Schließlich ist das eine der tollsten Arten, eine neue Gegend kennenzulernen: Man ist flexibel; man reist mit Leuten, die man kennt und schätzt; man hat die maximale Freiheit, spontan zu sein und zu machen, was man will. Damit man von dieser Freiheit möglichst viel hat und sie nicht zum Alptraum wird, sollte man einen Roadtrip sorgfältig planen und ein paar Tipps beherzigen.

Ich habe schon diverse Roadtrips gemacht – und dabei wahrscheinlich auch alle Fehler, die man überhaupt machen kann. Wenn du sie nicht wiederholen willst, beherzige die folgenden Tipps:

Such dir die richtige Begleitung Du solltest gründlich auswählen, wen du mitnimmst auf deinen Roadtrip. Denk dran, dass ihr verdammt viel Zeit auf sehr kleinem Raum miteinander verbringen werdet. Du wirst deiner Reisebegleitung zuhören müssen, du wirst sie riechen müssen usw. Nur wenige Situationen fordern Menschen mehr, als wenn man sie auf engem Raum zusammensperrt. Und nichts anderes passiert bei einem Roadtrip.

In Australien habe ich über Gumtree (das entspricht den eBay-Kleinanzeigen) eine Deutsche gefunden, die mit auf den Roadtrip von Cairns über Uluru bis nach Sydney kommen wollte. Wären wir nicht schon mitten im Outback gewesen, Hunderte Kilometer weg von der nächsten Siedlung – ich schwöre, ich hätte sie schon nach einem Tag rausgeschmissen. Ich ertappte mich dabei, von einem James-Bond-Schleudersitz zu träumen …

Ein Hilfsmittel, um herauszufinden, ob man sich gut verstehen und wie wahrscheinlich man sich gegenseitig am Leben lassen wird, ist die »Freundschaft-Strecke-Kalkulation«: Nimm die Zeit, die du und dein möglicher Mitfahrer euch kennt, und teile diese durch die Distanz, die ihr fahren wollt. Je länger die Distanz, desto besser und bewährter sollte die Freundschaft zwischen euch sein.

Plant eine ungefähre Route Das Beste an Roadtrips ist die Freiheit: Wollt ihr rechts oder links abbiegen? Anhalten oder weiterfahren? Oder an diesem traumhaften Strand einfach mal zwei Chill-Tage einlegen? Man sollte allerdings eine ungefähre Route festlegen und diese auch Freunden und Verwandten mitteilen, damit sie ungefähr wissen, wo man sich befindet. Ohne Ziel zu fahren ist zwar nett und lustig, aber man will sich nicht unbedingt mitten im Nirgendwo verirren, ohne dass man selbst oder jemand anders weiß, wo man eigentlich steckt.

Schau mal unter die Haube! Egal, ob es dein eigenes ist, ob es gemietet oder gekauft ist: Das Auto muss durchgecheckt und fit sein. Vor einigen Jahren haben ein paar Freunde und ich recht spontan einen günstigen Gebrauchtwagen geschossen und sind nach Norwegen gefahren.

Es lief (fast) alles gut, bis wir bei den Fjorden angekommen waren. Als wir den Wagen auf einem Hügel abgestellt hatten, um die Aussicht zu genießen, begann er auf einmal, den Berg runterzurollen. So haben wir gemerkt, dass die Handbremse nicht funktionierte. Als Nächstes stellten wir fest, dass der TÜV seit fünf Monaten abgelaufen war. Dann sprang uns ein Fenster raus, und eines der Türschlösser hat dann irgendwann auch nicht mehr funktioniert, so dass wir ständig »Tag der offenen Tür« hatten. Unnötiger Stress – hätte ich mir das Auto einmal genauer angeschaut, bevor wir es kauften bzw. bevor wir losfuhren, wären solch unliebsame Überraschungen vermeidbar gewesen.

Immerhin war der Motor in Ordnung. Und wir haben es mit Humor genommen. Aber es war trotzdem echt nervig und unnötiger Stress!

Bevor du also deinen Roadtrip startest, bring das Auto erst mal zum Ölwechsel und schau, dass alle Flüssigkeiten aufgefüllt sind. Auch gute und nicht zu abgefahrene Reifen sind wichtig, ebenso eine Extraportion Kühlmittel. Du solltest auch wissen, wie man ein Starthilfekabel anschließt, wo man ein Abschleppseil befestigen kann und wie man ein Rad wechselt. (Und all die Teile auch dabeihaben.)

Die einfachste Lösung ist meistens ein Mietwagen. Der ist gewartet und in gutem Zustand.

Packt nur das Nötigste ein Das Gute an einem Roadtrip ist, dass man viel mehr mitnehmen kann als auf einen Flug. Aber da man in der Regel nicht alleine unterwegs ist, sollte man darauf achten, dass alle gleich viel mitnehmen dürfen. Wichtig: Ausreichend Platz für lebenswichtigen Proviant und vor allem für Trinkwasser einplanen!

Nutzt die Stopps Bei einem Roadtrip, beispielsweise durch Australien, sollte man keinen Stopp auslassen – egal wie voll der Tank noch ist und wie viel Trinkwasser noch da ist. Manchmal kommt viele Hundert Kilometer lang keine Tankstelle mehr.

Take it easy, Cowboy! Besser gesagt: Geh runter vom Gas! Es gibt überhaupt keinen Grund, schnell zu fahren. Ihr wollt doch die geile Landschaft genießen und nicht so schnell wie möglich von A nach B kommen. Ist ja schließlich ein Roadtrip und kein Rennen.

Außerdem sollte man in vielen Ländern besser keinen Strafzettel riskieren. Die Strafen, die du aus Deutschland kennst, sind geradezu lächerlich im Vergleich zu vielen anderen Ländern. Da wird es schnell sehr teuer und man haut sich ein empfindliches Loch in die Reisekasse.

Wechselt euch beim Fahren ab Ich weiß, dein Auto ist dein Baby und niemand darf es fahren. Ich empfehle dir aber trotzdem, hin und wieder das Lenkrad abzugeben und auf den Beifahrersitz zu wechseln. Zumal es super ist als Beifahrer auf einem Roadtrip! Du kannst die tolle Landschaft genießen, ohne auf den Verkehr achten zu müssen, kannst mal ein Nickerchen machen, kannst etwas lesen oder spielen, kannst deine Mails checken …

Bevor du eine Riesenstrecke allein fährst, weil du partout niemand anders ans Steuer deines geliebten Autos lassen willst, solltet ihr lieber ein Auto mieten und die Kosten durch alle Mitreisenden teilen. Man kann ein Auto manchmal schon für fünf Euro pro Person und Tag mieten.

Nutzt die Zeit unterwegs Während langer, eintöniger Strecken sollte man die Zeit nutzen, um den Reiseplan zu überprüfen und weiterzuplanen. Auch Spiele können dabei helfen, sich die Zeit zu vertreiben. Und wer gern liest, sollte einen E-Book-Reader mitnehmen. Das spart Gewicht, und man hat eine größere Auswahl an Büchern.

Musik? Spotify! Wenn du über 20 bist, dann kennst du mit Sicherheit noch die guten alten Mixtapes, die du auf längere Autofahrten immer mitgenommen hast. Tagelang hast du deine Lieblingsmusik auf Kassetten aufgenommen, um am Ende ununterbrochen eine oder maximal zwei Kassetten mit deinen absoluten Lieblingssongs zu hören. Seitdem hat sich natürlich viel verändert. Heute brauchst du eigentlich nur drei Dinge: Smartphone, 3G und Spotify!

Mir fällt es langsam echt schwer, mir einen Roadtrip ohne Spotify vorzustellen. Ich habe über 50 Playlisten für die verschiedensten Situationen, und seit Spotify nun selbst Playlisten erstellt und zur Verfügung stellt, ist es noch einfacher, die richtige Musik für jeden Moment zu finden.

Bringt Zeit mit und seid spontan Während meines bereits erwähnten Roadtrips in Norwegen waren wir gerade auf dem Weg zu einer gebuchten Unterkunft, als wir eine kleine Insel in einem See entdeckten. Die sah extrem cool aus, und da weit und breit kein Mensch, Haus oder Sonstiges zu sehen war, entschieden wir uns spontan, anzuhalten und unsere Zelte aufzubauen, um auf der Insel zu übernachten. Unsere gebuchte Übernachtung ließen wir sausen und verbrachten stattdessen einen unglaublich coolen Abend auf dieser Insel, mit einer Flasche Whiskey, ein paar Zigaretten und einem super Lagerfeuer. Wir sprechen noch heute von dieser Nacht!

Also: Klammert euch nicht an Zeit- und Routenpläne, sondern seid bereit, eure Pläne zu ändern. Damit das Leben nicht woanders stattfindet, während ihr euch gerade stur an euren Plan haltet.

Geht offline und fragt nach dem Weg! Ja, du liest richtig! Einer der meistvernetzten Menschen empfiehlt euch, offline zu gehen und das Navi zu vergessen! Denn durch Fragen nach dem Weg kommt ihr am besten in Kontakt mit den Einheimischen. Und mit einer Straßenkarte versteht ihr besser, wo ihr seid, wo ihr hinwollt und wie weit es noch ist.

Schafft euch Erinnerungen Nehmt euch eine gute alte Landkarte mit und nutzt sie zum Kritzeln, für Notizen, als Ablage für die BBQ-Sauce eurer Burger. Am Ende der Reise teilt ihr diese Karte in gleiche Teile und rahmt sie euch zu Hause ein. Eine bessere Erinnerung an diesen unglaublich coolen Roadtrip gibt es nicht.

Packliste für deinen ultimativen Roadtrip Es gibt einige nützliche Dinge, die dein Leben auf der Straße einfacher und angenehmer machen:

- Strom-Adapter fürs Auto – wie willst du sonst überleben?
- Universalklebeband/Duct Tape – braucht jeder immer.
- Go Pro – um den ganzen Spaß aufzunehmen!
- Erste-Hilfe-Kit – wenn keins im Auto ist, solltest du auf jeden Fall eins kaufen. Man weiß ja nie!
- MiFi – teile das Internet mit allen Beifahrern.
- Bluetooth Headset – wer telefoniert heute eigentlich noch? Wenn du es noch tust, dann hab dabei wenigstens beide Hände am Steuer!
- Kindle – alle Bücher von dir und deinen Beifahrern in einem kleinen Gerät. Besser geht es nicht!
- *Relax Ally* – wenn du schon so ein Arsch sein willst, der schläft, während ein anderer fahren muss, dann mach es wenigstens richtig und gemütlich!

Traumziele

Die Welt ist eine Schatzkiste mit vielen kleinen Juwelen, die allerdings meist tief vergraben sind. Um sie zu finden, muss man sich also ein bisschen anstrengen und darf nicht einfach nur an der Oberfläche kratzen.

Auf meinen Reisen habe ich schon viele Traumziele gefunden. Ich habe – oft nur wenige Kilometer vom überlaufenen Touristenstrand entfernt – paradiesische Strände ohne eine Menschenseele entdeckt. Ich habe verwunschene Landschaften durchwandert, bei denen ich das Gefühl hatte, hier sei vor mir noch nie ein westlicher Reisender langgegangen. Ich bin auf Menschen gestoßen, für die der Anblick eines Backpackers ein echtes Erlebnis war. Manchmal musste ich auch richtig weit gehen, um einen solchen Ort zu finden.

Ein Rezept, um Traumziele zu finden, gibt es nicht wirklich. (Und wenn ich ein Geheimrezept hätte, würde ich es nicht veröffentlichen, weil es dann vorbei wäre mit »geheim«.) Und auch auf Landkarten lassen sich solche Orte nicht zuverlässig finden – es kann immer sein, dass eine Bucht, die auf der Karte total idyllisch aussieht, sich als zugemüllter Strand, als Kloake einer Chemiefabrik oder als zubetonierte Touri-Hölle entpuppt. Und wenn man »Traumziele« bei Google eingibt, ist nur eines sicher: Wenn man dort tatsächlich hinfährt, muss man den angeblichen Traum mit vielen anderen teilen …

Aber man kann natürlich trotzdem ein paar Dinge tun, um fündig zu werden:

Reiseblogs lesen Reiseblogs sind eine super Möglichkeit, um solche Traumziele zu finden. Schau dir einige Reiseblogs an (siehe dazu auch den Abschnitt »Woher bekomme ich aktuelle Reise-Infos?« im Kapitel »Dein Reiseblog«) und finde einen Reiseblogger, der perfekt zu dir und deiner Art des Reisens oder deinen Reiseträumen passt. Die Blogger teilen ständig neue Destinationen, und mit großer Wahrscheinlichkeit wirst du dort auch ein paar Orte finden, die für dich nach Paradies klingen und die du dann bereisen kannst.

Mit Einheimischen reden Ein sehr guter Weg, tolle Orte zu finden, ist natürlich, das Gespräch mit den Leuten zu suchen, die sich auskennen. Mach einen Surfkurs und frage deinen Surflehrer, wo er sonst so surfen geht und welcher Strand noch etwas abgelegener ist als der, an dem ihr gerade übt. Wenn du eine Downhill-Biking-Tour machst, frag den Guide, ob er mit dir einmal eine private Tour machen und dabei etwas abgelegenere Strecken fahren kann. Von sich aus kommen die Einheimischen oft gar nicht darauf, dass jemand gerade an den Orten ohne große Infrastruktur interessiert sein könnte.

Ziellos unterwegs, um dein Traumziel zu finden Manchmal hilft es auch, einfach ziellos herumzufahren, um ans Ziel zu kommen. Dafür brauchst du Zeit, Neugier und ein gewisses Orientierungsvermögen. Bieg einfach in die unscheinbarsten Sträßchen und Feldwege ein – gerade in die ohne Wegweiser. Etwas Schlimmeres als eine Sackgasse kann dir in der Regel nicht passieren. Du solltest auch bereit sein, mal ein paar Kilometer zu Fuß zu gehen – versteckte Traumziele sind eher selten auf asphaltierten vierspurigen Straßen zu erreichen. Mit der Methode »ziellose Neugier« habe ich in Australien und in Südostasien, aber auch an der Mittelmeerküste schon oft kleine versteckte Buchten gefunden.

Traumziele der nächsten Jahre

Der Pauschaltourismus wird sich auch in den nächsten Jahren auf die üblichen Urlaubsregionen konzentrieren. Hier und da wird ein Land von den etwas abenteuerlustigeren Pauschaltouristen überrannt, aber solange ein Land nicht im Fokus der Masse ist, kannst du dort noch in Ruhe reisen. Einige Länder, die zwischen 2015 und 2017 interessant sein könnten und absoluten Traumziel-Charakter haben, sind folgende:

Schottland Die meisten Schottland-Touristen beschränken sich auf Edinburgh und auf Tagestrips in die Highlands. Aber es lohnt sich, dieses landschaftlich und kulturell faszinierende Land wirklich zu erkunden. Natürlich hat Schottland keinen karibischen Strand, aber ein Traumziel wird ja auch nicht ausschließlich durch kristallklares Wasser, Palmen und weiße Strände definiert. Was Schottland beispielsweise bietet, sind lange Sommerabende, wie man sie sonst nur aus Skandinavien kennt. Und für den Abenteurer ist Schottland ein Traum. Miete dir ein Auto, nimm ein Zelt mit und begib dich auf die Spuren des schottischen Freiheitskämpfers William Wallace. In Schottland darfst du nämlich überall zelten, und die Highlands bieten sich perfekt an für ein solches Abenteuer. Und du solltest dir wirklich Zeit nehmen. Schottland hat tolle Küsten und ein geniales Hinterland, das dich begeistern wird – und zwar nicht nur, wenn du gerne fotografierst. Und die zerklüftete Isle of Skye vor der Nordwestküste ist ein ganz besonderes Highlight. Wer Bilder davon sieht und nicht sofort Fernweh und Sehnsucht nach Wildnis und Meer entwickelt, dem ist wirklich nicht zu helfen.

Myanmar Als ich 2012 zum ersten Mal in Myanmar war, musste ich vorher in Bangkok US-Dollar abheben, da es in ganz Myanmar keinen einzigen Bankautomaten gab. Heutzutage gibt es in der Metropole Yangon (Rangun; mit 4,4 Mio. Einwohnern deutlich größer als Berlin) sowie in Mandalay und einigen anderen Städten Geldautomaten, und auch sonst hat sich die Infrastruktur verbessert. Trotzdem ist Myanmar, das bis 2011 eine abgeschottete Militärdiktatur war, immer noch ein Geheimtipp für etwas erfahrenere Backpacker.

Die Strände im Westen von Yangon sind sehr zu empfehlen und noch menschenleer. Auch Bagan mit den vielen Pagoden ist auf jeden Fall eine Reise wert. Und der Inle-See mit seinen ganz auf das Wasser eingeschworenen Bewohnern und den schwimmenden Feldern ist eine faszinierende eigene Welt. Noch ist das Land zu 40 Prozent von unerschlossenem Wald bedeckt, auch wenn der Raubbau leider rasant fortschreitet. Während ich 2012 noch alles spontan vor Ort buchen konnte, ist dies heute schwieriger, weil die Zahl der Traveller schneller wächst als das Angebot an Quartieren. Es empfiehlt sich also, im Voraus über *Hostelworld* oder *Hostelbookers* zu buchen.

Curaçao Das kleine Paradies liegt nur 60 Kilometer vor der venezolanischen Küste und bietet von karibischen Stränden bis hin zu felsigen Küsten alles, was das Backpacker-Herz begehrt. Die Preise sind noch recht gemäßigt, die Infrastruktur ist gut und die möglichen Aktivitäten sind vielfältig – vom Surfen und Biken über das Tauchen mit Walhaien bis zum Besteigen des erloschenen Vulkans Mount Mazinga.

Teile von Curaçao sind zwar »das Mallorca der Holländer«, aber abseits des Jan-Thiele-Beach wird es schnell sehr ruhig.

Bali Anfang 2015 habe ich fast zwei Monate auf Bali verbracht und dabei die Gegenden abseits von Kuta und Seminyak kennengelernt, also die Regionen, wo kein australischer Massentourismus tobt. Außerhalb dieser Orte ist Bali echt traumhaft, und die Menschen sind unglaublich herzlich. Ubud ist die Hauptstadt der westlichen Hippies. Überall findest du organische Restaurants und Yogastudios – und das mitten in den Reisfeldern von Bali. Die ideale Umgebung, um ein paar Tage oder auch Monate auszuspannen. Von Ubud aus kann man einige Tagestouren in den Norden der Insel machen – zum Beispiel eine Downhill-Biking-Tour vom Lake Batur zurück nach Ubud, während der man den Alltag der Reisbauern hautnah miterlebt.

Wer auf Yoga steht, aber zugleich auch das Meer liebt, sollte sich Canggu ansehen. Es liegt nur ein paar Kilometer nördlich von Seminyak, ist aber keineswegs voll von Touristen. Hierher kommen Surfer, um die tollen Wellen zu genießen. Auch als Anfänger kann man hier gut in den Lifestyle der Surfer reinschnuppern. Und wer einfach nur baden und entspannen will, wird an den verschiedenen Strandbars tolle Orte zum Relaxen finden.

★ SCHOTTLAND – DER HAMMER!

Im Norden Großbritanniens liegt das schöne Schottland – das Land der Krieger wie William Wallace, des flüssigen Goldes (Whisky) und das Zuhause vieler stolzer Bürger, die am liebsten unabhängig vom Rest der Insel wären. Dies sind ein paar der schönsten Sehenswürdigkeiten in Schottland:

1. Edinburgh Eine faszinierende Stadt, direkt an der Ostküste des Landes gelegen. Edinburgh ist die Hauptstadt von Schottland und überrascht durch die alten Gebäude und die vielen Geschichten, die sich in den Straßen der Stadt abgespielt haben. Ein altes Gebäude steht neben dem anderen und zieht dich in den Bann seiner Zeit. Auch wenn der Eintritt für das Schloss von Edinburgh ziemlich teuer ist, ist es superfaszinierend zu erfahren, wer dort alles geherrscht hat. Und bei Sonnenuntergang ist die Aussicht von dort oben einfach atemberaubend.

Ein weiteres Highlight der Stadt ist der *Arthurs Seat*, ein alter Vulkan, der mitten in der Stadt liegt und zu einer kurzen Wanderung einlädt. Es dauert keine 30 Minuten, bis du oben angekommen bist und die Stadt zu deinen Füßen liegt.

2. Glasgow So stolz Schotten auf ihr Land sind, so sehr hassen sie sich auch gegenseitig. Zumindest ist das zwischen Glasgow und Edinburgh so. Seit Jahrhunderten liegen sich diese Städte in den Haaren. Wahrscheinlich wissen beide nicht mehr, warum das so ist; und sie nehmen es auch mit Humor und versuchen sich mit Witzen fertigzumachen – sehr zum Vergnügen von Außenstehenden. Darüber hinaus hat Glasgow natürlich auch viel zu bieten.

3. Loch Lomond Der See liegt ca. 30 Minuten nördlich von Glasgow. Du musst von der Queens Street Station den Zug direkt nach Balloch nehmen und landest direkt am südlichen Teil des Sees. Ich würde dir empfehlen, ein Fahrrad zu mieten und ein paar Kilometer am See entlangzufahren. Ungefähr nach vier Kilometern auf der westlichen Seite des Sees wirst du einen kleinen Ort namens Luss finden, der unglaublich schön ist und zum Entspannen einlädt. Das Schlimme ist allerdings, dass du noch zurückmusst ...

Aber mit ein bisschen Glück ist der Bus, der einmal pro Stunde fährt, nicht voll, und der Busfahrer lässt dich und dein Fahrrad mitfahren.

4. Glen Coe and the Highlands Wow – was für eine Wahnsinns-Landschaft, dieses Glen Coe. Glen Coe ist eine Schlucht mitten in den Highlands, wo in den 1690ern der Clan der MacDonalds auf Anweisung des Königs auf barbarische Art ausgelöscht wurde. Heute ist es bekannt für die unglaubliche Landschaft. Ich würde dir raten, ein Auto zu mieten und dir ein paar Tage Zeit zu nehmen, um dir die Highlands in Ruhe anzusehen.

5. Loch Ness Es ist schon ziemlich cool, über einen der bekanntesten Seen der Welt zu schippern. Ich muss aber ehrlich gestehen, dass Loch Lomond landschaftlich um einiges beeindruckender ist. Loch Ness ist nur ein großer See mit ein paar Gasthäusern drum herum, die dir alles Mögliche an Souvenirs anbieten, mit einem Viech, das noch niemand wirklich gesehen hat. Die Fahrt auf der Fähre kostet ca. 12 Pfund pro Person und dauert 30 Minuten. Wenn du viel Zeit hast, kannst du beim Schloss aussteigen und ein bisschen in den Ruinen herumlaufen und eine Stunde später wieder zurückfahren. Es ist nett, aber nicht etwas, was du unbedingt machen musst, außer du willst sagen, dass du dort warst, um es von deiner Liste zu streichen. Nessie wirst du höchstens im Souvenirshop sehen!

6. Killiekrankie Killiekrankie ist ein kleiner Ort ungefähr zweieinhalb Stunden nördlich von Edinburgh. Der Ort ist nicht wirklich etwas Besonderes und würde dir gar nicht großartig auffallen, wenn du durchfährst. Was aber empfehlenswert ist, ist die Umgebung um den Ort herum, die zum Wandern einlädt. Und wenn dir Wandern nicht genug ist, dann kannst du dich beim einzigen Bungee-Jumping-Anbieter in Schottland von der Brücke stürzen. Sehr empfehlenswert!

7. Pitlochry Nach dem Bungee-Jumpen solltest du etwas entspannen. Wie wäre es mit einem Whisky Tasting in der *Blair Athol*-Destillerie in Pitlochry, ca. sieben Kilometer von Killiekrankie. Von hier kommt der bekannte Bell's Whisky; er wird in einer der ältesten Destillerien Schottlands hergestellt.

Thailand Krabi, Ko Samui, Phuket, Ko Tao und Ko Phangan wurden schon von den Massen eingenommen. Besonders über Weihnachten sind diese Gebiete voll mit Touristen, und es macht einfach keinen Spaß, da noch zu reisen. Während der Nebensaison kann es aber wieder spannend werden. Wer ein kleines Paradies am Meer für sich sucht und auf Nummer sicher gehen will, der sollte nach Koh Lanta fahren. Wer mehr auf Berge und Natur steht, der besucht Chiang Mai und den Norden Thailands. Eine coole Tour ist die Fahrt auf dem Roller von Chiang Mai nach Chiang Rai, mit Stopp in Pai. Tolle Landschaft mit vielen Sehenswürdigkeiten und dabei die Freiheit, anzuhalten, wo man will. Auf dem Weg findest du immer wieder kleine Gasthäuser und Hotels.

Slowenien Ein total unterschätztes Land, das viele Deutsche jedes Jahr auf dem Weg nach Kroatien einfach nur durchqueren. Ein paar Kilometer abseits der Autobahn und hinter einer Bergkette liegt das Tal der Soca (italienisch: Isonzo) und damit ein wahres Paradies für Abenteurer. Man braucht zwar ein Auto, um die Ausgangspunkte für Touren zu erreichen, aber diese bieten dann alles, was das Herz begehrt: smaragdgrüne Flüsse, hohe Berge zum Wandern und Klettern und spektakuläre Schluchten, die von wackligen Hängebrücken überspannt werden. Egal ob Paragliding, Wandern, Canyoning, White Water Rafting – es gibt für jeden etwas zu erleben!

Westschweden Obwohl Schweden eines der teuersten Länder überhaupt ist, kann es auch echt günstig bereist werden. Was du dafür brauchst, sind ein Zelt und ein Kajak – und los geht's. Das Land hat so viele Seen und Flüsse, dass du locker ein paar Wochen von See zu See hoppen und abends am Ufer einfach dein Zelt aufstellen kannst. Besonders mit guten Freunden kann dies ein Heidenspaß sein!

Sri Lanka Strände, Wälder, Berge, Dschungel und vieles mehr: Sri Lanka ist ein unglaublich vielseitiges Land und in vielen Teilen noch vollkommen unentdeckt. Nur wenige Rucksackreisende haben das Land auf ihrem Radar – dabei hat es so viel zu bieten: sehr gute Surfstrände, Bergdörfer mit Teeplantagen im Landesinneren und große Nationalparks mit wilden Elefanten, Leoparden und vielem mehr!

WIE LANGE?

Mein Freund Christoph Karrasch, der ebenfalls Reiseblogger ist, hat 2014 im Rahmen seiner #10Tage-Kampagne eine Weltreise in nur zehn Tagen gemacht und dabei fünf Stopps eingelegt.

Es ist also erst mal egal, wie viel Zeit du hast. Wenn du bereit bist, innerhalb von kürzester Zeit 48 Stunden im Flieger zu sitzen, kannst du rein theoretisch auch für eine Woche nach Neuseeland fliegen. Aber bei Ländern, die so schwer zu erreichen sind, stellt sich natürlich die Sinnfrage, was solche Kurztrips angeht.

Bis zu zwei Wochen Zeit Ideal für kürzere Abstecher ist ein Mix aus günstigen Flügen, guter Erreichbarkeit und einem nicht zu großen Land. Wenn du maximal 14 Tage Zeit hast für deine Backpacking-Reise, würde ich dir ein Land empfehlen, das nicht zu weit von Deutschland entfernt und nicht allzu groß ist. Alternativ kannst du dich auch auf eine Region in einem größeren Land konzentrieren, wie z.B. Katalonien in Spanien oder die Adria in Italien, Lappland in Finnland, Schottland innerhalb von Großbritannien etc. Du kannst aber, wenn du zwei Wochen Zeit hast, auch nach Südostasien fliegen. Von Frankfurt und München gibt es Direktflüge nach Singapur, Kuala Lumpur und Bangkok. Von dort aus kannst du problemlos 14 Tage backpacken, solltest dich dabei aber auf einige wenige Orte konzentrieren.

Drei Wochen Zeit Die durchschnittliche Backpacking-Reise geht drei Wochen und wird in den Sommermonaten oder über Weihnachten gemacht. Hierfür bieten sich fast alle Länder in Südostasien (Thailand, Myanmar, Laos, Kambodscha, Vietnam, Malaysia), Lateinamerika (Mexiko, Nicaragua, Costa Rica, Panama) sowie die kleineren Länder Südamerikas wie Peru, Ecuador und Kolumbien an. In Afrika kannst du auch Südafrika oder Namibia bereisen.

Vier bis sechs Wochen Zeit Das ist schon richtig viel Zeit, und du kannst die bereits genannten Länder, aber auch größere und weiter entfernte Länder wie China, Indien, Argentinien, Brasilien, Australien, Neuseeland, USA und Kanada bereisen. Du kannst dir auch richtige »Projekte« vornehmen, anstatt nur mal kurz reinzuschnuppern. Es bleibt ausreichend Zeit zum Akklimatisieren, zum

★ 4 DINGE ÜBER CURAÇAO

Jeder kennt Blue Curaçao – den leuchtend blauen Drink, der früher sehr beliebt war und es heute irgendwie nicht mehr ist. Aber Curaçao? Die Insel? Irgendeine Ahnung, wo sie liegt? Viele Leute haben mir erzählt, dass sie erst nachschauen mussten. Vielleicht hast du von den ABC-Inseln gehört, einer Inselgruppe, die früher als Niederländische Antillen bekannt war: Aruba, Bonaire, Curaçao. Ich möchte dir Curaçao, diese etwas andere Karibikinsel in Mittelamerika, kurz vorstellen:

Süd- oder Mittelamerika? Curaçao liegt ungefähr 60 km von Venezuela entfernt, gehört aber noch zu Mittelamerika. Die Insel ist seit 2010 ein eigenständiger Staat; vorher gehörte sie zu den Niederlanden.

Es ist ein sehr farbenfrohes Land Falls du Bilder von Curaçao gesehen hast, dann sicher von Willemstad, der farbenfrohen Hauptstadt der Insel. Die Geschichten hinter den bunten Häusern sind erstaunlich. Ich habe zwei Versionen gehört:
1. Gouverneur Kikert stand jeden Morgen auf einem Berg und blickte auf seine Stadt. Zu dieser Zeit waren alle Häuser weiß; sie reflektierten das Sonnenlicht und blendeten ihn. Daher ordnete er an, alle Häuser farbig anstreichen zu lassen.
2. Gouverneur Kikert war, wie sich nach seinem Tod herausstellte, Großaktionär der Farbenindustrie und hatte befohlen, dass alle Häuser regelmäßig anzustreichen seien.

Die Wasser von Curaçao Auf den Niederländischen Antillen ist man sehr abergläubisch. Auf dem Markt von Willemstad kann man für alles ein Wasser kaufen: ein Wasser fürs Glück, fürs Geld, zum Verlieben etc. Diese Wasser gibt es überall auf der Insel, es handelt sich dabei um Reinigungsmittel. Man benutzt sie, um den Boden damit aufzuwischen. Man sagt zum Beispiel, dass das Wasser für Geld morgens, mittags und abends benutzt werden soll, um den Boden zu wischen. Die logische Folge ist, dass das Geschäft viel sauberer ist, die Leute gerne häufiger kommen, weil es auch besser riecht, und somit wird mehr verkauft und mehr Geld eingenommen. Logisch, oder?

Die Landschaft von Curaçao Curaçao ist erdgeschichtlich gesehen keine typische Karibikinsel, was bedeutet, dass es nicht durch Vulkanaktivität entstanden ist und deshalb auch nicht die typischen fruchtbaren Böden hat. Curaçao wurde vielmehr vor Jahrmillionen durch das Zusammenwirken dreier tektonischer Platten aus dem Ozean gehoben.

Das Klima ist sehr trocken und erinnert an die Kanarischen Inseln. Während man an der Westküste einige sehr kleine Buchten mit wunderschönen Sandstränden findet, hat man an der Ostküste eine raue Landschaft, wo Wellen und Strömungen auf die Insel treffen.

Um das besser zu verstehen, sollte man Klein Curaçao besuchen, das mit dem Boot anderthalb Stunden von Curaçao entfernt liegt. Diese kleine Insel hat Sandstrände im Norden, an denen es keine Strömung gibt, und eine raue Küstenlinie auf der Südseite, die von Wellen und Strömungen geformt wird. Man kann leichter einen Eindruck von dieser Insel bekommen, weil man für einen Rundgang nur 30 Minuten braucht. Es ist unbeschreiblich zu sehen, wozu die Natur in der Lage ist, und es beschleicht einen das Gefühl, als lägen Himmel und Hölle nur 30 Minuten voneinander entfernt. Einfach überwältigend.

Absolvieren vollständiger Traumstraßen und -trails, zum Erlernen einer neuen Sprache, für ein kleines Praktikum – oder um dich neu zu verlieben.

Mehr als zwei Monate Zeit Du hast richtig viel Zeit? Herzlichen Glückwunsch! The world is your oyster! Du kannst dir deine persönliche Kombination von Ländern zusammenstellen, die du bereisen möchtest. Wenn dies deine erste große Reise ist, rate ich dir, klein und einfach anzufangen und erst später die größeren und extremeren Länder zu bereisen. Das heißt, fang in einfachen Ländern in Europa an und nähere dich langsam anderen Kulturen. Zum Beispiel beginnst du deine Reise in Italien und gehst von dort aus weiter nach Slowenien, Kroatien, Bosnien Herzegowina, Serbien, Bulgarien und in die Türkei. Von dort aus fliegst du nach Thailand und gehst weiter nach Laos, Kambodscha und Vietnam. So kannst du dich langsam von einer Kultur in die andere bewegen, und der Kulturschock wird nicht so extrem, da du Zeit hast, dich auf das Neue und Unbekannte einzulassen.

Wenn man so viel Zeit hat, kann man auch kleinere Ziele besuchen, die man sonst links liegengelassen hätte, wie zum Beispiel die Stadtstaaten Hongkong, Macau oder Singapur, die eine tolle Abwechslung zum Backpacker-Leben in der Natur bieten.

WANN?

Genau wie bei uns in Deutschland spielt das jahreszeitlich bedingte Wetter auch in anderen Ländern eine entscheidende Rolle bei der Urlaubsplanung. In (fast) jedem Land gibt es eine Hauptsaison, in der das Wetter am besten ist und viele Touristen vor Ort sind, und eine Nebensaison, wo das Wetter nicht so gut ist, aber das Leben dafür billiger. Ich kann hier natürlich nicht für jedes der 200 Länder auf der Welt die ideale Reisezeit nennen. Aber ich kann dir die Vor- und Nachteile der Haupt- und Nebensaisons auflisten und dir ungefähre Einschätzungen und Tipps mit auf den Weg geben.

Vorteile der Hauptsaison

Besseres Wetter Wie gesagt, Hauptsaison ist ja gerade wegen des guten Wetters.

2014 bin ich sieben Wochen lang durch Asien gereist. Unsere Route sah wie folgt aus: Ankunft in Bangkok, dann Krabi, Chiang Mai, Hongkong, Macau, Philippinen (geplant), Singapur und Bangkok. Unser Ziel war es, möglichst tief in die asiatische Kultur einzutauchen, und wo kann man damit besser beginnen als im sogenannten »Gateway to South East Asia« – Bangkok?

Nach unserem 12-Stunden-Flug von Frankfurt ging es mit anderen Reiseblogger-Kollegen direkt in das Nachtleben dieser pulsierenden Metropole. Dank meiner Erfahrung aus einem Jahr Bangkok wussten wir direkt, wo wir hinmussten, und Bangkok nahm uns voll und ganz auf und spuckte uns erst am frühen Morgen des nächsten Tages wieder aus... Da eine große Stadt wie Bangkok auch schnell anstrengend werden kann, flogen wir nach ein paar Tagen in den Süden, um ein wenig am Strand von Krabi und Railay Beach zu entspannen, bevor es in die Berge und den Norden des Landes nach Chiang Mai ging. Wir blieben über zwei Wochen in Chiang Mai, um die Umgebung kennenzulernen, aber auch, um zu arbeiten. Chiang Mai ist die Hochburg der digitalen Nomaden in Südostasien.

Nur mit unserem Handgepäck ging es von unserem kleinen *Airbnb*-Apartment in Chiang Mai mit einem Direktflug für eine Woche in ein noch kleineres Apartment nach Hongkong, von wo aus wir auch die Nachbarregion Macau besuchten. Wegen des herannahenden Taifuns Hagupit entschieden wir uns spontan, unsere Reiseroute zu ändern und die Philippinen wegzulassen. Wir flogen von Hongkong dorthin zurück, wo wir herkamen: nach Chiang Mai, wo wir uns weitere zwei Wochen niederließen, um zu arbeiten und dabei die thailändische Kultur zu genießen. Von Chiang Mai ging es mit einem sehr günstigen Flug in einen weiteren asiatischen Stadtstaat: Singapur. Nach einem erfolgreichen Arbeitsjahr 2014 gönnte ich mir zum Geburtstag zwei Nächte im ikonischen Marina Bay Sands Hotel, entspannte zwei Tage im Infinity Pool auf dem Dach und genoss die Aussicht über die Stadt. Und natürlich besuchten wir auch andere Stadtteile wie Little India, das Arabische Viertel und China Town. Wie jede meiner Südostasienreisen musste auch diese wieder in Bangkok enden, wo wir uns zwei Tage die Bäuche mit leckerem thailändischen Essen vollstopften, bevor es zu Weihnachten zurück ins kalte Deutschland ging.

Mehr Angebote In der Hauptsaison bieten Tour-Organisatoren und die anderen Unternehmen vor Ort mehr an als in der vergleichsweise ruhigen Nebensaison. Das bedeutet, dass mehr Attraktionen geöffnet sind und es auch mehr kleine Angebote wie Tagestouren gibt. Achtung: Auch auf Urlauber ausgerichtete Restaurants und Läden schließen während der Nebensaison manchmal für einige Zeit ganz und haben ansonsten oft verkürzte Öffnungszeiten und ein reduziertes Angebot.

Bessere Verbindungen In der Hauptsaison verkehren mehr Flugzeuge, Züge, Busse und Fähren; in der Nebensaison muss man manchmal mit tagelangen Wartezeiten bis zur nächsten Fähre rechnen.

Vorteile der Nebensaison

Niedrigere Preise Sobald die Masse an Touristen weg ist, haben Hoteliers und andere Anbieter Probleme, ihre Betten bzw. ihre Touren zu füllen und senken meist die Preise. Backpacker können dies besonders gut nutzen, da sie in der Wahl ihrer Reisezeit meist flexibel sind. In der Nebensaison kriegst du – wenn es denn Angebote gibt – einfach mehr für dein Geld.

Weniger Touristen und mehr Backpacker: Da die Massen sich auf die Hauptsaison konzentrieren, wirst du in der Nebensaison ganz wenige Touristen treffen. Dafür wirst du viel mehr Backpacker antreffen, die sich bewusst für die Nebensaison entschieden haben – auch um mehr von der einheimischen Kultur mitzubekommen, die in der Hauptsaison ja oft vom Rummel zugedeckt wird. In der Nebensaison kriegt man oft problemlos einen Einblick, wie die Einheimischen so leben, und kann auch Teil davon werden.

Die jeweils beste Zeit zum Verreisen nach Region und Jahreszeit

Frühling Der Frühling, also die Zeit zwischen März und Juni, ist in vielerlei Hinsicht keine so gute Zeit zum Verreisen. In Südostasien endet die Hauptsaison und geht in die Regenzeit über. Auf der Südhalbkugel wird es nun herbstlich und vielerorts schon recht kalt. Und auf der Nordhalbkugel machen einem die Überreste des Winters in Form von Schnee, Matsch, Überflutungen durch Schmelzwasser etc. oft noch ganz schön zu schaffen. Auch die Gewässer sind im Frühling total ausgekühlt.

Sommer Der Sommer ist toll, um Europa richtig zu erkunden. Ich reise in den Sommermonaten immer gerne durch Nordeuropa, da dort das Wetter besonders stabil und auch sehr angenehm ist. Außerdem lohnen sich die USA und Kanada.

Herbst Der Süden Europas ist im Herbst nicht mehr so heiß, und die Hauptsaison ist vorbei. In Südostasien ist das Wetter auch sehr angenehm, es wird immer trockener, und die Menschen stellen sich langsam auf die Hauptsaison ein. Lateinamerika sollte jetzt gemieden werden, da die Hurrikansaison ansteht. Auf der Südhalbkugel fängt langsam der Frühling an, und während bei uns die Temperaturen purzeln, steigt das Thermometer in Australien, Südafrika und Argentinien.

Winter Wenn du keine Lust auf Winter hast, musst du einfach gen Süden fliegen. Australien und Neuseeland sowie der Süden Afrikas und Südamerika haben jetzt Sommer.

Dies sind natürlich nur grobe Anhaltspunkte. Genauere Informationen über die besten Zeiten zum Reisen kannst du auf verschiedenen Webseiten finden, die sich nur darauf spezialisiert haben, wie z.B. *Optimale-Reisezeit.de*. Allgemein lässt sich aber sagen: Je näher du dem Äquator kommst, desto konstanter sind die Temperaturen und desto weniger spürbar sind die Jahreszeiten.

Viele Traveller sorgen sich wegen der Regenzeit, was ich sehr gut verstehen kann. Nachdem ich aber längere Zeit in Südostasien gelebt habe und auch danach viel in der Region unterwegs gewesen bin, kann ich zur Beruhigung sagen, dass die Regenzeit nicht so schlimm ist, wie man sie sich oft vorstellt. »Regenzeit« bedeutet nicht, dass es den ganzen Tag lang regnet. Meistens regnet es für ein bis zwei Stunden am Tag sehr stark – davor und danach scheint wie gewohnt die Sonne. In Bangkok beispielsweise kann man schon fast die Uhr nach dem Regen stellen: Meistens regnet es zwischen 17 und 18 Uhr sehr stark. Es kann schon mal vorkommen, dass es hier und da etwas länger oder auch mehrere Tage lang regnet, aber das sind nur kurze Phasen während der Wetterumstellung (Monsun).

Wenn du die Möglichkeit hast, außerhalb der Regensaison zu verreisen, solltest du das tun. Aber die Regenzeit sollte auf keinen Fall ein Grund sein, eine Region zu meiden. Die paar Stunden am Tag, die es regnet, kannst du sehr gut mit anderen Dingen verbringen, so kannst du beispielsweise lesen, deinen Blog updaten oder tagträumen.

NUR FREIZEIT ODER AUCH ARBEITEN?

Bevor du deine Backpacking-Reise planst, solltest du dir im Klaren darüber sein, was du willst: Einfach nur raus und Urlaub machen und dabei so flexibel und mobil wie möglich sein, indem du den Rucksack auf den Rücken schnallst und losziehst? Willst/musst du dich mit einem kleinen Startkapital begnügen und dir deine Reise unterwegs weiterfinanzieren? In vielen Ländern kannst du in wenigen Monaten genug verdienen, um danach lange herumzureisen. Oder willst du während deines Sabbaticals oder auf der Weltreise, die deine Eltern dir zum Abi spendieren, etwas Sinnvolles und Soziales tun?

Aufgrund meiner eigenen Erfahrungen erkläre ich in diesem Kapitel am Beispiel Australiens, worauf es beim Arbeiten im Ausland ankommt.

Plane voraus Überlege dir noch zu Hause, welche Arbeit du machen willst. Willst du als Ski- oder Surflehrer arbeiten? Oder vielleicht doch lieber in einer Bar? Und wenn ja, in was für einer? Backpacker-

Bar, High-End-Bar? Je besser du vorbereitet bist, desto schneller wirst du einen Job finden. Denke auch etwas weiter als nur ein Jahr. Was willst du später einmal machen? Kann dein Job während deines Work and Travel von Vorteil sein? Wenn du irgendwann ein eigenes Café betreiben willst, dann solltest du vielleicht in Sydney in einem der Szenecafés aushelfen und lernen, wie man gute »Flat Whites« macht. Wenn du dagegen nach deinem Auslandsjahr Bau- und Ingenieurswesen studieren willst, dann wäre ein Job im Baugewerbe vielleicht nicht schlecht.

Übrigens: Bewerbungen werden in Australien, Neuseeland und Kanada anders gestaltet als bei uns in Deutschland. Schau dir die Besonderheiten im jeweils anvisierten Land an und entwirf schon mal ein paar Bewerbungen.

Sei kreativ und offen für Neues Wenn sich nicht der Job findet, den du suchst, solltest du nicht den Kopf in den Sand stecken, sondern einfach offen für Neues sein. Werde Tauchlehrer am Great Barrier Reef oder arbeite ein paar Wochen oder Monate auf einer Kamelfarm im Outback. Diese Erfahrung nimmt dir niemand mehr – und wer weiß: Vielleicht ergeben sich hierdurch ganz neue Perspektiven. Ich habe viele Backpacker gesehen, die anderen Travellern ihre Dienste angeboten haben, z. B. als Friseur oder Masseur. Werde kreativ und biete Backpackern unterwegs etwas an, was sie brauchen.

Jobsuchmaschinen Viele Jobs werden auf dem Schwarzen Brett in Hostels ausgeschrieben. Dies sind aber meistens tatsächliche Backpackerjobs wie Fruit-Picking, Hostel- oder Barjobs. Wenn du etwas anderes machen willst, solltest du einmal auf Seiten wie *monster.com*, *Gumtree.com*, *Craigslist.com* oder *seek.com.au* vorbeischauen und nach Jobangeboten suchen.

Arbeiten ist gut – aber nicht der Hauptgrund, aus dem du da bist! Da du sowieso einen ordentlichen Batzen Geld vorweisen musst, bevor du überhaupt einreist, solltest du dich nicht zu sehr stressen, um noch mehr Geld zu verdienen. Du bist hauptsächlich zum Reisen gekommen und willst das Land sehen, oder? Wenn es an einem Ort mit dem Jobben nicht richtig klappt, dann zieh einfach weiter …

Volunteering

Volunteering wird seit ein paar Jahren immer beliebter. Viele Menschen entscheiden sich, während ihres wohlverdienten Urlaubs etwas Gutes zu tun, und verbinden das mit dem Reisen!

Was ist Volunteering?

Volunteer-Tourismus ist im Grunde ehrenamtliche Arbeit, verbunden mit Urlaub im Ausland; er wird meist von spezialisierten Reiseveranstaltern organisiert. Es gibt richtige Volunteerprogramme, bei denen Flug, Unterkunft und Arbeit inbegriffen sind.

Für die Arbeit wirst du nicht bezahlt, sondern bezahlst manchmal sogar deinerseits dafür. Dieses Modell wird mittlerweile von vielen Organisationen genutzt, um ihre leeren Kassen zu füllen. Du kannst zum Beispiel Elefanten in Thailand füttern und waschen und musst dafür ein paar hundert Baht, also ein paar Euro bezahlen.

Wie kann man volontieren?

Es gibt mittlerweile viele Jobs, die du als Volunteer machen kannst, wie zum Beispiel:
- Kinder in Kambodscha unterrichten
- Im Kinderheim in Argentinien arbeiten
- Im Kindergarten in China arbeiten
- Häuser bauen in Ghana
- Umweltschutz in Neuseeland unterstützen
- Wildschutzprojekte in Südafrika mitgestalten

Für wen lohnt sich Volunteering?

Volunteering ist besonders für all jene geeignet, die bereits mitten im Job stecken und mehr tun möchten, als nur regelmäßig zu spenden, indem sie selbst mit anpacken, um etwas zu verändern. Die Kombination aus ehrenamtlicher Arbeit und Reisen ist besonders für die ideal, die viel Zeit im Büro verbringen und im Alltag nicht genug Bewegung bekommen. Sie finden eine ganz andere Art der Tätigkeit oft besser als reines Faulenzen. Dieser Ausgleich auf Reisen ist gut für den Körper und die Seele.

Backpacker, die viel Zeit haben, können auf ihren Reisen hier und dort fragen, ob helfende Hände gebraucht werden; für diese freiwillige Hilfsbereitschaft werden sie in der Regel nichts bezahlen müssen.

Die beliebtesten Länder für Volunteering

Australien Der Naturschutz steht bei Freiwilligenprogrammen an erster Stelle. Koalas, Kängurus und der Erhalt der Eukalyptuswälder stehen hoch im Kurs in Australien.

Belize Belize hat das zweitgrößte Barriereriff der Welt. Stell dir vor, du könntest wochen- oder monatelang tauchen gehen und helfen, dieses Naturwunder zu erhalten!

Griechenland Das Land ist zurzeit sehr preiswert. Arbeit gibt es zum Beispiel in vielen archäologischen Ausgrabungsstätten, in Aufzuchtstationen für aufgefundene Schildkröten oder in Olivenhainen.

Indien Du kannst in Kindergärten aushelfen, Englisch in der Schule lehren oder dich in einem Naturreservat um Elefanten kümmern. Indien bietet Freiwilligen viel!

Kolumbien Das Land wird immer beliebter unter Backpackern. Entsprechend gibt es auch einige Freiwilligenprojekte wie z.B. Aufklärungsarbeit, Englischunterricht u.v.m. Vergiss alles, was du über das Land und Pablo Escobar gehört hast, und mach dich auf ein großes Abenteuer gefasst!

Nicaragua Ein tolles Land, welches noch viel Hilfe braucht – zum Beispiel in Bauprojekten.

Sambia Sambia gilt als eines der besten Länder in Afrika, um wilde Tiere zu sehen. Hier kannst du wirtschaftliche Entwicklungshilfe mit richtigen Abenteuern verbinden!

Südafrika Gutes Wetter, Strand, tolle Natur und gutes Essen. Was willst du mehr? Das Land ist eines der modernsten in Afrika, benötigt aber noch viel Hilfe. Besonders in den Slums rund um die Großstädte bieten sich HIV-Aufklärungsangebote oder auch Schulunterricht an.

WWOOFing

World Wide Opportunities on Organic Farms (WWOOF) bedeutet »Weltweites Arbeiten auf Biobauernhöfen«. Die entsprechenden Organisationen vermitteln freiwillige Helfer an solche Farmen.

Wie funktioniert WWOOFing?

Das Konzept ist ganz einfach. Du meldest dich bei einer der WWOOF-Organisationen an, und diese vermittelt dir dann einen entsprechenden Job. Du wirst nicht bezahlt, erhältst aber als Gegenleistung ein Dach über dem Kopf und Verpflegung. Die Arbeitstage sind meistens zwischen vier und sechs Stunden lang. Die Aufgaben reichen von der Aussaat über das Ausmisten bis zum arbeitsintensiven Ernteeinsatz.

Die meisten WWOOFer bleiben eine oder zwei Wochen und reisen dann weiter. Ausnahmen bestätigen die Regel: Ich habe auf meinen Reisen WWOOFer kennengelernt, die bis zu sechs Monate an einem Ort geblieben sind. Und es gibt wahrlich kuriose Einsätze – oder hättest du gedacht, dass man nördlich des Polarkreises zur Erdbeerernte eingesetzt werden kann? Um die Sommersonnenwende herum geht die Sonne überhaupt nicht unter, und man kann im nördlichen Norwegen jeden Tag Erdbeeren ernten, die dank des Dauerlichts und der Wärme rasend schnell reifen. Sehr beliebt ist WWOOFing in Australien und Neuseeland.

Wie kann man WWOOFing starten?

Um mit dem WWOOFing anzufangen, musst du dich für ein Land oder eine Region entscheiden und dich mit der entsprechenden Organisation vernetzen. Erst dann hast du Zugriff auf die relevante Datenbank mit allen Bauernhöfen.

Es gibt einige globale und viele nationale Webseiten bzw. Organisationen.
- *www.wwoof.net* ist eine der größten Seiten für WWOOFing und sollte eine deiner ersten Anlaufstellen sein, wenn du dich für dieses Thema interessierst. Hier findest du viele allgemeine Informationen zum WWOOFen.
- *www.wwoof.de* ist die WWOOFing-Seite für Deutschland. Solltest du – zum Testen – erst einmal auf einem deutschen Biohof arbeiten wollen, kannst du dich hier anmelden.
- *www.wwoof.com.au* ist die WWOOFing-Seite für Australien.

Für wen lohnt sich WWOOFing?

WWOOFing ist eine sehr gute Gelegenheit, mit Einheimischen in Kontakt zu kommen, denn nichts verbindet Menschen so wie gemeinsame Arbeit. Außerdem lernt man Orte kennen, die etwas abseits der normalen Touristenpfade liegen. Da die Arbeit nicht bezahlt wird, machen die meisten WWOOFer sie nur für ein paar Wochen und wechseln dann zu einer konventionellen Farm, die für die Arbeit bezahlt.

Besonders lohnt sich WWOOFing für alle, die einfach nur ein kostenloses Dach über dem Kopf haben wollen – und die sich idealerweise auch noch für Agrikultur interessieren und sich vielleicht auch beruflich in diese Richtung orientieren wollen. Denn während man auf dem Bauernhof arbeitet, bekommt man viele nützliche Tipps und Einblicke in den Alltag der Bauern, die Erzeugung gesunder Nahrungsmittel und die damit verbundene Arbeit.

Work and Travel

Work and Travel ist das wohl beliebteste Arbeitsprogramm für junge Backpacker. Hierbei können Backpacker in über 35 Ländern arbeiten und Geld verdienen. Die meisten Work-and-Travel-Programme können bis zum 30. Lebensjahr in Anspruch genommen werden und laufen ein Jahr. In manchen Fällen, wie in Australien, kann das Visum um ein weiteres Jahr verlängert werden, wenn man zuvor mindestens drei Monate auf einer Farm gearbeitet hat. Der Traveller bzw. Arbeitende hat dabei die freie Wahl, für wen er arbeiten will, wenn er denn einen Job angeboten bekommt.

In Kanada und Australien darf man maximal ein halbes Jahr lang für dasselbe Unternehmen arbeiten. Wenn du planst, ein ganzes Jahr durchzuarbeiten, musst du also mindestens einmal den Arbeitgeber wechseln.

Dazu ein Hinweis: Manche Dinge wie »Work and Travel« und »Roadtrips« erkläre ich im Buch am Beispiel Australiens – weil ich dort meine ersten und intensivsten Erfahrungen gemacht habe und weil es viele Backpacker als Erstes dorthin zieht. Das alles so detailliert für jedes Land der Welt aufzuschreiben hätte den Rahmen dieses Buchs gesprengt. Wenn du in anderen Ländern arbeiten oder für längere Zeit leben willst, kannst du meinen Schilderungen auf jeden Fall entnehmen, welche Fragen du vorher klären solltest.

Welche Jobs darf man im Work-and-Travel-Programm ausführen?

Während des Work-and-Travel-Programms kannst du allen möglichen Jobs nachgehen. Dies sind einige der beliebtesten in Australien:

Kellnern Kellnern ist sehr beliebt unter Backpackern. Viele Jobs in Bars, Cafés und Restaurants werden von jungen Ausländern gemacht, die für einige Wochen in der Stadt bleiben. In Brisbane, Sydney und Melbourne hört man häufig einen deutschen Akzent hinter dem Tresen.

Fruit-Picking Dies ist eine super Gelegenheit für viele Backpacker, in kurzer Zeit gutes Geld zu verdienen und die weitere Zeit dann mit Reisen zu verbringen. Die besten Gegenden zum Pflücken sind

Victoria, das südliche Queensland sowie das nördliche New South Wales und Südwestaustralien.

Wenn Fruit-Picking für dich in Frage kommt, solltest du unbedingt die Erntezeiten beachten, da diese sich in einem so großen Land wie Australien von Region zu Region, aber auch je nach Frucht- und Gemüsesorte unterscheiden. Der Job ist übrigens echt hart. Du musst meistens bereits um sechs Uhr morgens auf dem Feld stehen und hörst oft erst nach Sonnenuntergang auf. Die Bezahlung richtet sich nicht nach Stunden, sondern nach Leistung wie z.B. gefüllten Eimern oder Stückzahl.

Tourismus Viele Backpacker jobben in der Gastronomie. Besonders Jobs in Hostels sind unglaublich beliebt und werden praktisch ausschließlich von Backpackern ausgefüllt. Meist wird auch ein kostenloses Bett im Hostel gestellt, außerdem bekommst du viele Rabatte für Touren etc., sofern sie vom Hostel betrieben oder beworben werden. Du kannst einerseits etwas tiefer in das einheimische Alltagsleben eintauchen, bist aber andererseits von anderen Backpackern umgeben. Für viele die ideale Kombination.

Au-pair Ein beliebter Job ist die Entlastung von Familien bei der Kinderbetreuung und -erziehung. Man hat Familienanschluss und lernt die Landessprache besser als in vielen anderen Jobs, weil Kinder einen auf (meistens) liebenswerte Weise fordern. Allerdings braucht man neben einem Händchen für Kinder oft auch Nerven wie Stahlseile. Auf Seiten wie *aifs.de* oder *travelworks.de* findest du professionell organisierte Au-pair-Stellen. Du musst eine Gebühr bezahlen, hast aber dafür die Sicherheit, dass (meistens) alles gutgeht. Wenn dein Ziel Australien heißt und du deine Au-pair-Familie auf eigene Faust suchen willst, dann solltest du auf Kleinanzeigenseiten wie Gumtree vorbeischauen. Dort werden regelmäßig Au-pair-Stellen ausgeschrieben: *www.gumtree.com.au/s-nanny-babysitting/au+pair/koc18350?ad=offering*

Auf dem Bau In Australien werden kraftintensive Jobs besonders gut bezahlt. Auf dem Bau kannst du locker, je nach Job, zwischen 30 und 40 AUD, also 20 bis 25 Euro die Stunde verdienen, wenn man die Boni und die Überstundenzuschläge mitrechnet. Wenn du eine günstige

Unterkunft findest und sparsam lebst, kannst du in ein paar Wochen genug erarbeiten, um dir ein gutes Auto und genügend Taschengeld für ein bis zwei Monate Urlaub in Australien leisten zu können.

In einer Mine Minenarbeit ist auf der ganzen Welt einer der am besten bezahlten, aber auch einer der härtesten Jobs. Der Arbeitgeber fliegt dich meist ins Minengebiet und stellt zusätzlich zum Lohn Unterkunft und oft auch Essensgutscheine. Du hast also fast keine Kosten, zumal du vor Ort ohnehin keine Möglichkeit hast, das ganze Geld wieder auszugeben. Eine Schicht geht meist zwei bis drei Wochen, und dann hast du eine Woche frei. Übrigens sind 90 Prozent der Minenarbeiter Männer – in diesem Bereich klappt das mit der Frauenquote irgendwie noch nicht so.

Steuern und Co. bei Work and Travel
....

Du musst während deines Work-and-Travel-Jahres auch Steuern und Rentenversicherungsbeiträge zahlen. Die Steuernummer (»Taxfile Number« oder TFN) musst du vor deinem ersten Job beantragen. Es gibt einige Anbieter wie zum Beispiel *taxback.com*, die deine TFN-Steuernummer gegen eine Gebühr bereits im Vorfeld, also vor deiner Abreise aus Deutschland beantragen. Aber das ist unnötig, da du bei deiner Ankunft in Australien sowieso erst mal ein Bankkonto eröffnen musst. Das dauert ca. sieben Tage, und danach kannst du deine TFN kostenlos beantragen. Dafür brauchst du außer dem Bankkonto noch einen Internetanschluss, eine australische Postadresse (z. B. dein Hostel), eine australische Handynummer und einen Reisepass.

Den TFN-Antrag kannst du online stellen. Das ist recht simpel und dauert weniger als eine Stunde. Wenn du das Formular ausfüllst, erhältst du eine Antragsnummer (»Application Number«), die du dir unbedingt aufschreiben solltest, weil sie deine vorläufige TFN ist. Damit kannst du dir schon einen Job suchen und sie später durch die endgültige TFN ersetzen.

Den Antrag kannst du auf der Seite des Australian Taxation Office stellen: *https://iar.ato.gov.au/IARWeb/*

Die Beiträge zur Rentenversicherung (»Superannuation«) werden automatisch von deinem Lohn abgezogen und von deinem Arbeitgeber abgeführt. Du bekommst sie aber nach deinem Australienaufenthalt zurück. Es gibt einige Agenturen, die sich darauf spezialisiert haben, die Beiträge für dich zurückzuverlangen, und dafür eine Provision nehmen. Wichtig ist, dass du von jedem Arbeitgeber den »Payslip« (Gehaltsnachweis) aufbewahrst, um im Nachhinein beweisen zu können, wie hoch deine Abzüge waren.

Auslandsstudium

Ein neues Land, eine neue Kultur und eine neue Ausbildung: Das Studium im Ausland ist bei Deutschen seit jeher beliebt – übrigens auch, weil viele Länder keinen oder einen weniger strengen Numerus clausus haben.

Manche Studiengänge in Grenzstädten, wie Enschede in den Niederlanden, sind zu 80 Prozent mit deutschen Studenten gefüllt. Auch Salzburg in Österreich erlebt einen Ansturm aus Süddeutschland. Medizinstudenten zieht es oft nach Budapest in Ungarn, aber auch Dänemark und Schweden werden trotz des hohen Preisniveaus immer beliebter.

Ein Auslandsstudium ist um einiges intensiver als eines in Deutschland – nicht so sehr wegen des Studiums selbst, sondern weil man sich zugleich auf eine Fremdsprache, eine neue Kultur und andere Gepflogenheiten einstellen muss.

Aber es ist auch eine tolle Möglichkeit, tief in die Kultur seines Gastlands einzutauchen. Während meines Studiums in den Niederlanden und in Bulgarien habe ich die beiden Länder viel besser kennengelernt, als ich das durch bloßes Reisen hätte tun können. Ich habe die Sprache gelernt, konnte mir so den Weg zu eher unbekannteren Orten erfragen und habe eine wahrlich gute Zeit gehabt.

Außerdem bietet ein neuer Wohnort auch die Möglichkeit, die angrenzenden Länder zu besuchen. Während meines Auslandssemesters in Bulgarien war ich in Mazedonien, Griechenland, Rumänien, Serbien und der Türkei und habe unglaubliche Menschen kennengelernt.

Wie organisiert man ein Auslandsstudium?

Wenn du weißt, was du studieren möchtest, solltest du dir überlegen, wo du gerne leben würdest, und schauen, ob die dortige Uni deinen Studiengang oder einen ähnlichen überhaupt anbietet. Zum Glück kann man heute fast überall leben und studieren – und ein Visum für ein Studium zu erhalten ist auch recht einfach.

Solltest du bereits an einer Uni eingeschrieben sein und dein Auslandssemester steht an, solltest du dich frühzeitig erkundigen, welche die Partnerunis sind und ob du an diesen auch studieren kannst. Der Auswahlprozess ist von Uni zu Uni unterschiedlich. Manchmal geht es nach Noten, manchmal nach der Reihenfolge der Anträge, manchmal wird gelost, oder es ist ein Mix aus alldem.

Auslandssemester statt Auslandsstudium

Einen Platz für ein Auslandssemester zu bekommen ist in der Regel um einiges einfacher als das Studium an einer regulären Uni. In Europa gibt es das ERASMUS-Programm (European community action scheme for the mobility of university students) der EU, das das Studieren an Partneruniversitäten in Europa ermöglicht und durch Stipendien unterstützt.

STÄDTEREISE ODER NATURERLEBNIS?

Zu den Entscheidungen, die du für die Reiseplanung treffen solltest, gehört auch die Frage, ob du eher auf Städte oder auf Natur stehst. In der Regel ist das ja keine Entweder-oder-Frage, aber eine Tendenz gibt es doch meistens. Die einen haben die Schnauze gestrichen voll von Lärm und Gestank und den Menschenmassen der Großstadt und wollen es so urwüchsig und grün wie möglich während ihres Urlaubs. Die anderen sind fasziniert von Metropolen, die um ein Vielfaches größer sind als alles, was wir aus Deutschland kennen, und die mit ihren fremden Geräuschen, Gerüchen und optischen Eindrücken alle Sinne ansprechen.

Während ich dieses Kapitel schreibe, sitze ich in einem kleinen Café in Canggu auf Bali, einem kleinen Surferparadies direkt am Meer. Es gibt hier alles, was ich brauche, ich schaue jeden Morgen aufs Meer, während ich schreibe. Wenn ich aber mal unter Menschen will, fahre ich 20 bis 30 Minuten nach Seminyak oder Kuta. Und wenn ich Ruhe und Entspannung brauche, sind es nur eineinhalb Stunden bis Ubud. Ich bin also eher der Naturtyp. Ich kriege oftmals zu viel, wenn ich zu lange in einer Großstadt bin. Aber ich bevorzuge kleine Orte, die in der Nähe von großen Städten liegen. Das lässt mir alle Möglichkeiten, je nach Lust und Laune.

Städtereisen Eine Städtereise ist recht einfach zu organisieren, denn egal ob du mit dem Zug, dem Bus oder dem Flugzeug reist – du wirst in der Regel in einer Großstadt ankommen. Dort gibt es unglaublich viel zu erleben, und ein Eindruck folgt dem anderen. Für Traveller, die mehr auf Kultur stehen, ist ein Städtetrip natürlich ideal, da es so viel zu entdecken gibt. Auch um andere Reisende kennenzulernen, ist eine Städtereise gut, da es viele Plätze gibt, wo man sich treffen und kennenlernen kann – zum Beispiel im Hostel oder in der Bar um die Ecke. Die Chancen, jemanden kennenzulernen, sind in der Stadt um einiges größer als in der Natur. Und die Jobsuche betreibt man am besten auch in der Stadt – auch wenn die Arbeit selbst dann oft außerhalb stattfindet.

Aber es kann halt auch sehr hektisch werden, und man ist in einer Stadt nie für sich allein. Es sind ständig Menschen um einen herum, und man hat überhaupt keine Ruhe, denn überall wird gehupt, gerempelt und gerufen. Man ist einer von vielen und geht in der Masse unter.

Einige der faszinierendsten Städte sind New York, Rio de Janeiro, Bangkok und Tokio.

Naturerlebnisse Wer eher der Naturliebhaber ist, der lässt sich auf etwas Neues ein und ist bereit, auch länger alleine zu sein. Du kannst als einziger Ausländer in kleinen Orten sein oder auch mal ganz alleine in einem »Bed and Breakfast« mitten in den Bergen. Es macht dir nichts aus, die Natur um dich zu haben und dein Zimmer nur mit Geckos, Kakerlaken und Spinnen zu teilen. Für dich ist es der Inbegriff von Entspannung und Erholung, wenn du abends die Grillen singen hörst.

Die wirklich wilde, einsame Natur ist natürlich deutlich schwerer zu erreichen als eine Stadt, da du erst mal rausmusst aufs Land und es oft eine eher schlechte Infrastruktur gibt. In manchen Gegenden wirst du auch der Einzige sein, der Englisch spricht, und musst dich mit Händen und Füßen verständigen. Das wird dir in größeren Städten nicht passieren – da findet sich irgendwann immer jemand, der Englisch spricht.

★ WARUM BANGKOK EINEN LÄNGEREN AUFENTHALT WERT IST

Australien und Neuseeland sind ja seit Jahren im Trend. Um aber ans andere Ende der Welt zu gelangen, muss man zwei bis vier lange Flüge absolvieren. Eine Variante lautet: So schnell wie möglich ankommen, auch wenn man dafür 24 Stunden in einer Blechbüchse hockt. Und danach eine Woche im Jetlag hängt.

Die andere Variante: Einen längeren Zwischenstopp in Thailand einlegen. Bangkok bietet einfach alles: exotischen Charme, hektisches Stadtleben, kleine Gassen, komisches und leckeres Essen, freundliche Einheimische und zwei große Flughäfen, um deine Reise fortzusetzen!

Von Bangkok aus kann man zudem ganz einfach zu vielen verschiedenen Destinationen in Thailand und Südostasien fliegen, und das für ganz wenig Geld. Malaysia und Singapur sind entweder einen Nachtzug oder einen kurzen Flug entfernt. Auch Flüge nach Siem Reap (Angkor Wat), Vietnam oder Myanmar sind ziemlich erschwinglich.

Anstatt also 24 Stunden in einem Flugzeug festzusitzen, solltest du deine Reise aufteilen und dir ein bisschen die Beine vertreten. Plane ein paar Tage in Bangkok ein. Dadurch siehst du viel mehr und kommst weniger gestresst an.

Die große Lösung heißt: Mach die Reise zum Teil deines Urlaubs. Plane auf dem Hinweg einen Zwischenstopp von einer Woche ein und fliege von Bangkok aus in ein benachbartes Land. Myanmar ist in letzter Zeit wahnsinnig im Trend, und man findet erschwingliche Flüge von Bangkok aus nach Yangon. Ich war 2012 für sechs Tage in dem Land, und es hat gereicht, um die Hauptstadt Bagan und den Inle-See zu sehen.

Wenn du dann zurück in Bangkok bist, kannst du weiter nach Australien oder Neuseeland reisen.

Auf dem Rückweg solltest du erneut in Bangkok haltmachen und dir die Stadt anschauen. Erlebe den großen Chatuchak-Markt, probiere köstliches Straßenessen und entspanne in tollen Hotels wie dem »Centara Grand« in Central World. Dort bekommst du eine Übernachtung schon ab 64 Euro, und es ist ein phantastisches Hotel mitten in der Stadt. Nur an wenigen Orten der Welt wirst du so gute 5-Sterne-Hotels für einen so günstigen Preis finden. Nutz es also aus!

Wer möglichst schnell aus der Stadt in die Natur will, der geht am besten nach Island, nach Rovaniemi in Lappland oder zu jedem etwas kleineren Flughafen von Provinzen in Kanada, den USA oder Australien.

WIE VIEL ABENTEUER, WIE VIEL SICHERHEIT?

Abenteuer und Sicherheit sind sehr subjektive Begriffe – jeder versteht etwas anderes darunter. Meine Definition von Abenteuer ist, sich auf neue und unbekannte Sachen einzulassen und dabei ein kalkuliertes Risiko einzugehen.

Du solltest dir bei der Reiseplanung also klarmachen, wie viele Überraschungen und wie viel Risiko dir liegen. Willst du lieber ankommen und eine gut funktionierende Infrastruktur vorfinden? Dann sind Länder, die viel von Backpackern besucht werden, mit Sicherheit die bessere Wahl für dich. Denn je mehr Backpacker ein Land besuchen, desto besser ist die Infrastruktur und desto einfacher ist das Reisen im Land selbst.

Die wohl sichersten Länder zum Reisen sind folgende:
- Norwegen
- Neuseeland
- Australien
- Slowenien
- Schweiz
- Costa Rica
- Island
- Vietnam
- Japan
- Schweden

Das heißt, dass du vor Ort viele Unterkünfte jeglicher Preiskategorie, gute Bus- und Bahnverbindungen und eine Fülle an Restaurants und Ausgehmöglichkeiten vorfinden wirst. Das trifft mit Sicherheit auf einige der bekanntesten Backpacking-Länder überhaupt zu, also Australien, Neuseeland, Mexiko und Thailand. In diesen Ländern kannst

💬 WIE LAUT STILLE SEIN KANN

Ich bin normalerweise einer von denen, die Geräusche um sich brauchen: Bin ich zu Hause, läuft auch gern mal der Fernseher nebenbei. Unterwegs höre ich Musik oder lass mir Hörbücher vorlesen. So oder so, irgendwie dudelt immer irgendetwas. So war es jedenfalls, bevor ich nach Schweden kam.

Im Januar 2014 waren meine Freundin und ich mit dem Hundeschlitten in Schwedisch-Lappland unterwegs. Acht Tage lang durch verschneite Wälder und über gefrorene Seen. Acht Tage lang nur von Waldhütte zu Waldhütte, ohne Strom, ohne fließend Wasser. Leben »unplugged«.

Doch nicht nur, dass ich in dieser Zeit keine Möglichkeit hatte, mein Hirn irgendwie elektronisch zu beschallen, auch schien die Landschaft an sich auf »mute« gestellt worden zu sein. Jedes Geräusch wurde von den Schneemassen verschluckt.

Es war das erste Mal, glaube ich, dass ich bewusst absolute Stille wahrgenommen habe. Und sie war nicht zu überhören.

Doch nach ein paar Tagen fängt man nicht nur an, sie zu akzeptieren, damit klarzukommen. Sondern man lernt sie lieben. Ruhe im Kopf bedeutet Ruhe im Geist. Die eigenen Gedanken wieder zu hören. Oder ich konnte einfach auch mal Leere im eigenen Hirn zulassen.

Dieses Erlebnis hat mir die Ruhe wieder nähergebracht, und seitdem gönne ich sie mir. Jeden Tag, und sei es nur für ein paar Minuten.

Manuel Gros

du auch vieles dem Zufall überlassen und musst nicht so stark im Voraus planen oder buchen. Aber auch die meisten Länder in Südostasien und Lateinamerika sind sicherer, als du wahrscheinlich denkst. Der Tourismus ist für diese Länder sehr wichtig, und sie tun vieles, damit sich die Touristen wohl und sicher fühlen.

Grundsätzlich kann man sagen, dass Touristen in allen Teilen der Welt recht sicher unterwegs sind und einen gewissen Schutz und Respekt genießen. Dass Touristen im Ausland überfallen werden, ist eher selten. Aber wenn es mal passiert, dann ist der Aufschrei groß, und die Medien stürzen sich auf die Story wie Aasgeier.

Wer ein richtiges Abenteuer erleben will, versucht eine der folgenden Touren:
- Amazonas-Dschungel-Tour
- Mount-Everest-Base-Camp-Tour
- Blaue-Höhlen-Tauchgang auf den Bahamas
- Sahara-Durchquerung
- Atacama-Wüstenquerung in Chile
- Antarktis-Tour

Am riskantesten sind sicherlich Länder oder Regionen, in denen die öffentliche Ordnung zusammengebrochen ist und Milizen, Fanatiker oder Drogenkartelle die Straßen beherrschen. Vor allem Gebiete, in denen westliche Ausländer aus religiösen oder ideologischen Gründen generell als Vertreter des Feindbilds »Westen« betrachtet werden, solltest du lieber meiden, wenn du dich nicht sehr gut auskennst und Leute vor Ort hast, die sich für deine Sicherheit verantwortlich fühlen.

Natürlich sind die »westlichen« Gegenden, also Europa, Nordamerika, Australien und Neuseeland die sichersten Regionen für Backpacker. Sie geben Freiheit und Individualität den größten Raum, haben eine gute bis sehr gute Infrastruktur und eine funktionierende Staatsordnung.

Als Nächstes folgt Südostasien – eine vergleichsweise arme Region, die aber eine geringe Kriminalitätsrate und wenig öffentliche Gewalt vorzuweisen hat. Als Backpacker fühlst du dich in Südostasien eigentlich sehr wohl. Da »weiße Westler«, die sich eine Reise nach Asien leisten können, oft als »märchenhaft reich« betrachtet werden, wird man häufiger versuchen, dich übers Ohr zu hauen, indem man dir nur wegen deiner Hautfarbe oder Herkunft das Doppelte oder Dreifache des Preises abknöpft, den die Einheimischen bezahlen. Die Tatsache, dass du möglicherweise in Deutschland ein armer Student bist und für diese Reise dein letztes Geld zusammengekratzt hast, spielt in den Augen der Einheimischen verständlicherweise keine Rolle. Hier und da, besonders in Touristenhochburgen, kann es auch mal passieren, dass du beklaut wirst. Gröberes passiert in Südostasien selten.

Ein kleines bisschen krasser und weniger sicher ist Lateinamerika. Allerdings bei weitem nicht so unsicher, wie die Medien es oft darstellen. Ich habe schon über zehn Länder in Mittelamerika besucht und nur gute Erfahrungen gemacht.

Wer es wirklich wissen will, der geht nach Afrika. Wobei man Afrika nicht einfach pauschalisieren kann – die Unterschiede zwischen den Ländern dieses Riesenkontinents sind enorm.

ALLEIN ODER IN GESELLSCHAFT REISEN?

Beim Gedanken, allein zu reisen, wird vielen oft mulmig im Magen. Was soll ich denn unterwegs machen? Mit wem werde ich mich unterhalten? Was mache ich, wenn mich der große Einsamkeits- und Heimweh-Flash erwischt? Soll ich nicht doch lieber mit einem Freund reisen?

Die Antwort ist ganz klar: Jein! :)

Warum du unbedingt allein reisen solltest

Du wirst unglaubliche Menschen treffen Kein Zweifel: Mit Freunden oder einem Partner wirst du mit Sicherheit sehr viel Spaß haben. Und zwar miteinander. Will sagen: Ihr werdet den Fokus gegenseitig auf euch richten – und deshalb anderen Travellern, aber auch den Einheimischen weniger Beachtung schenken. Das ist völlig normal – wir Menschen sind soziale Wesen und fühlen uns in der vertrauten Gruppe am wohlsten. Deshalb wirst du in Gesellschaft dir bekannter Menschen weniger Aufwand betreiben, um etwas oder jemand Neues kennenzulernen und die bekannten Ufer zu verlassen.

Aus diesem Grund empfehle ich jedem, einmal im Leben allein zu reisen. Du wirst nicht allein bleiben, denn du wirst den Schritt wagen, auf fremde Menschen und Kulturen zuzugehen und dich mit diesen auseinanderzusetzen. Eine tolle Erfahrung, die deinen Horizont erweitern wird. Und wer weiß: Vielleicht ergibt sich ja sogar eine Reisebekanntschaft, die dir für ein paar Tage Gesellschaft leistet.

Allein reisen bedeutet Freiheit Niemand sagt dir, wann du wo sein musst, und noch viel wichtiger: was du tun sollst. Warum das so toll ist? Weil du auf deiner Reise von diesem ganz tollen Strand hören wirst, den du in keinem Reiseführer gefunden hast, und deshalb deine Reise spontan umplanst. Du kannst in den Tag hineinleben. Du kannst deine Pläne ändern, ohne dies diskutieren oder rechtfertigen zu müssen. Und wenn du tolle neue Leute kennenlernst, kannst du einfach eine Weile mit ihnen reisen, ohne dich mit jemandem absprechen zu müssen.

Allein kannst du einfach machen, wonach dir gerade ist! Diese komplette Freiheit solltest du mal erlebt haben! Vielleicht willst du dann nie mehr anders reisen.

Du wirst über dich hinauswachsen! Ich erinnere mich noch an die erste Reise, die ich ganz allein unternahm. Ich war 18 und zog von Deutschland nach Australien. Meine erste Wohnung, mein erster Job und ein fremdes Land – ich hatte richtig Schiss vor dem Abflug. Und auch in Australien selbst gab es ein paar Situationen, in denen ich am liebsten meine Mutter angerufen hätte, obwohl sie 20.000 Kilometer weit weg war und mir sowieso nicht hätte helfen können. Aber ich habe es geschafft. Ich habe gegen meine Angst vor dem Unbekannten angekämpft und bin daran gewachsen. Es ist ganz normal, dass wir uns Sorgen machen und Ängste haben. Angst hilft uns, noch konzentrierter zu sein. Angst ist dazu da, dich zu schützen, aber sie sollte nicht dein Leben bestimmen.

Allein reisen hilft gegen (fast) alles Wenn dein Leben – egal ob durch Schule, Uni, Arbeit, Beziehung oder Familie – zu stressig wird, kann Reisen der perfekte Ausgleich sein. Endlich hast du Zeit abzuschalten. Und du solltest es allein tun – ohne Freunde oder Partner, die dich nur an zu Hause und an das erinnern würden, dem du für ein paar Wochen entfliehen willst.

Auf Reisen kannst du deine Batterien wieder aufladen – egal ob in einem günstigen Hostel oder im Luxushotel. Manchmal reicht es schon, einfach in eine andere Kultur einzutauchen und sich auf etwas Neues einzulassen, damit Körper und Seele sich entspannen.

Endlich Zeit, du selbst zu sein! Wer eingebunden ist in Studium, Job oder Familienleben, verliert oft sich selbst aus dem Blick. Eine Reise ganz allein ermöglicht dir, dich selbst neu kennenzulernen. Entdecke neu oder wieder, was deine Persönlichkeit ausmacht. Nimm dir Zeit und setz dich mit dem wundervollen, intelligenten Menschen auseinander, der du bist.

Es gibt natürlich auch Gründe, warum du mit anderen reisen solltest

Reisen beschenkt dich mit so vielen neuen, tollen Eindrücken, dass es manchmal wirklich schade ist, wenn du sie mit niemandem teilen kannst. Das sind die Momente, in denen man sich darüber freut, dass jemand dabei ist. Es ist eben etwas ganz anderes, einen tollen Sonnenuntergang hinter den Pagoden von Bagan in Myanmar mit einem guten Freund oder dem Partner zu teilen als bloß mit deinen Facebook-Freunden. Wie heißt es so schön: Glück ist das Einzige, was sich verdoppelt, wenn man es teilt.

Wenn du alleine reist, hast du auch keine »Weißt du noch?«-Momente für zu Hause. Der Reichtum einer Reise besteht in Erinnerungen und dem Sprechen darüber. Es ist viel schöner, wenn es jemanden gibt, der wirklich *weiß*, wie sich das anfühlte da oben auf dem Berg, mit dem atemberaubenden Blick auf die Seenlandschaft und dem geradezu kitschig aufgehenden Riesenmond darüber.

Wichtig für gemeinsam Reisende: Ihr müsst nicht alles zusammen machen. Plant Pausen voneinander ein. Jeder von euch hat bestimmt Interessen, die der andere nicht teilt. Super, dann geht diesen individuell nach und trefft euch einfach danach wieder. In diesen Stunden, die ihr allein verbringt, schöpft ihr neue Energie und lernt wieder, euch wirklich aufeinander zu freuen.

Zu zweit oder in einer kleinen Gruppe zu verreisen ist natürlich bei weitem günstiger, als allein zu reisen. Man kann große Ausgaben wie Mietwagen oder Unterkunft teilen und zahlt pro Person um einiges weniger. Wenn du in Lateinamerika oder Südostasien unterwegs bist und in Hostels übernachtest, dann sind die Unterschiede nicht von Bedeutung. Aber wenn du zum Beispiel in Australien unterwegs bist, kannst du in einer kleinen Gruppe richtig viel Geld sparen.

WAS KOSTET MICH DAS? DIE FINANZIERUNG

Eine einjährige Weltreise kann zwischen 10.000 und 18.000 Euro kosten, je nachdem, welche Länder du besuchst und wie kostengünstig du reisen willst. Selbst bei engstem Budget musst du mit ca. 800 Euro pro Monat rechnen. Dann schläfst du aber nur in 3-Euro-Hostels, isst zwölf Monate lang Streetfood und kannst kaum an bezahlten Touren teilnehmen. Solltest du eine etwas komfortablere Weltreise machen, musst du mit ca. 1.500 bis 2.000 Euro im Monat kalkulieren. Dann hast du gute Hostels und kannst viel unternehmen.

Um zu reisen, brauchst du also immer eine gute Portion Geld auf dem Konto. Das heißt für die Zeit vor der Reise: sparsam leben und zusätzliches Geld ranschaffen. Heute finanzieren mich mein Reiseblog sowie meine anderen Onlinegeschäfte glücklicherweise gut genug, damit ich rund um die Welt reisen und dabei arbeiten kann. Aber das war nicht immer so. Als ich studierte, habe ich nebenher wie ein Verrückter gearbeitet und viel Geld zur Seite gelegt, um meine Reisen finanzieren zu können. In diesem Kapitel möchte ich dir zeigen, wie du eine Menge Geld sparen kannst, indem du deine täglichen Ausgaben senkst. Du wirst keinen großen Unterschied merken, aber wenn du aufbrichst, um der Welt »Hallo« zu sagen, wirst du einen netten Betrag auf deinem Bankkonto haben.

Mach zuerst einen Plan, wie du während der nächsten Wochen und Monate Geld für deine Reise sparen kannst:

Schätzen Sei realistisch und schätze, ob deine Reise zum geplanten Zeitpunkt und im gewünschten Umfang deiner finanziellen Situation entspricht. Wirst du in der Lage sein, genügend Geld zu sparen, oder wäre es besser, deine Pläne herunterzuschrauben und realistischer zu machen? Je realistischer der Plan, desto leichter wird das Ziel zu erreichen sein.

Planung Mach eine Liste, welche deiner festen monatlichen Ausgaben du reduzieren oder ganz loswerden kannst und wie viel du dadurch realistischerweise sparen kannst.

Kontrolle Wenn du erst einmal siehst, dass mehr Geld auf das Konto fließt als runtergeht, überprüfe, was du gemacht hast, ob du es noch verbessern kannst und was du sonst noch einsparen kannst.

Eröffne ein eigenes Konto für Reisen Der beste Weg, dich selbst zu motivieren, ist zu sehen, wie der Kontostand steigt. Das geht am besten, wenn sich der Überschuss auf einem separaten Konto sammelt – am besten einem Festgeldkonto, wo du wenigstens ein paar Zinsen bekommst. Wenn du errechnet hast, wie viel Geld du jeden Monat sparen kannst, teile es in kleine Portionen auf: Richte Daueraufträge ein, mit denen du alle zwei bis drei Tage einen kleineren Betrag überweist, einen etwas größeren Betrag einmal in der Woche und einen richtig fetten Betrag einmal im Monat.

Angenommen, du könntest tatsächlich bis zu 500 Euro im Monat sparen:
Überweise 5 Euro alle zwei Tage = 75 Euro pro Monat
Überweise 50 Euro jede Woche = 200 Euro pro Monat
Überweise 225 Euro einmal im Monat = 225 Euro pro Monat
Das sind insgesamt 500 Euro, die du jeden Monat zur Seite legen kannst, um deine Traumreise zu finanzieren.

Du glaubst nicht, dass das möglich ist? Wenn du ein regelmäßiges Einkommen hast, ist es möglich. Wenn nicht, ist das auch in Ordnung, lege einfach einen anderen Maßstab an und rechne aus, wie viel du mit deinem Einkommen sparen kannst.

WIE DU RICHTIG GELD SPARST

Die folgenden Tipps passen natürlich nicht alle für jeden. Sie sind an einen Berufstätigen mit regelmäßigem Einkommen und normalem Lebensstil gerichtet. Wenn du Student oder Schüler bist, wirst du kleinere Brötchen backen müssen. Es sei denn, du wirst von Eltern, Paten oder anderen Gutverdienern unterstützt. Denen kannst du diese Spartipps ja mal unauffällig hinlegen. Ist schließlich für einen guten Zweck. ;-)

1. **Schaff dein Auto ab** Ich weiß, das kannst du nicht. Du brauchst dein Auto, um zur Arbeit zu fahren oder zur Schule oder Uni oder wohin auch immer. Aber es gibt eine recht zuverlässige und preiswerte Alternative, die sich »öffentliche Verkehrsmittel« nennt. Die solltest du mal ausprobieren. Zig Millionen Deutsche legen damit ihre täglichen Wege zurück. So falsch kann das also nicht sein.

Vor ein paar Jahren habe ich mir für fast vier Jahre den neuesten MINI Cooper geleast – für fast 400 Euro im Monat. Mann, war das teuer. Ich dachte damals, dass ich dieses Auto unbedingt haben müsse. Zu den 400 Euro Leasingrate kamen noch das Benzin, die Versicherung, die Kfz-Steuer, Reparaturen, Autowaschanlage und und und … Alles in allem ist ein Auto das reinste Luxusobjekt. Man braucht es nicht wirklich. Hätte ich Bus und Bahn genutzt, wäre ich mit maximal einem Viertel des Betrages ausgekommen. Aber ich hatte mich für die bequeme Lösung entschieden, und die ist immer teurer.

Heute lebe ich, wenn ich nicht auf Reisen bin, in Berlin, und wenn ich das Gefühl habe, ich brauche eine bequeme Lösung, nehme ich ein Carsharing-Angebot und zahle 30 Cent pro Minute. Im Durchschnitt gebe ich ungefähr 90 bis 100 Euro im Monat für Verkehrsmittel aus – fünf- bis zehnmal Carsharing und eine Monatskarte.

Ein Jahr ohne Auto – und du kannst für eine lange Zeit auf Reisen gehen.

Ersparnis = 300 Euro pro Monat

Alternativen zum Gebrauch des eigenen Autos:
- Fahrrad
- Bus und Bahn
- Laufen
- Carsharing

2. Wechsle vom Handyvertrag zu Prepaid Brauchst du wirklich diesen Vertrag, bei dem du in alle Netze umsonst telefonieren kannst, 2 GB frei hast und unbegrenzte SMS? Wie viele Leute rufst du tatsächlich jeden Monat an? Und, ganz ehrlich: Wie viele SMS verschickst du? Bist du sicher, dass es so viele sind? Oder benutzt du nicht viel häufiger iMessage, WhatsApp und Facebook Messenger, um Nachrichten zu verschicken? Siehst du! Für dich reichen wahrscheinlich ein Prepaid-Internet-Vertrag und einige wenige Euros, um ein paar Anrufe zu tätigen.

Ich hatte jahrelang einen Handyvertrag – ich habe ständig vergessen, ihn zu kündigen, er hat sich dauernd automatisch verlängert etc. Ich hatte den Supi-dupi-Vertrag, der alles enthielt: Gespräche in Deutschland, ins Ausland, SMS, bis der Arzt kommt, etc. Kosten? 90 Euro im Monat!

Irgendwann habe ich zu Prepaid gewechselt und zahle nur noch 30 Euro pro Monat. Ich habe 2 GB und genügend Freiminuten, um einige nationale und internationale Anrufe von unterwegs zu tätigen. Ansonsten benutze ich einfach Skype.
Ersparnis = 60 Euro im Monat

3. Nimm dir Essen von zu Hause mit Ich gehe fast jeden Mittag essen – für fünf bis 15 Euro. Mittagessen gehen kostet mich 250 bis 300 Euro im Monat. Das ist eine Menge Geld, das ich für nur EINE Mahlzeit am Tag ausgebe. Nähme ich Essen von zu Hause mit, könnte ich echt Unsummen sparen.

Denn es ist so einfach, zu Hause etwas Leckeres vorzukochen und sich dadurch zu zwingen, besser und sparsamer zu essen. Man kann leicht die Reste vom Abendessen mitnehmen, oder man macht sich ohne großen Zeitaufwand köstliche Sandwiches.

Du kannst pro Mahlzeit zwischen fünf und zehn Euro pro Tag sparen. Das sind 225 Euro, wenn man einen Durchschnitt von 7,50 Euro ansetzt.
Ersparnis = 225 Euro im Monat

4. Leg deinen E-Reader still Ich kann es selbst nicht ganz glauben, was ich hier empfehle, denn auf Reisen ist ein E-Reader ja ideal. Aber er ist eine Geldfressmaschine. Seit du viele Bücher in diesem kleinen Gerät mit dir herumtragen kannst, liest du automatisch mehr – und die logische Konsequenz ist, dass du mehr Bücher kaufst. Und leider kannst du keine gebrauchten Bücher für deinen Reader kaufen.

Es gibt jetzt zwei Möglichkeiten: Erstens, du schreibst dich bei *Amazon Prime* ein und hast die Möglichkeit, eine Reihe von Büchern aus ihrer Auswahl zu mieten. Die Wahrscheinlichkeit, dass da nicht unbedingt das Optimale für dich dabei ist, ist leider recht groß. Zweitens: Du kehrst zurück zum normalen Buch und nutzt die kostenlose (oder zumindest kostengünstige) Leihbücherei in deinem Stadtteil. Wenn das keine Option für dich ist, kannst du dir das gewünschte Buch auch kaufen und nach dem Lesen bei Amazon oder eBay weiterverkaufen. Manchmal machst du sogar Gewinn dabei.

Ich lese zum Beispiel monatlich zwei bis vier Bücher auf meinem Kindle. Im Schnitt kostet jedes Buch bei Amazon 12,50 Euro. Die gebrauchte Taschenbuchausgabe ist normalerweise drei bis vier Euro billiger.
Ersparnis = 14 bis 32 Euro im Monat (14 Euro, wenn ich gebrauchte Taschenbücher kaufen würde, 32 Euro, wenn ich sie in der Bücherei ausleihe).

5. Vermiete ein Zimmer oder die ganze Wohnung Wenn du (zu) viel Platz hast und (zu) viel Miete bezahlst: Wie wäre es damit, einen Teil deiner Wohnung auf Peer-to-Peer-Netzwerken wie *Airbnb* anzubieten? Du kannst deine Wohnung zu lukrativen Zeiten auch komplett vermieten – zum Beispiel während der begehrten Wochenenden. Du besuchst dann deine Eltern oder übernachtest bei Freunden und beteiligst die an deinen Ersparnissen, indem du sie beispielsweise lecker bekochst oder etwas in die Haushaltskasse legst.
Ersparnis = bis zu 500 Euro im Monat

Tipp: Registriere dich noch heute bei *Airbnb,* um zu sehen, wie viel deine Wohnung wert ist!

6. Schaff dein Kabelfernsehen ab Als Kind dachte ich, Fernsehen sei umsonst. Ist bekanntlich nicht so. Zusätzlich zur GEZ (ca. 17 Euro monatlich) zahlt man als Inhaber eines Kabelanschlusses noch mal ca. 20 Euro im Monat. Dazu kommen noch Dienste wie Netflix oder Sky mit 10 bis 20 Euro im Monat.

Ich habe meinen Kabelanschluss gekündigt und 50 Euro in einen DVBT-Receiver investiert. Dieser kostet nur einmal etwas und spart dir zumindest den Kabelanschluss. Am besten ist es, wenn du dich direkt von der Kiste trennst. Das Wichtigste kannst du heutzutage in der Mediathek der Sender im Internet oder auf YouTube ansehen.

7. Reduziere deine Bankkosten Es gibt Hunderttausende von Menschen, die ihrer Bank monatlich eine mindestens zweistellige Summe in den Rachen werfen – für Konto- und Kreditkartengebühren und für Überziehungszinsen.

Such dir als Erstes eine Bank, bei der dich weder das Konto noch die Kreditkarte noch einzelne Transaktionen, wie zum Beispiel Barabhebungen, etwas kosten. Ich habe einmal ein Konto gehabt, bei dem jedes Mal zehn Euro Gebühren fällig wurden, wenn ich Geld bei anderen Banken oder im Ausland abgehoben habe. In einem Monat habe ich mal 100 Euro nur an Gebühren bezahlt. Mit meinem neuen Konto habe ich das auf null heruntergefahren.

Und wenn du ein permanentes Minus auf dem Girokonto hast: Handle sofort! Monat für Monat Dispozinsen zu zahlen ist aus wirtschaftlicher Sicht ungefähr so schlau wie Lottospielen. Leih dir das Geld zum Ausgleichen des Kontos von Verwandten und Freunden zu einem niedrigen Zinssatz oder gänzlich zinsfrei, und stottere das Darlehen mit demselben Betrag ab, den du bisher an Überziehungszinsen gezahlt hast.

Nach einigen Monaten bist du das Problem los. Und auch wenn du niemanden kennst, der dir das Geld leiht: Nimm einen Konsumentenkredit bei deiner Bank auf, um das Girokonto auszugleichen. Dann zahlst du nur ca. fünf Prozent Zinsen statt der zweistelligen Wucherzinssätze für den Dispo.

Wenn du leicht in Versuchung kommst, dein Konto erneut zu überziehen: Vereinbare mit deiner Bank ein niedriges Limit von 1.000 Euro. Und gib deine Kreditkarte einem Freund zur Aufbewahrung. Das schützt vor unbedachten Spontankäufen.
Ersparnis = 100 bis 200 Euro im Monat

8. Verkaufe deinen Kram Schau dich zu Hause um. Wie viel hochwertiges Zeug steht da rum, das du seit Monaten nicht mehr benutzt hast? Zum Beispiel technische Geräte und Spielereien, die nur noch als Staubfänger dienen. Verkauf den Kram!
Einmaliger Ertrag = 1.000 bis 2.500 Euro

9. Feiere mit deinen Freunden zu Hause Wenn du dich mit Freunden triffst: Was macht ihr normalerweise? Ich tippe mal: Ihr geht in ein Restaurant und esst dort, und anschließend nehmt ihr noch ein paar Drinks in einer Bar? Oder ihr geht ins Kino und danach in die Kneipe? Wie viel gibst du an einem solchen Abend aus? 50 Euro? Vielleicht mehr?

Lade deine Freunde zu dir nach Hause ein, jeder gibt ein paar Euro für ein nettes Abendessen dazu, das du kochst, und bringt eine Flasche Wein mit. Ihr sitzt zusammen, unterhaltet euch oder macht es etwas altmodischer und spielt ein Brettspiel. Wir sollten das häufiger tun. Als Alternative könntest du einen schönen Film bei Amazon oder iTunes ausleihen, und ihr macht einen Kinoabend zu Hause. Machst du es ein- oder zweimal im Monat so, kannst du eine Menge Geld sparen.
Ersparnis = 50 bis 100 Euro im Monat

10. Kündige deine Mitgliedschaft im Fitnessclub Wie oft warst du tatsächlich im Fitnessstudio, seitdem du die guten Vorsätze für das neue Jahr gefasst hast? Wenn du nicht mindestens dreimal die Woche dorthin gehst, solltest du dir überlegen, die Mitgliedschaft zu kündigen und Alternativen zu finden. Du solltest draußen laufen gehen oder dich bei einem Yogakurs anmelden, wo du nur zahlst, wenn du wirklich hingehst.

Es gibt viele Wege, fit zu bleiben. Check dein Smartphone, dort gibt es viele Apps, die dir zeigen, wie du zu Hause Sport machen und dennoch mit deinen Freunden verbunden sein kannst, damit ihr eure Resultate vergleichen könnt. Ich mache beispielsweise einen Push-up-Wettbewerb mit Freunden und kann genau sehen, wie viele Push-ups sie gemacht haben. Das motiviert mich viel mehr als die monatliche Abbuchung der Muckibude und kostet nur einmalig 1,99 Euro.
Ersparnis = 30 bis 80 Euro im Monat

11. Reduziere deinen Kaffeeverbrauch Wie viele Coffee-to-go kaufst du dir jeden Tag? Mindestens einen, richtig? Vielleicht zwei? Und noch einen für den Heimweg? Und was kostet ein Kaffee? Zwei Euro? Vielleicht drei Euro? Ich weiß, dass das nicht viel ist, aber es summiert sich. Fünf Kaffee die Woche (Montag bis Freitag) sind 20 Kaffee im Monat. Das sind 240 Kaffee im Jahr. Wenn du nur einen Kaffee weniger am Tag kaufst, kannst du schon eine Menge Geld sparen. Denk mal darüber nach!
Ersparnis = 40 bis 80 Euro im Monat

12. Hör auf zu rauchen Wenn du nicht rauchst – gut für dich. Wenn du rauchst, überlege, aufzuhören oder zumindest deine Zigaretten selbst zu drehen. Ich habe mal geraucht. SEHR VIEL! Zwischen ein und zwei Schachteln am Tag. In Deutschland kostet eine Schachtel ungefähr fünf Euro. Das waren also 7,50 Euro pro Tag für Zigaretten. Ich habe 225 Euro im Monat für Zigaretten ausgegeben. Ich habe vor 16 Monaten aufgehört und dadurch bereits über 3.500 Euro gespart.
Ersparnis = 150 Euro im Monat (wenn du eine Schachtel am Tag rauchst)

Die zwölf Sparmöglichkeiten, die ich aufgezählt habe, sollen als Beispiel dienen, wie du Geld sparen kannst. Was auf dich zutrifft und wozu du dich entschließen kannst, musst du natürlich selbst entscheiden. Wenn du dich zum Beispiel entschließt, deinen Kaffeekonsum einzuschränken, deine Mitgliedschaft im Fitnessclub zu kündigen, häufiger mit deinen Freunden zu Hause zu bleiben, das Kabelfernsehen abzuschaffen und deinen Handyvertrag zu ändern, kannst du leicht bis zu 300 Euro im Monat sparen.

Wie viel Geld möchtest du sparen?
....

Nehmen wir an, dass du in anderthalb Jahren zu einer Reise aufbrechen willst, die dich 10.000 Euro kosten wird. Dann musst du 555,55 Euro im Monat sparen, um den gewünschten Betrag in 18 Monaten auf deinem Konto zu haben.

Neben der Reduzierung deines Kaffeekonsums (50 €/Monat), der Kündigung deiner Mitgliedschaft im Fitnessclub (40 €/Monat), dem Chillen mit deinen Freunden zu Hause (100 €/Monat), dem Abschaffen des Kabelfernsehens (30 €/Monat), hausgemachtem Essen zum Mitnehmen (150 €/Monat) und der Änderung deines Handyvertrages (60 €/Monat) könntest du dir einen zweiten Job suchen und als Freiberufler auf Plattformen wie Upwork arbeiten. Das kann dir die 125 Euro bringen, die du zusätzlich zu den Einsparungen brauchst.

Es gibt viele Möglichkeiten, das Geld für die Reise deines Lebens zu sparen. Es hängt nur davon ab, wie engagiert du bist und wie viele Opfer zu bringen du bereit bist.

GELD VERDIENEN FÜR DIE REISE
....

Kellnern Während meiner Studentenzeit habe ich viel in Bars und Clubs gekellnert. Obwohl die Bezahlung an sich nicht die beste war, konnte ich mit viel Charme und Freundlichkeit richtig viel Trinkgeld verdienen. Drei Abende bzw. Nächte wöchentlich hinter der Bar haben mir bis zu 1.200 Euro an Trinkgeld im Monat extra gebracht. Dieses Geld ging immer sofort ins Sparschwein. So konnte ich mir während meines Studiums einige Reisen finanzieren.

Übersetzer Wenn du eine Fremdsprache fließend sprichst, solltest du einen Job als Übersetzer oder Dolmetscher suchen. Aufgrund der hohen Qualifikationsanforderungen werden diese, wenn man den richtigen

Auftraggeber erwischt, recht gut bezahlt. Solltest du keine Agentur und keinen Auftraggeber finden, such dir selbst deine Kunden mit einem Profil auf Freelancer-Plattformen wie *Upwork.com*.

Industriejob Gutes Geld verdient man in der Industrie. In Stoßzeiten werden oft Hilfskräfte gesucht, die zwar in der Regel recht langweilige Jobs machen müssen, die aber gut bis sehr gut bezahlt werden. Voraussetzungen sind meistens körperliche Belastbarkeit und zeitliche Flexibilität. Einen solchen Industriejob kannst du auch einfach in den Semesterferien machen. Bis zu 4.000 Euro im Monat lassen sich durch einen solchen Job schnell verdienen. Ausgeschrieben werden sie oft in der lokalen Presse oder auf lokalen Webseiten.

Wissenschaftliche Hilfskraft Sehr beliebt sind Jobs, die dem Studenten auch für seine Zukunft was bringen, wie zum Beispiel als wissenschaftliche Hilfskraft. Mit diesen Jobs lässt sich zwar nicht viel Geld verdienen, sie sind aber eine Investition in die spätere Wissenschaftskarriere. In dieselbe Kategorie gehören Aushilfsjobs in der Branche, die du anstrebst, also z.B. in Agenturen für Graphikdesign-Studenten oder bei Zeitungen für angehende Journalisten.

Auf Messen Wer in einer Messestadt studiert, sollte das nutzen, um einen attraktiven Stundensatz zu verdienen. Männer können oft einen Job als Messebauer finden, wenn sie ein wenig handwerkliches Geschick haben. Studentinnen werden sehr gerne als Messehostessen eingesetzt.

★ BACKPACKING IN NICARAGUA

Nicaragua hat alles, was du brauchst – und manches, was du nicht brauchst! Einerseits unglaublich schöne Küsten, perfekte Wellen, karibische Inseln, den besten Rum der Welt und freundliche Menschen. Und andererseits viel Kriminalität, nicht sehr abwechslungsreiches Essen und wenig Geld. Was kannst und solltest du in Nicaragua unternehmen?

San Juan del Sur Ganz im Süden des Landes, an der Pazifikküste nahe der Grenze zu Costa Rica, liegt San Juan del Sur. Hier findest du dein persönliches Paradies – egal, wonach du suchst. Ehemals ein kleines verschlafenes Fischerdorf, ist es heute einer der Orte, der am meisten vom Tourismus profitiert. Die Region ist bekannt für gute Wellen, gutes Nachtleben und entspannte Yoga- und Surf-Retreats. An den Stränden Playa Hermosa und Playa Maderas haben die Wellen meistens Schulterhöhe (ca. 1,50 cm).

Im Hinterland von San Juan del Sur kannst du super Mountainbiken. Es gibt einige Shops im Dorf, die Mountainbikes, Motorräder und Quads vermieten. Du kannst versuchen, hoch zur zweitgrößten Jesus-Statue der Welt zu biken, um dir einen Überblick über das Dorf zu verschaffen.

Isla Ometepe Diese Insel inmitten des Nicaraguasees besteht aus zwei Vulkanen und hat eine bescheidene Infrastruktur. Du bist also von den wenigen Taxis auf der Insel abhängig. Sobald du eine gute Unterkunft gefunden hast, solltest du dir für ein paar Tage ein Motorrad oder ein Pferd leihen, um die Insel zu erkunden. Besteige den Vulkan oder fahre zum Ojo de Agua, einer natürlichen Süßwasser-Quelle mit unglaublich sauberem Wasser.

Léon Nördlich der Hauptstadt Managua liegt die alte Hauptstadt Léon – sie ist das intellektuelle Zentrum des Landes und beherbergt einige Universitäten. Sobald es dunkel wird und in anderen Orten die Bürgersteige hochgeklappt werden, geht es in Léon richtig zur Sache in den zahllosen Bars.

Las Penitas Nur 20 Kilometer von Léon entfernt an einem kilometerlangen Strand liegt das verschlafene Las Penitas. Dieser kleine Ort ist ein absoluter Traum und richtig »Off The Path«. Die ganze Atmosphäre dort ist einfach klasse. Du kannst lange Spaziergänge am endlosen Strand unternehmen oder wunderbar surfen. Es gibt ein paar kleine Hotels, Hostels, Bed&Breakfasts und Restaurants – mehr nicht. Perfekte Entspannung.

Unterwegs in Nicaragua Das Busnetz ist ziemlich gut ausgebaut – und preiswert. Im Schnitt fährt alle paar Stunden ein Bus. Von San Juan del Sur nach Léon kommst du für ca. 130 Cordobas. Das sind umgerechnet 3,70 Euro für 4 Stunden Reisezeit! Die Busse heißen in Nicaragua bzw. in ganz Mittelamerika »chicken busses«, weil die Fahrgäste dort zusammengepfercht sind wie bei einem Hühnertransport. Wenn im Bus selbst kein Platz ist und du keine Angst hast, kannst du alternativ auch auf dem Dach Platz nehmen. Wenn du es doch lieber ein bisschen komfortabler magst, kannst du auch ein Shuttle nehmen. Du teilst dir dann quasi mit anderen Reisenden ein Taxi, welches auf dem Weg dann immer wieder Leute aufsammelt. Ein Shuttle von San Juan del Sur nach Léon kostet 20 Dollar.

Geld abheben kannst du fast überall – allerdings zu teilweise hohen Gebühren. Nicht akzeptiert werden Euro. Du solltest also immer ein paar Dollar dabeihaben. Wenn du mit Kreditkarte zahlst, achte darauf, dass sie nicht heimlich hinter dem Tresen kopiert wird.

Englisch ist in Nicaragua nicht sehr weit verbreitet – man sollte also zumindest radebrechend Spanisch können.

Die nicaraguanische Küche ist leider nicht die einfallsreichste. Zu jeder Mahlzeit wird Gallo Pinto serviert (Reis mit Bohnen) – egal, ob morgens zum Frühstück, zum Mittagessen oder am Abend. Es wird einfach immer serviert. Nach ein paar Tagen hat man das Ganze ziemlich satt. Aber das Land hat zwei Ozeanküsten, weshalb es unglaublich viel Fisch und Meeresfrüchte zu sehr niedrigen Preisen gibt – sogar Hummer ist absolut bezahlbar.

Ein paar Sicherheitstipps: In der Hauptstadt Managua solltest du dir kein Taxi heranwinken. Am besten fragst du in einem Hotel nach einem der hauseigenen Taxis oder nutzt die offiziellen Radiotaxis, deren Fahrer rote Hemden tragen. Es kommt oft vor, dass Touristen in düstere Ecken der Stadt gefahren und dort ausgeraubt werden. Am besten teilst du dir ein Taxi immer mit einer kleinen Gruppe. Nach Sonnenuntergang solltest du nicht alleine rumlaufen. Lass deinen Pass und Geldbeutel in deinem Safe (immer ein Vorhängeschloss dabeihaben!) und verteile das mitgenommene Bargeld auf mehrere Taschen, damit du den Leuten beim Bezahlen nicht zeigst, wie viel Geld du bei dir trägst.

WAS BRAUCHE ICH? DIE AUSRÜSTUNG UND DAS PACKEN

IMMER AM MANN!

Egal ob du in den Dschungel willst, eine Stadtreise oder einen Stadturlaub planst: Es gibt ein paar grundlegende Dinge, die du immer am Körper oder im Handgepäck haben solltest.

Reisepass Ohne den Reisepass kannst du Europa gar nicht verlassen. **Tipp:** Achte darauf, dass dein Pass bei der Abreise noch mindestens sechs Monate lang gültig ist. Sonst kann es passieren, dass du in manche Länder gar nicht einreisen bzw. nicht mal ein Flugzeug dorthin besteigen darfst.

Für den Notfall solltest du eine Kopie deines Passes machen und diese elektronisch entweder in deinem E-Mail-Postfach oder in deiner Dropbox speichern.

Bargeld und Kreditkarte Ohne Moos nichts los! Zusätzlich zur Geldbörse solltest du immer einen Notgroschen von 50 bis 100 Euro in deinen Klamotten verstecken und verteilen: 50 Euro im Handgepäck, 50 Euro im großen Rucksack. Wichtig ist eine Kreditkarte, die du natürlich immer direkt bei dir trägst.

Übrigens: Wenn du dich bei jeder Bargeldabhebung an den Gebühren dumm und dämlich zahlst, macht eine Reise keinen großen Spaß. Deshalb empfehle ich eine Kreditkarte, mit der du weltweit kostenlos Geld abheben kannst. Meistens kassieren die Banken, die solche Karten ausgeben, dich aber ordentlich ab, wenn du damit bezahlst. Deshalb solltest du für diesen Zweck eine separate »normale« Kreditkarte haben.

Und noch ein Hinweis: Man kann mittlerweile überall Euros wechseln, muss also nicht mehr, wie früher, einen Notgroschen in Dollarnoten mitnehmen. Die Wechselgebühren dafür kann man sich sparen.

Krankenversicherungskarte Hab deine Krankenversicherungskarte immer in deiner Nähe. Obwohl es auf Reisen in anderen Ländern nicht unbedingt wahrscheinlicher ist, dass du einen Arzt aufsuchen musst, als in deinem eigenen Land, solltest du deine Gesundheit nie dem Zufall überlassen. Auch hier: Sicherheitshalber eine Kopie speichern.

Smartphone Facebook, WhatsApp und Skype sollten auf jedem Smartphone installiert sein. So kannst du die Daheimgebliebenen immer informieren und beruhigen.

Kamera Jede Reise will entsprechend dokumentiert werden. Wem die Kamera seines Smartphones nicht genügt, der sollte immer eine echte Kamera dabeihaben. Robust, einfach, klein und leicht muss sie sein.

Notfall-Klamotten und Unterwäsche Beim Fliegen passiert es ständig, dass Rucksäcke und Koffer ihr Ziel verspätet erreichen. Wenn dies passiert, sitzt du erst einmal an einem Ort fest – nur mit dem, was du dabeihast. Deshalb habe ich immer ein bis zwei Paar Socken, Unterwäsche und ein sauberes T-Shirt im Handgepäck. Die meisten Gepäckstücke werden innerhalb von ein bis zwei Tagen nachgeschickt.

Hygieneartikel Zumindest Zahnbürste und Zahnpasta kommen bei mir immer ins Handgepäck. Die Zahnpasta muss in einer Tube mit weniger als 100 ml Inhalt sein und in einer kleinen transparenten Tüte transportiert werden. Diese erhält man, je nach Flughafen, mal umsonst, mal gegen Bezahlung bei der Sicherheitskontrolle. Man kann aber auch ein transparentes Reisenecessaire benutzen.

Medikamente Wenn du bestimmte Medikamente (z. B. Asthmaspray, Antibabypille etc.) immer dabeihaben musst, dürfen sie natürlich nicht ins aufgegebene Gepäck, sondern immer nur ins Handgepäck.

Laptop (eventuell) Wenn du auf deiner Reise arbeiten oder vielleicht bloggen willst, dann kann ein Laptop von Vorteil sein. Dieser sollte auf jeden Fall ins Handgepäck und nicht in den aufgegebenen Rucksack. Auch einen USB-Stick solltest du dabeihaben, um die Bilder zu sichern und vielleicht auf eine externe Festplatte zu übertragen.

DAS RICHTIGE GEPÄCKSTÜCK

Wie schon erwähnt, ist der Rucksack das ideale Gepäckstück für eine längere Reise durch oder um die Welt. Fragt sich nur, welcher. Neben deinem individuellen Reisestil gibt es auch noch einige andere Aspekte für die Entscheidung, welches der richtige Reiserucksack für dich ist.

Denk dran, dass du einige Monate lang aus diesem Backpack leben wirst. Da ist die richtige Entscheidung mindestens so wichtig wie die für den Reisepartner. In beiden Fällen gilt: Wenn du die falsche Wahl triffst, kann die Traumreise zum Horrortrip werden!

Hier einige Faktoren, die es zu beachten gilt:

Größe Als Reiseblogger bin ich nicht unbedingt der mit dem leichtesten Gepäck. Ich reise oft mit so viel Zeug, dass ich einen großen Rucksack brauche. Dank Funktionskleidung schaffe ich es aber immer häufiger trotzdem, die Handgepäckgrenzen einzuhalten. Es kommt immer auf die persönlichen Bedürfnisse an. Ein Flashpacker wird mehr Platz brauchen als ein Budget-Backpacker. Ich bin ein Fan der Rucksäcke mit 60 bis 70 Liter Volumen. Aber ich kenne viele Leute, die mit 40 Litern super klarkommen.

Rucksack mit Rollen? Rucksäcke mit Rollen können vor allem für Stadturlauber super sein, besonders wenn sie etwas schwerer werden im Laufe einer Reise. Ich besitze keinen Rucksack mit Rollen, aber eine befreundete Reisebloggerin ist mit ihrem sehr zufrieden.

Das Design eines Rucksacks Auch wenn es im ersten Moment vielleicht nicht ersichtlich ist, so ist die Konstruktion eines Reiserucksacks ziemlich wichtig. Du solltest vor allem darauf achten, ob er sich nur von oben öffnen lässt oder auch Öffnungen an den Seiten und ein separates Unterfach hat. Das ist wichtig, damit du nicht permanent den gesamten Rucksack aus- und einpacken musst, nur weil du frische Socken brauchst.

Regendicht? Nichts schlägt mehr auf die Stimmung als tagelanges Regenwetter – vor allem, wenn man in der Wildnis unterwegs ist und irgendwann gar nichts mehr trocken ist. Am besten ist natürlich ein Rucksack aus wasserdichtem Material. Da man aber immer Kompromisse eingehen muss, begnügen viele Backpacker sich mit einer Regenhülle, die in einer kleinen Tasche des Rucksacks verstaut ist. Reicht für die meisten Situationen vollkommen aus.

Kosten Die Preise für Rucksäcke variieren stark – von ein paar Euro bis hin zu ein paar hundert Euro. Wenn man länger reisen will, sollte man allerdings in die Qualität investieren. Ein wirklich guter Backpack kostet zwischen 100 und 200 Euro. Die Premium-Rucksäcke kosten meistens noch mehr, weil sie mehr Taschen haben.

Genauere Empfehlungen findest du in meinem Blog: *www.off-the-path.com/de/*

Manche unerfahrenen Traveller fragen sich, ob sie einen Brustbeutel oder eine Gürteltasche mitnehmen sollten, um die wichtigsten Wertsachen immer nah am Körper zu haben. Muss jeder selbst entscheiden. Mein Einwand dagegen: Diese Teile machen dich sofort zum Touristen – in den Augen der Einheimischen, der Traveller und auch derer, die es nicht gut meinen mit dir und deinem Eigentum.

Nur mit Handgepäck? Außer bei den alten, etablierten Fluggesellschaften sowie den Premium-Anbietern müssen Flugreisende heutzutage für jedes Extra bezahlen: Essen, Getränke, Flughafengebühren, Kerosin-Zuschlag – und natürlich Gepäckaufgabe.

Die meisten Gesellschaften berechnen bis zu 40 Euro für ein aufgegebenes Gepäckstück, aber (noch) nichts fürs Handgepäck. Noch nie war es also wichtiger als heute, wenig einzupacken.

Neben den Kosten gibt es weitere Argumente, sich aufs Handgepäck zu beschränken: Von deinem kleinen und leichten Gepäck profitierst du die ganze Reise lang – und die Flugreise kostet dich nicht mehr so viel Zeit. Statt anderthalb bis zwei Stunden vor dem Abflug musst du, wenn du bereits online eingecheckt hast, mit Handgepäck erst 20 bis 30 Minuten vor dem Abflug da sein – je nach Größe des Flughafens. Und am Zielort stehst du nicht blöd am Gepäckband herum und bangst auch noch, dass dein Koffer nach New York statt nach Bangkok geflogen sein könnte, sondern spazierst schnurstracks hinaus ins Abenteuer.

Bisher war das Reisen nur mit Handgepäck ein scheinbares Vorrecht von Geschäftsleuten, die am selben Tag hin- und zurückfliegen. Aber es gibt mittlerweile recht clevere Gepäckstücke, in denen man viel unterbringen kann und die du mit an Bord nehmen darfst.

Es lohnt sich, etwas mehr Geld für ein gutes Handgepäckstück auszugeben und dafür dann die Gebühr fürs Einchecken des Gepäcks zu sparen. Letztendlich sparst du viel mehr! Andere Gepäckstücke als Rucksäcke sind übrigens nicht zu empfehlen – zu schwer und zu unpraktisch (Hartschalenkoffer) oder zu empfindlich.

Du brauchst also einen Rucksack, der bei allen Fluggesellschaften als Handgepäck durchgeht. Fluggesellschaften sind sehr streng, wenn es um Größen geht – und leider sind die Abmessungen des erlaubten Handgepäcks von Gesellschaft zu Gesellschaft unterschiedlich. Ich würde empfehlen, unter 55 cm Länge, 40 cm Breite und 20 cm Höhe zu bleiben.

Ich habe über die Jahre viele Handgepäckstücke getestet. Meine Erkenntnisse findest du stets aktuell auf meinem Reiseblog.

PACKLISTE

Der Sinn des Backpackens ist, sich auf die wesentlichen Dinge zu konzentrieren und einfacher zu reisen. Erfahrungsgemäß nutzt man nur die Hälfte der Dinge, die man als Anfänger in seinen Rucksack packt.

Und frei nach dem Motto »Kleinvieh macht auch Mist« addieren sich beim Backpacken oftmals die kleinen Dinge schnell zu mehreren Kilo. Mach dir beim Packen immer klar: Alles, was du mitnimmst, musst du permanent auf dem Rücken tragen. Deshalb solltest du ein Maximum von zehn Kilo Rucksackgewicht plus fünf Kilo Handgepäck anstreben.

Um dir das Packen (und das Gepäck) etwas leichter zu machen, hier ein Tipp: Pack nur Dinge ein, die du mindestens ein- oder zweimal pro Woche nutzen wirst. Brauchst du wirklich eine Regenjacke und wasserdichte Stiefel? Wenn du nach Großbritannien und Irland willst, müssen sie natürlich mit. Aber nach Südostasien sicherlich nicht – und zwar auch nicht zur Regenzeit. Denn auch dann regnet es meist nur eine Stunde lang kräftig, den Rest der Zeit ist es trocken. Und da du in der Stunde sowieso nichts draußen machen kannst, wirst du die Regenjacke und die Stiefel nicht brauchen. So sparst du dir schon mal 2,5 Kilo und viel Platz.

Wann immer du also beim Packen denkst: »Nur für den Fall der Fälle« – raus damit!

Und vergiss nicht, dass man das Allermeiste, was für einen Aufenthalt in einem bestimmten Land wirklich nötig ist, dort auch kaufen kann.

Dies ist eine kleine Packliste für deine nächste Backpacking-Reise, damit du auch alles dabeihast:

Kleidung

1 Kapuzenpulli Dieser hält nicht nur warm, sondern die Kapuze schützt dich auch vor Regen und vor Licht und ersetzt so die Schlafmaske.

3 bis 4 Paar Socken Du kannst und musst unterwegs sowieso waschen. Und in vielen Ländern wirst du auch meistens Flip-Flops tragen.

5 bis 6 Unterhosen Genug, um circa eine Woche rumzukommen.

1 Badehose (schnelltrocknend)

2 kurze Hosen

1 lange Hose/Jeans Jeans können zu allem getragen werden. In vielen warmen Ländern wirst du allerdings selten eine lange Hose brauchen!

5 bis 6 T-Shirts

1 Hemd Kann niemals schaden. Du weißt nicht, wohin du eingeladen wirst.
1 arabischer Schal (Palituch) Ideal fürs Reisen: dient als Kopftuch, Schal, Schlafmaske und kleine Decke. Ein wahres Multitalent!
1 Paar geschlossene Schuhe Die idealen Schuhe fürs Reisen sollten bequem sein, gut aussehen und auch für kurze Wanderungen geeignet sein.
1 Paar Flip-Flops In tropischen Ländern wirst du die meiste Zeit entweder barfuß oder mit Flip-Flops unterwegs sein. Investiere in ein gutes Paar.

Sonstige Ausrüstung

1 Reisehandtuch Besorge dir ein schnelltrocknendes Mikrofaserhandtuch für deine Reise. Gibt's in verschiedenen Größen.
1 wasserdichter Sack Diese sogenannten Drybacks sind sehr empfehlenswert, besonders, wenn du in Wassernähe unterwegs bist. Je nach Platzangebot im Rucksack gibt es große dickwandige und kleine zusammenfaltbare.
Vorhängeschloss Damit kannst du im Hostel deinen Wandschrank mit deinen Habseligkeiten abschließen.
Schweizer Taschenmesser Der Allrounder.
1 kleine Taschenlampe Damit du auch, wenn der Handyakku leer ist, nicht im Dunkeln stehst.
Trinkflasche Wenn du an sauberes Wasser kommst, solltest du dir immer einen Vorrat abfüllen. Ein besonderer Tipp sind filternde Wasserflaschen – mit denen kannst du auch das Wasser aus Leitungen und sogar aus Flüssen trinkbar machen.
Reiseadapter Der Skross-Reiseadapter lässt sich durch das Verschieben von vier verschiedenen Steckern für 150 Länder verwenden.
Moskitonetz In tropischen Ländern ein absolutes Muss. Insekten nerven nicht nur höllisch, sondern übertragen auch Krankheiten.
Anti-Moskito-Spray Kann man vor Ort meist besser kaufen als in Deutschland.
Ohropax Wenn du geräuschempfindlich bist, kannst du damit deinen Nachtschlaf retten.

Hygieneartikel

Rasierer + evtl. Extraklingen Eine Reise ist zwar perfekt, um sich gehenzulassen – aber wer weiß, ob du unterwegs jemanden triffst, für den/die du gepflegt und gut aussehen willst …
Zahnbürste + Zahnpasta
Rolldeo Rolldeos halten normalerweise länger als Sprühdeos. Sie können aber auch im Ausland überall nachgekauft werden.
Nagelschere oder -knipser Nägelkauen ist ziemlich uncool, und eine Nagelschere darf sogar mit ins Handgepäck! Besonders wichtig ist sie für Wanderer – denn zu lange Fußnägel in den Wanderstiefeln können dir jede Tour versauen.
Tampons Wenn du eine bestimmte Art von Tampons bevorzugst, solltest du dir genügend davon mitnehmen. In Großbritannien sind zum Beispiel Tampons mit Applikator üblich.

Reiseapotheke

Hier solltest du nicht übertreiben. Denn wenn du unterwegs wirklich medizinische Hilfe brauchst, werden dir ein paar auf Verdacht mitgenommene Tabletten nicht lange helfen.
Paracetamol Kann niemals schaden. Macht jeden Kater einfacher und lindert Schmerzen, zum Beispiel nach einem Sturz beim Wandern. Und hilft auch bei Erkältung.
Desinfektionsspray Für offene Wunden kann dies sehr hilfreich sein. Eine Wundinfektion solltest du auf jeden Fall vermeiden!
Bepanthensalbe Im Ausland selten erhältlich. Ich habe immer eine kleine Tube dabei!
Sonnencreme (mindestens Lichtschutzfaktor 30)
Kohletabletten Ideal gegen akuten Durchfall sowie bei Vergiftungen.
Jod Jod kann bei verunreinigtem Wasser manchmal helfen. Ein paar Tropfen ins Wasser, und schon ist dieses trinkbar.
Blasen- und Wundpflaster Wenn man viel unterwegs ist, ist die Wahrscheinlichkeit, dass man mal fällt oder sich eine Blase holt, groß.
Ggf. prophylaktisch Malariatabletten (siehe Kapitel »Achte auf deinen Körper«)
Sonstige Medikamente Was du individuell benötigst – gegen Allergien, chronische Krankheiten etc.

Dokumente

Wie erwähnt, sollten alle Dokumente am Körper oder im Handgepäck getragen und nicht mit aufgegeben werden.
- Pass
- (Internationaler) Führerschein
- Impfpass
- Kreditkarte
- Eventuell zweite Kreditkarte von einem anderen Anbieter (z. B. 1× Visa, 1× Mastercard)
- Versicherungskarte

Was ist überflüssig?

Wir tendieren dazu, immer viel zu viel mitzunehmen. Als ich das erste Mal backpacken war, hatte ich einen 70 + 10-Liter-Rucksack dabei, und der war bis oben mit Sachen vollgestopft. Zum Großteil mit irgendwelchen Klamotten, die ich am Ende kein einziges Mal angezogen hatte, weil ich auf Reisen dann doch, wie zu Hause, immer das Gleiche anziehe.

Inzwischen reise ich nur noch mit Handgepäck – zwischen 35 und 40 Liter. Geht wunderbar.

Während meiner Reisen habe ich gesehen, was andere Traveller so mit sich rumschleppten. Hier ein paar Dinge, die auf jeden Fall zu Hause bleiben können:

Föhn Ein Föhn, egal ob normale oder Reisegröße, nimmt einfach viel zu viel Platz weg. Und die meisten Hostels und (fast) alle Hotels haben einen Föhn, den man sich entweder an der Rezeption ausleihen kann oder der schon im Badezimmer eingebaut ist.

Frotteehandtuch Normale Frotteehandtücher sind viel zu groß und dick und nehmen auch gefaltet viel zu viel Platz weg. Du erhältst in den meisten Hostels und in allen Hotels immer ein Handtuch und kannst dieses, zum Leidwesen der Hostels und Hotels, auch am Strand nutzen! Wenn du unbedingt ein Handtuch mitnehmen willst, solltest du eines dieser Reisehandtücher aus Mikrofaser kaufen; die sind sehr dünn und trocknen schnell.

Extraklamotten Wenn du packst, solltest du einmal alle Klamotten vorsortieren und auf einen Stapel packen – und dich dann etwas anderem widmen. Gehe nach ein paar Stunden zum Stapel zurück und schau dir ganz genau an, was du bereitgelegt hast. Brauchst du das alles?

Ich schmeiße beim zweiten Durchlauf meistens noch mal die Hälfte raus.

Bücher Heutzutage musst du keine Bücher mehr mit dir rumschleppen. Ein E-Book-Reader reicht vollkommen und spart richtig viel Platz und Gewicht. Zwar muss er ab und zu aufgeladen werden, aber der Akku eines Kindle reicht über zwei Wochen.

Regenschirm Egal ob groß oder klein – der Regenschirm kann getrost zu Hause bleiben. Kauf dir lieber eine gute funktionale Regenjacke.

Schmuck Schmuck zieht nur Diebe an und bringt auf Reisen nicht viel, außer dass du dir ständig Sorgen machst, dass er verlorengehen oder geklaut werden könnte.

Parfum Auf Reisen brauchst du ein gutes Deo und mehr nicht. Abends beim Bier an der Strandbar trägt niemand Parfum, und da du auf Reisen viel schwitzen und oft duschen gehen wirst, wäre das auch Verschwendung. Wenn du unbedingt Parfum mitnehmen willst, solltest du dir ein oder zwei Tester aus dem Drogeriemarkt holen.

Schlafsack Wenn du nicht gerade zelten gehst, ist ein Schlafsack nicht wirklich nötig. In Hostels hast du immer ein Bett mit Decke, und wenn dir mal kalt werden sollte, kannst du zum Schlafen einfach ein paar Lagen mehr anziehen.

Lebensmittel Jegliches Essen kannst du zu Hause lassen. Nutella kannst du sowieso auf der ganzen Welt kaufen, und Obst und Fleisch darfst du in den meisten Ländern nicht importieren. Australien ist da zum Beispiel sehr streng und vernichtet fast alle Lebensmittel, die von Reisenden mitgebracht wurden.

Was kaufe ich vor Ort?

Rein theoretisch kannst du alles, was du auf Reisen brauchst, auch vor Ort kaufen. Aber natürlich gibt es ein paar Sachen, die wir immer von zu Hause mitnehmen. Diese hast du in der Packliste gefunden.

Auf jeden Fall vor Ort kaufen kannst du aber Kleinigkeiten, deren Haltbarkeit schnell abläuft, oder aber Dinge, die du regelmäßig brauchst, wie zum Beispiel:

Duschgel Wenn du kein besonderes brauchst, wirst du in der ganzen Welt eine große Auswahl an Duschgels in den lokalen Supermärkten finden.
Shampoo Das Gleiche gilt für Shampoos. Wenn kein besonderes benötigt wird, kann jederzeit ein neues vor Ort gekauft werden. Die meisten Hotels und Hostels bieten auch Shampoos an – auch wenn die Qualität nicht so doll ist.
Wetterabhängige Klamotten Wer Winter und Sommer auf einer Reise miteinander verbindet, hat es beim Packen nicht leicht. Solltest du aber nur einen kurzen Abstecher in eine kalte Klimazone machen, kannst du die benötigten Klamotten auch vor Ort kaufen und dann entsprechend weiterverkaufen oder -verschenken.
Mückenspray Die Mückensprays vor Ort sind meistens um einiges besser als die, die man bei uns in Deutschland kaufen kann.

WAS MUSS ICH VOR DER ABREISE NOCH ORGANISIEREN?

WAS GESCHIEHT MIT MEINER WOHNUNG?

Wer eine lange Reise plant, fragt sich zwangsläufig, ob er seine Wohnung während der ganzen Monate leer stehen lassen und die Miete weiterzahlen (schlechteste Option) oder aber untervermieten oder gar kündigen soll. Hier die Argumente für und gegen die beiden letzteren Varianten:

Wohnung aufgeben?

Du weißt nicht, was danach kommt! Wenn du für längere oder unbestimmte Zeit (mehr als ein halbes Jahr) unterwegs sein willst und noch gar nicht weißt, ob du von deinem Abenteuer zurückkommen und wo du dann leben und arbeiten wirst, ist das Aufgeben der Wohnung die beste Option. Du weißt, dass du dich dann um nichts mehr kümmern musst und keine finanziellen Risiken drohen; zudem kannst du sicherlich noch etwas Geld machen mit dem Verkauf des Krams, den du nicht bei deinen Eltern oder sonst wo einlagerst.

Du willst richtig frei sein! Eine eigene Wohnung kann eine richtige Last sein. Aber du willst dich richtig frei fühlen, wenn du aufbrichst. Ganz ohne Eigentum, keine Verantwortung außer für dich selbst – einfach frei!

Kein Plan B! Viele behalten ihre Wohnung, um einen Plan B zu haben. Für den Fall, dass das Heimweh oder der Reisefrust sie packt und sie nach ein paar Wochen entscheiden, dass Abenteuer doch nichts für sie sind. Meiner Erfahrung nach ist ein Plan B meistens eine schlechte Idee (egal ob du um die Welt reisen, ein Business hochziehen oder erstmals eine feste Beziehung eingehen willst), denn du wirst nicht alles geben, damit Plan A funktioniert, wenn du ständig die Option hast, zurückzugehen in die alte Wohnung, den alten Job, das alte Leben.

Tipps zum Kündigen deiner Wohnung

Prüf deinen Mietvertrag Schau nach, ob die Mietdauer mehr als einen Monat beträgt. Wenn du einen Mietvertrag hast, der sich monatlich um einen weiteren Monat verlängert, solltest du innerhalb von 30 Tagen kündigen können. Du kannst deine Wohnung jederzeit kündigen, musst also nicht bis zum Ende des Monats damit warten. Wenn nicht ausdrücklich drinsteht, dass der Vertrag sechs Monate, ein Jahr, zwei Jahre oder unbefristet gilt, wird er als

Monat-zu-Monat-Vertrag betrachtet. Denk dran, dass Kündigungen immer schriftlich erfolgen müssen.

Zustand der Wohnung Wenn die Wohnung dokumentierbare Mängel hat, kannst du den Eigentümer auffordern, diese zu beheben. Tut er das nicht, kannst du innerhalb von 30 Tagen kündigen. Ein guter Hebel für Deals mit dem Vermieter.

Steigende Mieten Wenn die Mieten in der Gegend gestiegen sind, wird der Vermieter froh sein, wenn du ausziehen willst und er die Miete massiv erhöhen kann. Dann kommst du oft schneller aus dem Vertrag, als eigentlich vereinbart ist. Wenn du es geschickt anstellst, ist der Vermieter manchmal sogar bereit, etwas dafür zu bezahlen, dass du kündigst, damit er die Wohnung teurer weitervermieten oder verkaufen kann.

Hinterlasse die Wohnung in einem ordentlichen Zustand Damit dich während der Reise nicht noch Probleme ereilen, solltest du alles picobello hinterlassen und regeln, also die Wohnung leer geräumt und besenrein hinterlassen, alle Schlüssel übergeben und dir ein Übergabeprotokoll unterschreiben lassen.

Tipp: ALLES, was mit Vermietern zu tun hat, schriftlich machen! E-Mails oder Einschreiben verwenden und immer auf einer Empfangsbestätigung bestehen!

Deine Wohnung untervermieten

Aber es kann natürlich auch gute Gründe geben, deine Wohnung zu behalten:

Coole Gegend Vielleicht lebst du in einer coolen Gegend, die du magst und in der zudem gerade die Mieten explodieren. Dann solltest du einen günstigen Mietvertrag nicht aufgeben. Deine Wohnung zu behalten, bedeutet dann nämlich, dass du nach deiner Reise einfach zurückkommen, die gleiche Miete zahlen und in deiner gewohnten Umgebung leben kannst. Und du ersparst dir die Wohnungssuche nach der Rückkehr.

Taschengeld, um deine Reisen zu finanzieren! Wenn du deine Wohnung möbliert untervermietest, kannst du ein bisschen mehr als die Komplettmiete verlangen, weil dein Untermieter ja auch deine Möbel nutzen darf und sich nichts Neues kaufen muss. Wenn du nun auch noch durch ein günstiges Land reist, kannst du vom Mietüberschuss einen hübschen Teil deiner Reise finanzieren.

Plan B! Wie bereits erwähnt, bin ich kein großer Freund von Netz und doppeltem Boden, aber manche Menschen brauchen das einfach. Wenn du dir nicht sicher bist, ob das lange und vielleicht einsame Reisen etwas für dich ist, und du die Sicherheit haben willst, dass du jederzeit an einen festen Ort zurückkommen kannst, solltest du deine Wohnung behalten. Du solltest sie dann mit einem befristeten Vertrag vermieten, der sich automatisch jeden Monat verlängert und dem neuen Mieter und dir eine Kündigungsfrist von 30 Tagen gibt. So kannst du recht spontan wiederkommen und hast dein altes Leben zurück! Nachteil: Wenn der Untermieter auszieht, während du am Strand von Bali chillst, musst du dich von dort aus um einen neuen Mieter kümmern.

Tipps zum Untervermieten der Wohnung

1. Informiere den Vermieter Wenn du die gesamte Wohnung untervermieten willst, musst du deinen Vermieter um Erlaubnis fragen. Du musst ihm mitteilen, wer der Untermieter ist und wie lange er statt deiner dort wohnen wird. Wenn der Vermieter nicht zustimmt, solltest du einen Teil der Wohnung (ein Zimmer) für dich weiternutzen und nur den Rest untervermieten. Dies kann der Vermieter dir nämlich nur aus gutem Grund verbieten.

Tipp: Am besten machst du dich bei einer Mieterberatung schlau, bevor du mit dem Vermieter sprichst.

2. Berechne das Risiko des Untervermietens Untervermieten ist nicht immer sicher. Ruhestörung, Diebstahl und Vandalismus können ebenso passieren wie ausbleibende Mietzahlungen. Und verantwortlich bist am Ende immer du als Hauptmieter – was blöd ist, wenn du gerade durch Guatemala trampst. Am sichersten ist es, wenn du deine Untermieter gut kennst.

3. Verhalte dich wie ein Vermieter Wenn du deine Wohnung untervermietest, wirst du automatisch zum Vermieter. Also verhalte dich auch wie einer.

Ich habe am Anfang meine Untermieter immer wie gute Kumpels behandelt, was sie ganz toll fanden. Weil man unter Kumpeln ja über kleine Pannen und Schäden hinwegsieht. Aber das wurde mir schnell zu teuer. Seitdem gilt: Wer etwas kaputtmacht, muss es ersetzen.

4. Dokumentiere alles und besorg einen »Verwalter« in der Gegend! Bevor deine Untermieter einziehen, solltest du unbedingt Fotos von allem machen. Dies wird dir später helfen, wenn etwas kaputtgehen sollte oder wenn deine Untermieter die Wohnung in einem schlechten Zustand hinterlassen. Meine letzten Untermieter haben eine Wand mit Kerzenwachs und Rotwein verunreinigt und dann versucht, das zu übermalen. Was geblieben ist, sind viele kleine graue Flecken auf der ganzen Wand. Mit den Fotos konnte ich beweisen, dass diese Flecken vorher nicht da waren.

Die Untermieter sollten auch unbedingt eine Checkliste unterzeichnen, die aufführt, was du in der Wohnung hinterlässt und in welchem Zustand es ist – technische Geräte, Möbel, Bücher etc.

Und du solltest dir einen zuverlässigen Verwandten oder Freund suchen, der in der Nähe wohnt und dich als Vermieter vertritt. Er sollte einen Zweitschlüssel haben und regelmäßig in der Wohnung nach dem Rechten sehen, deine Post mitnehmen etc.

Tipp: Du kannst dir deine Post auch von unterwegs anschauen. Einfach bei Dropscan, einem Berliner Start-up, anmelden und bei der Post einen Nachsendeantrag an deine Dropscan-Adresse einrichten – und schon kannst du deine Post z.B. von Thailand aus öffnen und lesen!

Lukratives Untervermieten an Touristen

Wenn du in einer sehr coolen und hippen Gegend lebst, solltest du dich bei *Airbnb* oder *9Flats* anmelden. Melde deine Wohnung einfach dort an, dann kommt jemand vorbei und macht professionelle und schöne Bilder. Dann lässt du die Schlüssel bei Freunden, die sich während deiner Abwesenheit um deine Wohnung kümmern.

Am besten gibst du deinen Freunden den Zugang zu deinem *Airbnb*-Konto und beteiligst sie an den Einnahmen der Vermietung, denn das ganze Organisieren ist ein Haufen Arbeit!

Das Vermieten deiner Wohnung über Netzwerke wie *Airbnb, 9Flats, Wimdu* etc. ist eine tolle Möglichkeit, noch mehr Geld mit deiner Wohnung zu verdienen, während du irgendwo in der Weltgeschichte unterwegs bist. Traveller und Touristen aus aller Welt sind bereit, deutlich mehr als die anteilige Miete zu bezahlen, um in einer coolen Gegend ihre eigene Wohnung zu haben, anstatt in einem (noch viel teureren) Hotel zu schlafen.

Eine Zweizimmerwohnung mit 60 Quadratmetern in Berlin bringt dir locker zwischen 1.500 und 2.000 Euro im Monat, wenn sie regelmäßig vermietet wird.

Tipp: Registriere deine Wohnung noch heute auf *Airbnb*. Es ist komplett kostenlos!
Hinweis: In vielen Städten, wie in Berlin, musst du deine Wohnung seit einiger Zeit als Ferienwohnung anmelden. Diese Mieteinnahmen müssen auch versteuert werden!

Wenn ich für kurze Zeit, also etwa ein bis zwei Monate verreise, versuche ich meine Berliner Wohnung über *Airbnb* zu vermieten. Wenn ich länger weg bin, vermiete ich an eine Person oder ein Paar.

Eine meiner besten Freundinnen wohnt direkt um die Ecke und hat einen Schlüssel zur Wohnung. Wenn ich weg bin, empfängt sie die Gäste, übergibt die Schlüssel und sorgt dafür, dass die Wohnung sauber und in einem guten Zustand ist. Dafür beteilige ich sie an den Einnahmen oder lade sie zu einem leckeren Essen ein, denn ich weiß, wie viel Arbeit das ist.

VERSICHERUNGEN FÜR UNTERWEGS

Reisen ist nicht immer nur spaßig. Es gibt einiges, was man nicht am eigenen Körper erfahren möchte, zum Beispiel Krankheit.

Das Allerwichtigste, ohne das du auf keinen Fall das Land verlassen solltest, ist eine Auslandskrankenversicherung. Denn wenn du viel unterwegs bist, ist natürlich auch das Risiko größer, dass dir irgendetwas passiert und du medizinische Hilfe brauchst. Besonders exotische Länder, auf die dein Körper nicht vorbereitet ist, können den Organismus überfordern.

Als ich 2008 in Sydney angefahren wurde, war meine Krankenversicherung Gold wert. Sie riefen täglich an, um zu fragen, wie es mir geht, und kümmerten sich um alles. Und sie übernahmen direkt die ganzen Krankenhausrechnungen und in Deutschland dann die Reha.

Die meisten Krankenversicherungen decken nur Reisen bis zu sechs Wochen ab. Solltest du länger als sechs Wochen unterwegs sein, musst du eine gesonderte Versicherung abschließen. Ich würde dir raten, dabei nicht zu sehr aufs Geld zu achten.

Eine Langzeitversicherung kostet, je nach Anbieter, zwischen einem und zwei Euro pro Reisetag. In diesem Betrag sind aber nicht alle Länder inbegriffen. Wenn du beispielsweise nach Nordamerika reisen willst, wird es teurer.

Schau dir ganz genau an, für wie lange du abschließt und welche Leistungen inbegriffen sind. Ist der Rücktransport ins Heimatland inklusive? Mit welchem Komfort? Wenn du verletzt bist, brauchst du eventuell ein Business-Class-Ticket. Ist das abgedeckt? Werden wirklich alle Kosten übernommen, oder musst du einen Teil selbst zahlen? Ich empfehle dir, eine Versicherung ohne Selbstbeteiligung abzuschließen – das kann sonst schnell tierisch ins Geld gehen in einer Situation, in der du sowieso schon genug Probleme hast.

Mehr zum Thema Krankheit oder Unfall findest du im Kapitel »Achte auf deinen Körper«.

Weitere Versicherungen, wie z.B. eine Reisegepäck- oder Diebstahlversicherung, würde ich persönlich nicht empfehlen. Die Gesellschaften bauen so viele Klauseln in ihre Verträge ein, dass sie im Ernstfall immer einen Vorwand finden, nicht zu bezahlen.

WAS KANN ZU HAUSE ALLES RUHEN?

Je länger du unterwegs bist, desto mehr musst du bedenken. Für eine Drei-Wochen-Tour musst du zu Hause natürlich nichts kündigen oder ruhen lassen, sondern allenfalls den Kühlschrank abtauen und jemanden bitten, deine Pflanzen zu gießen und den Briefkasten zu leeren. Solltest du aber für sechs Monate, ein Jahr oder noch länger auf Reisen gehen, lohnt es sich auf jeden Fall, etwas mehr Zeit in die Planungsphase zu investieren. Damit kannst du ruhig schon ein halbes Jahr vor der Abreise beginnen.

Im Laufe der Jahre sammeln wir jede Menge Verträge und Verpflichtungen an, die uns oft nur viel Geld kosten und wenig bringen. Aus Bequemlichkeit und Gewohnheit lassen wir sie einfach laufen. Eine längere Backpacking-Reise ist der ideale Anlass, hier mal auszumisten.

Grundsätzlich würde ich dir raten, im Zweifelsfall lieber ganz zu kündigen, als nur eine Zahlungspause zu vereinbaren. Du kannst ja die Verträge, die du wirklich brauchst, nach deiner Rückkehr erneut abschließen. Aber vielleicht kommst du auch mit ganz anderen Prioritäten wieder nach Hause. Oder bleibst gleich ganz im Ausland.

Versicherungen Deutschland ist das Land der Versicherungen. Wenn du ins Ausland gehst, brauchst du eigentlich nur drei Versicherungen: Auslandskrankenversicherung, Unfallversicherung und Haftpflichtversicherung.

Alles andere kann entweder gekündigt werden oder ruhen. Viele Versicherungsverträge haben eine Klausel, nach der du nicht ohne weiteres oder nur nach Ablauf der Vertragsfrist kündigen kannst – außer du hast einen triftigen Grund. Ein längerer Auslandsaufenthalt wird fast immer als Grund anerkannt.

Auto abmelden oder verkaufen Weg mit der Blechkiste, die brauchst du im Ausland nicht. Ein Auto kostet, auch wenn es nicht gefahren wird, richtig viel Geld. Wenn du dir also nicht sicher bist, ob und wann du es wieder brauchst: Verkauf es! Denn während deiner Abwesenheit wird das Auto nur älter und verliert an Wert, die Garage bzw. der Stellplatz kostet Geld, und du wirst immer irgendwie im Hinterkopf haben, dass da noch was auf dich wartet, auf das irgendwie aufgepasst werden muss.

Wenn du schon weißt, dass du nach deiner Reise alle alten Lebensgewohnheiten wieder aufnehmen willst (eher unwahrscheinlich, wenn du mich fragst …) und dich die ganze Zeit auf dein geliebtes Auto freuen wirst, solltest du es für die Zeit der Reise zumindest abmelden, um die Versicherung und die Kfz-Steuer zu sparen.

Zeitungs- und Magazinabos kündigen Hast du irgendwelche Zeitungen und Magazine abonniert? Dann nichts wie weg damit. Wenn du unterwegs bist, wirst du nichts davon lesen. Je nachdem, wie viele du davon hast, kann das richtig viel Geld einsparen.

Fitnessclubmitgliedschaft kündigen War dein Neujahrsvorsatz, mehr Sport zu treiben? Und hast du dich direkt für zwei Jahre im Fitnessstudio eingeschrieben, gehst aber gar nicht mehr regelmäßig hin? Solltest du länger verreisen, kannst du dies als außerordentlichen Grund angeben, um die Mitgliedschaft nun endlich zu kündigen. In den meisten Fällen klappt das, weil es wie ein Umzug betrachtet wird.

Sonstiges Schau mal nach, was noch so abgebucht wird von deinem Konto, Monat für Monat. Oder jedes Vierteljahr, Halbjahr, Jahr. Willst du alle Spenden und Mitgliedschaften in Verbänden, Vereinen etc. weiterlaufen lassen? Alle Handy- und Internetverträge?

FREMDSPRACHENKENNTNISSE AUFFRISCHEN

Grundsätzlich sollten fehlende Sprachkenntnisse dich niemals vom Reisen abhalten. Aber natürlich ist es von Vorteil, wenn du wenigstens einigermaßen Englisch verstehst und sprechen kannst. Grundkenntnisse genügen. Mit deinem Schulenglisch kommst du eigentlich auf der ganzen Welt klar. Zumindest in den Gegenden, in denen man an Touristen gewöhnt ist, spricht irgendwer immer etwas Englisch, auch außerhalb von Großbritannien, Gibraltar, Malta, den USA, Kanada, Australien, Neuseeland, Hongkong und Singapur, deren Hauptsprache Englisch ist.

Etwas schwieriger ist es nur in Mittel- und Südamerika, weil man dort mit dem Spanischen eine andere Universalsprache hat. Selbst in Tourismushochburgen sind Englischkenntnisse oft eine Ausnahme. Für eine Reise nach Lateinamerika kann es also schon sinnvoll sein, vorher einen Spanischkurs zu belegen. Am besten natürlich als Auftakt deiner Reise in einem spanischsprachigen Land oder direkt vor Ort.

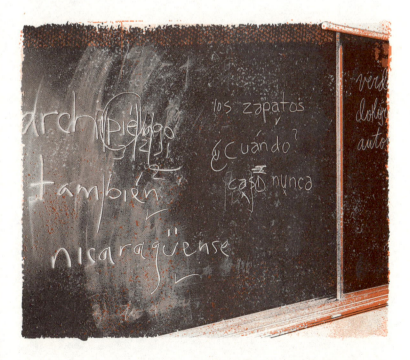

Generell solltest du keine Perfektion anstreben – die hat dein Gegenüber meist auch nicht. Sprich einfach drauflos, mit Händen, Füßen und Brocken aus anderen Sprachen. Solange du lächelst und freundlich bist, wird man sich so lange Mühe geben, bis man verstanden hat, was du meinst.

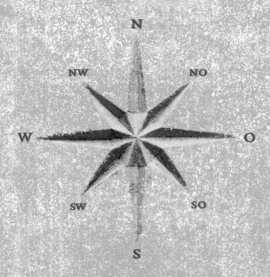

Unterwegs

DIE ERSTEN TAGE

Die Ankunft in einem neuen Land ist immer etwas Spannendes. Auch ich als Vielreisender bin nach wie vor etwas nervös, wenn ich ein fremdes Land zum ersten Mal betrete.

JETLAG

Unter der Störung des Schlaf-Wach-Rhythmus nach langen Flügen über mehrere Zeitzonen hinweg, die man als Jetlag bezeichnet, leidet man auch als erfahrener Traveller. Man kann nur lernen, damit umzugehen.

Der Jetlag ist stärker, wenn man Richtung Osten reist, weil man der Sonne entgegenfliegt und so das Gefühl des Frühaufstehens oder Durchmachens hat. Bei einem Flug nach Westen hingegen verlängert sich der Tag um einige Stunden, was wir in der Regel besser vertragen können.

Hier drei Tipps für einen Flug Richtung Osten, also nach Asien oder Australien:

Normal ins Bett gehen Nehmen wir an, du kommst vormittags um 11 Uhr in Bali an. Eigentlich eine ziemlich unpassende Zeit nach 17 Stunden Flug. Denn das Erste, was du am liebsten machen würdest, ist schlafen. Da dies deinen Rhythmus aber nur noch mehr durcheinanderbringen würde, solltest du lieber den restlichen Tag mit dem Kampf gegen die Müdigkeit verbringen und so spät wie möglich ins Bett gehen, damit du ganz normal, wie jeder Balinese auch, gegen 7 oder 8 Uhr am nächsten Morgen den Tag anfangen kannst. So gewöhnst du deinen Organismus schneller an die neue Zeitzone.

Bis zum nächsten Morgen fasten Eine neue Methode, die ich seit einem Jahr teste, ist es, von der Ankunft bis zum folgenden Morgen zu hungern. Forscher haben herausgefunden, dass die innere Uhr mit dem Frühstück quasi neu gestartet werden kann. Es ist allerdings eine echte Herausforderung, nur mit dem mittelmäßigen Flugzeugessen im Bauch fast 24 Stunden lang zu hungern.

Vor dem Abflug an die neue Zeitzone anpassen Wenn ich vor dem Abflug viel freie Zeit habe, versuche ich mich bereits vorher auf die

Zeit am Ankunftsort einzustellen. Ich gehe am Tag vor dem Abflug schon gegen Mittag ins Bett – weil es dann auf Bali Schlafenszeit ist.

Die erste Nacht Egal wann und wohin ich fliege: Die erste und manchmal auch die zweite Übernachtung buche ich noch von zu Hause. Das Wissen um ein gesichertes Quartier macht das Ankommen im neuen Land um einiges entspannter. Insbesondere, wenn ich spät ankomme, will ich nicht noch mitten in der Nacht von Unterkunft zu Unterkunft laufen und nach freien Zimmern fragen. Ebenfalls von zu Hause aus informiere ich mich, wie ich am besten vom Flughafen zum Hotel oder Hostel komme – mit Bus, Bahn oder Taxi.

Nach zwei Nächten ist meistens alles offen. Ich mache mir zwar grobe Gedanken darüber, wie meine Route ungefähr aussehen soll, überlasse alles Weitere aber sehr gerne dem Zufall. Über die Jahre hinweg habe ich gemerkt, dass meistens sowieso alles anders kommt als geplant und dass ich spätestens in der zweiten Nacht coole Leute treffe, die mir entweder tolle Tipps geben oder sogar so nett sind, dass ich ein Stück mit ihnen reise. Meistens in eine ganz andere Richtung, als ich eigentlich dachte.

Zurechtfinden Ich persönlich bin ein Läufer. Das bedeutet, dass ich einen neuen Ort zu Fuß erkunden muss, um mich zurechtzufinden. Bevor ich rausgehe, schaue ich mir auf *Google Maps* an, wo mein Hotel liegt, wo einige der wichtigsten und markantesten Orte liegen – und laufe dann drauflos. Anhand typischer Wegmarken wie Straßenecken, Restaurants oder einzelnen Gebäuden schaffe ich mir eine innere Landkarte des neuen Orts und orientiere mich immer besser. Wenn ich an einem neuen Ort ankomme, kann es durchaus passieren, dass ich in den ersten zwei Tagen bis zu 20 Kilometer laufe. Dabei bekomme ich auch ein erstes Gefühl für das Tempo des Landes, für den Straßenverkehr und für das übliche Verhalten, wenn viele Menschen auf engem Raum zusammenkommen: Vermeidet man respektvoll jeden Körperkontakt? Drängelt man drauflos? All das ist wichtig, damit man sich möglichst schnell respektvoll und selbstverständlich in dem neuen Land bewegen kann.

In großen Städten ist das Fahrrad eine gute Alternative zum Laufen. Aber achte darauf, ob es viele Radfahrer gibt und wie sie mit dem restlichen Verkehr umgehen – beziehungsweise dieser mit ihnen. Dich auf das rücksichtsvolle Verhalten zu verlassen, das du von zu Hause kennst, kann lebensgefährlich sein.

Eine andere bewährte Orientierungshilfe: Such dir einen hochgelegenen Punkt, also ein hohes Gebäude oder einen Hügel außerhalb der Stadt und schau dir die Lage der wichtigsten Punkte von oben an. In der Regel wird eine Stadt von einem Fluss und von den Hauptstraßen geprägt – wenn du deren Verlauf kennst, verstehst du auch die Stadtanlage viel schneller. (Faulpelze können natürlich auch einfach *Google Maps* nutzen, um sich die Stadt von oben anzusehen.)

Tipp: Zur Orientierung in einem neuen Land gehört übrigens auch, dass du weißt, wo du im Ernstfall Hilfe herbekommst. Die Telefonnummern von Polizei, Notarzt und dem nächsten deutschen Konsulat bzw. der deutschen Botschaft gehören immer in dein Smartphone! Und auch eine Notiz mit der Angabe, wer verständigt werden soll, wenn dir etwas passiert. Diesen Kontakt solltest du im Handy als ICE (In Case of Emergency) speichern, damit Helfer ihn finden.

Netzwerken Nach einer langen Reise will man erst einmal ankommen, duschen und etwas entspannen. Danach mache ich mich jedoch meistens direkt auf den Weg, um andere Traveller kennenzulernen – entweder im Gemeinschaftsraum des Hostels oder der Hotelbar. Um gleichgesinnte Traveller zu finden, schaue ich gerne auf *FourSquare* nach, welche interessanten Orte in meiner Nähe sind und was für Leute dort einchecken. Hier kriegst du schnell einen Eindruck, was für Menschen du dort vorfinden wirst.

Sobald die ersten Kontakte geknüpft sind, ist das Ankommen und Zurechtfinden auch schon viel einfacher. Die »alten Hasen« können dir sagen, welche Orte du unbedingt besuchen solltest, was du vermeiden solltest etc. Diese Tipps sind viel besser als alles andere, was du in Reiseführern findest, weil du sie durch gezieltes Nachfragen individuell an dich anpassen kannst. Und auch dein Gegenüber wird versuchen herauszufinden, was dich interessiert, um dir zu gefallen. So sind wir Menschen. Durch diese selektive Methode gehen zwar viele Informationen verloren, aber man erfährt oft sehr gezielt, was einen interessiert.

★ EIN TAG AM SEE – DER INLE LAKE IN MYANMAR

Myanmar (früher: Burma) ist für die meisten von uns ein sehr geheimnisvolles und unbekanntes Land. Die meisten verbinden es vermutlich mit der Politikerin und Friedensnobelpreisträgerin Aung San Suu Kyi, die von der Militärdiktatur jahrelang im eigenen Haus eingesperrt war und die das Gesicht des »neuen« Myanmar ist. Nur die wenigsten haben aber eine Vorstellung davon, wie das Land eigentlich ist und aussieht.

Inle ist ein kleines verschlafenes Städtchen am Nordufer des großen Inle-Sees. Es bietet nicht viel, aber man kann seine Grundbedürfnisse stillen. Wegen der vielen Touristen, die wegen des Sees hier herkommen, ist es allerdings um einiges teurer als anderswo in Myanmar.

Was kann man in Inle machen?
Die meisten Leute würden sagen, das Einzige, was man in Inle machen kann, ist eine Seetour. Ich würde dem zustimmen, wenn ich mich nicht mit anderen Reisenden unterhalten hätte und diese mir Lust auf mehr gemacht hätten. Aber der Reihe nach.

Fahrt über den See *The Seetour* ist ein absolutes Muss. Die meisten Dörfer sind auf dem Wasser gebaut. Du solltest zumindest eine Tagestour machen, bei ausreichend Zeit eine Zwei- bis Dreitagetour. Die Tour an sich ist recht billig – aber nur deshalb, weil der Fahrer eure Gruppe von Shop zu Shop fahren wird, wo man versuchen wird, euch alle möglichen Sachen zu einem überhöhten Preis zu verkaufen. Euer Guide bekommt dann eine Kommission dafür. Die Läden liegen auf dem Wasser; dort stellt man unter anderem Silberschmuck und Textilien her, rollt Zigarren und vieles mehr.

Euer Fahrer/Guide wird euch an eurem Ho(s)tel abholen und über den See schippern. Die ersten zwei Stunden werdet ihr nur fahren und die berühmten Fischer beobachten, die mit den Beinen rudern, um die Hände freizuhaben. Das ist schon sehr spannend. Die restliche Zeit werdet ihr von einem Shop zum anderen fahren und an einem teuren Restaurant halten. Manchmal sind in der Nähe noch andere, da kann es sich lohnen, ein paar Meter zu laufen, sofern es Wege und Brücken gibt.

Bike Tour Es ist eigentlich nicht erlaubt, Myanmar auf eigene Faust zu erforschen. In einem Mietwagen das Land zu erkunden geht nur mit einem staatlichen Guide. Aber man kann sich in Inle Fahrräder leihen und sich

die umliegenden Dörfer anschauen. Dort lernt man das richtige Myanmar kennen. Bevor du aber losfährst, check dein Rad, du willst schließlich nicht irgendwo steckenbleiben!

Heiße Quellen In der Nähe von Inle gibt es einige Thermalquellen. Die Fahrt dorthin soll schön sein, die Quellen sind aber in einer Art Spa, so dass man kein wirkliches Naturerlebnis hat. Aber wenn man vom Biken kaputt ist und noch einen Tag in Inle hat, ist das eine gute Entspannungsmöglichkeit.

Wie kommt man nach Inle?
Flugzeug Am einfachsten und schnellsten per Flugzeug. Die meisten Inlandsflüge in Myanmar sind Rundflüge: Start in der Hauptstadt Yangoon, dann Landungen in Bagan, Mandalay und Heho nahe Inle. Von Heho muss man dann noch ein überaus teures Taxi für 25 bis 40 Dollar nehmen. Alternativ kann man vom Flughafen loslaufen und versuchen, an der Straße ein Pickup-Taxi anzuhalten – das ist dann billiger.

Bus Viel billiger, aber auch viel unbequemer ist der Bus. Die Busse in Myanmar sind alt und nicht auf große Europäer ausgerichtet. Die Fahrt von Yangoon nach Inle wird mit 13 Stunden angegeben, aber du solltest sicherheitshalber 15–17 Stunden einplanen. Kosten wird sie dich um die 20 Dollar. Die letzten 15 Minuten gehen nur per Taxi.

Auto Wie bereits erwähnt, geht das nur mit staatlichem Guide.

DIE GROSSE UNTERKUNFT-FRAGE: WO SCHLAFEN?

Neben dem Flug ist die Unterkunft einer der größten Kostenfaktoren beim Reisen. Hier kannst du richtig viel Geld ausgeben, aber auch sehr viel Geld sparen. Es gibt Länder, in denen du sowohl für zwei (!) Dollar übernachten kannst als auch für mehrere Tausend. Ich gehe aber davon aus, dass dein Budget nicht so hoch ist. Hier ein paar Tipps, um die günstigsten Unterkünfte zu finden – und eine Übersicht, welche Optionen du überhaupt hast.

UNTERKÜNFTE MIT DÄCHERN UND WÄNDEN

Hostel

Hostels sind nicht nur eine der günstigsten Übernachtungsmöglichkeiten, sondern auch der beste Ort, andere Traveller zu treffen und mit ihnen eine gute Zeit zu haben. Wie viele gute, lebenslange Freundschaften und Beziehungen haben wohl im Gemeinschaftsraum eines Hostels begonnen?

Als Backpacker mit knappem Budget ist man versucht, die Liste der Hostels nach dem Preis zu sortieren. Aber davon rate ich dir ganz klar ab. Wer in einem Zwei-Dollar-Bett übernachtet, der kann auch nichts erwarten. Es ist fast vorprogrammiert, dass du dir das Zimmer mit 20 anderen Travellern und dein Bett mit mindestens genauso vielen Bettwanzen teilen wirst.

In einem Hostel sind die Zimmer oft nach Geschlechtern getrennt; dazu gibt es ein oder zwei gemischte Zimmer. Meistens gibt es 4-, 6- und 8-Bett-Zimmer zur Auswahl. Meine krasseste Erfahrung war ein 20-Bett-Zimmer in Geraldton, Westaustralien. Das Hostel war in einem alten Krankenhaus.

Hier ein paar Punkte, auf die du bei der Suche nach dem richtigen Hostel achten solltest:

Hygiene Schau dir die Schlaf- und die Waschräume an, bevor du eincheckst. Du solltest zwar nicht die Standards erwarten, die du von zu Hause kennst, aber du wirst schnell ein Gefühl dafür bekommen, was du im jeweiligen Land erwarten kannst und was du nicht akzeptieren musst.

Preis Billige Hostels sind einfach nur billig. Hostels mit einem guten Preis-Leistungs-Verhältnis bieten einen gewissen Komfort, ohne ein Vermögen zu kosten. Zur groben Orientierung: Ein gutes Hostel kann in Bangkok oder Chiang Mai schon bei 10 Euro anfangen, während man in Oslo mit 40 Euro oder mehr rechnen muss.

Frühstück In einem guten Hostel ist ein Frühstück im Preis inbegriffen – und zwar mehr als Toastbrot. Auch wenn du nicht so der Frühstücker bist, solltest du das Angebot an- und wahrnehmen, denn du kannst dir deine Brote für den Tag schmieren und so viel Geld sparen.

Schließfächer Das gehört ganz klar zum Standard eines guten Hostels. Im Idealfall ist dein Schließfach auch noch direkt neben dem Bett. Viele Hostels verkaufen oder vermieten entsprechende Schlösser an der Rezeption. Du kannst noch mehr Geld sparen, indem du einfach immer ein gutes Schloss dabeihast, das für alle Größen passt und stabil ist. Schließ deine Wertsachen abends immer ein – Pass, Portemonnaie, Laptop und Co. gehören ins Schließfach! Unterm Kopfkissen ist keine Alternative – mit K.-o.-Tropfen im Blut bemerkt niemand, wenn ihm einer unterm Kopf rumfummelt.

Internet Für den einen oder anderen ist das vielleicht nicht so wichtig, aber die allermeisten reisen mindestens mit einem Smartphone und benötigen Internet, um E-Mails, Facebook und Co. zu nutzen. Ein gutes Hostel hat immer kostenloses WLAN.

Gemeinschaftszimmer Ich übernachte am liebsten in Hostels, die auch ein Gemeinschaftszimmer haben, wo man mit anderen Reisenden zusammen fernsehen, kickern oder Poolbillard spielen oder sich ein Buch ausleihen kann. Der perfekte Ort für jeden Alleinreisenden, der Anschluss und Kontakt zu anderen Travellern sucht.

Bar Eine Bar ist nicht unbedingt wichtig, aber wenn ein Hostel kein Gemeinschaftszimmer hat, sollte es als Alternative wenigstens diesen Begegnungsort haben. Zumindest sollte eine geeignete Bar in der Nähe des Hostels sein, so dass man dir an der Rezeption sagen kann, wo sich die Backpacker meistens treffen.

Günstige Hostels finden

Es gibt mittlerweile richtig viele Metasuchmaschinen für Hostels. Zwei der größten sind *Hostelbookers* und *Hostelworld,* die zur selben Gruppe gehören. Beide Seiten schreiben, dass sie keine Gebühr für das Buchen von Hostels verlangen.

Hostelbookers Laut seiner Website bietet *Hostelbookers.com* die günstigsten Hostelpreise im Netz an. Sollte dies nicht der Fall sein und du findest irgendwo an anderer Stelle günstigere, zahlen sie dir den doppelten Betrag zurück. Die Website scheint etwas älter zu sein, und auch die Handhabung ist etwas umständlich. Nichtsdestotrotz werden über *Hostelbookers* jährlich über fünf Millionen Übernachtungen gebucht.

Hostelworld *Hostelworld.com* ist die größte Hostel-Suchmaschine im Netz und hat, laut eigenen Angaben, über 27.000 Hostels, aber auch Hotels, B&Bs etc. im Portfolio. Im Vergleich scheint *Hostelworld* die modernere Seite mit besserem Design und einfacherer Handhabung zu sein.

Auf der Website des Hostels Über Suchmaschinen wie *Hostelworld* oder *Hostelbookers* auffindbar zu sein bedeutet für Hotelbesitzer zwar mehr Reichweite und mehr Buchungen, aber sie müssen auch zwischen zehn und 20 Prozent ihres Umsatzes, den sie mit diesen Buchungen machen, als Provision an die Suchmaschinen abführen. Bei Hostels mit eigener Website kann es vorkommen, dass du online nach günstigeren Preisen fragen kannst. Sie verdienen oft mehr daran, dir zehn Prozent Rabatt zu geben, als wenn du über eine entsprechende Metasuchmaschine buchst. So was klappt am ehesten bei inhabergeführten Hostels – vor allem, wenn Inhaber selbst frühere Traveller sind, die wissen, wie knapp bei Kasse man als Backpacker sein kann. Vielleicht stehen die Sterne ja gerade gut für dich? :-)

Hotel

Hotels haben gegenüber Hostels einige Vorteile, was den Komfort und oft auch die Lage betrifft. Dafür sind sie in der Regel natürlich auch teurer (dazu aber gleich noch mehr). Und man hat es schwerer, andere Traveller kennenzulernen, da man sein eigenes Zimmer und meist keinen Gemeinschaftsraum hat. Und an Hotelbars sitzt oft jeder für sich und will am Ende des Tages einfach abschalten.

Wer aber einen gehobeneren Komfort braucht, der sucht sich ein gutes Hotel. Aber was bedeutet gut, und warum findet man auf den verschiedenen Seiten im Netz unterschiedliche Preise? Wenn man ein wenig Zeit investiert, kann man nämlich richtig günstige Hotelzimmer finden, die nicht viel teurer sind als eine Hostel-Übernachtung.

Booking.com Über 750.000 Übernachtungen werden JEDEN TAG auf *Booking.com* gebucht, der weltweit führenden Hotelreservierungsseite. Ich nutze Booking gerne für Buchungen außerhalb Deutschlands (Ausnahme: Südostasien; siehe *Agoda.com*).

Agoda.com Auch wenn Agoda mittlerweile Hotels auf der ganzen Welt anbietet, ist die Seite besonders in Südostasien sehr stark. Ich buche über Agoda immer Last-Minute, also frühestens einen Tag vor Anreise oder manchmal sogar am selben Tag, da viele Hotels die Preise dann drastisch senken – um bis zu 75 Prozent. So kann es passieren, dass du in Krabi ein Zimmer in einem Boutique-Hotel für 40 US-Dollar statt für 150 US-Dollar buchen kannst.

HRS.de Wenn du ein Hotel in Deutschland suchst, bist du mit HRS (Hotel Reservation Service) gut bedient. Das Unternehmen aus Köln hat sich als Metasuchmaschine im Hotelbereich positioniert. Es scheint, dass viele Hoteliers in Deutschland diesem Portal vertrauen.

Weitere Tipps:
....

Partnerprogramm Wenn du überwiegend in Hotels übernachtest und häufiger in denselben Hotels absteigst, solltest du ein Partnerprogramm in Anspruch nehmen.

Besonders die großen Hotelgruppen bieten dir Punkte für jede Übernachtung an, mit denen du dann weitere Übernachtungen bei ihnen bezahlen kannst. So gehören beispielsweise zur *Accor*-Gruppe viele Hotelketten, in denen du mit Sicherheit schon mal untergekommen bist: zum Beispiel *Ibis* und *Novotel,* aber auch Luxusmarken wie *Pullman* oder *Sofitel*.

Frage beim Hotel direkt an Hoteliers hassen Metasuchmaschinen. Sie zahlen horrende Gebühren, um in der Suche zu erscheinen. Manche Suchmaschinen verlangen bis zu 60 Prozent Vermittlungsgebühr von den Hotels. Da kann es sich manchmal lohnen, das Hotel direkt mit der Frage nach Rabatt anzurufen oder eine E-Mail zu schreiben. Wie auch in Hostels bringt es allerdings meist nichts, einfach nur die Rezeption anzurufen oder anzuschreiben – die Angestellten dort sind nicht befugt, so etwas zu entscheiden. Es kann sich aber durchaus lohnen, das *Sales Department* anzuschreiben und nach einem speziellen Deal zu fragen. Rabatte bis zu 50 Prozent sind hier möglich – und das Hotel verdient trotzdem noch mehr als über die Suchmaschine.

Nutz die Nebensaison Die Nachfrage bestimmt bekanntlich den Preis. In der Hauptsaison sind Hotels deutlich teurer, während sie in der Nebensaison mangels Auslastung mit den Preisen sehr weit runtergehen.

Bed & Breakfast

»Bed & Breakfast« bzw. »Inns« sind besonders in den USA sehr beliebt, werden aber auch bei uns immer populärer. Das Konzept bedeutet, dass du – meist bei Privatleuten – ein Bett und ein Frühstück bekommst, in der Regel in einem Extra-Gästezimmer. Diese Unterkünfte sind sehr günstig und zudem eine tolle Möglichkeit, mit Einheimischen in Kontakt zu kommen und Insidertipps für die weitere Reise zu kriegen. Die meisten B&B-Anbieter sind keine hauptberuflichen Gastronomen, sondern betreiben das Ganze als Nebenerwerb, um ein bisschen Geld zu verdienen und anregende Kontakte zu Menschen aus aller Welt zu bekommen.

Es gibt keine festen Regeln für Bed & Breakfasts. Die besseren bieten weitaus mehr als nur ein Bett und ein Brötchen mit Butter und Marmelade. Es lohnt sich also, ganz genau zu schauen, was du buchst. Ein Einzelzimmer ist auf jeden Fall Standard.

Kontaktiere die Anbieter Solltest du irgendwelche Fragen haben oder dir nicht sicher sein, was im Preis jetzt wirklich inbegriffen ist, kannst du die jeweiligen Anbieter direkt anschreiben und einfach fragen. Die meisten sind sehr professionell, auch wenn sie das Ganze nur nebenbei betreiben. Und wer unfreundlich oder gar nicht reagiert, sollte sowieso nicht in Frage kommen für dich.

Standort Besonders in ländlichen Gegenden kann ein B&B echt super sein. Die Anbieter können dir viele Tipps geben und sind meistens auch um einiges offener als Städter. Sie kennen Hinz und Kunz und können Kontakte herstellen, wenn du etwas Besonderes machen willst!

Einige der besten Seiten, wo B&Bs zu buchen sind:

BedAndBreakfast.com Die Seite ist eine der größten, die es auf dem Markt gibt. Insgesamt sind dort über 12.000 B&Bs gelistet. Es gibt die Seite auch in anderen Sprachen als Englisch, unter anderem auf Deutsch.

IloveInns.com »Bed and Breakfast« werden auch als »Inns« bezeichnet. *IloveInns.com* ist leicht zu navigieren und bietet ebenfalls über 10.000 B&Bs an.

Couchsurfing

Über 9 Millionen Menschen aus über 120.000 Städten bieten Fremden ihre Sofas zum Übernachten an – und das auch noch umsonst. Das Prinzip basiert ausschließlich auf Gegenseitigkeit – wer Couchsurfing-Plätze in Anspruch nimmt, muss sie auch anbieten. Günstiger kannst du einfach nicht reisen! Und es ist zugleich eine optimale Möglichkeit, das Alltagsleben in einer fremden Stadt kennenzulernen.

Die meisten Gastgeber sind superfreundlich und nehmen sich auch sehr viel Zeit für ihre Gäste. Es ist ganz normal, dass man den Feierabend des Hosts mit ihm gemeinsam verbringt und zum Beispiel zusammen kocht. Als ich fest in Brisbane, Bangkok und Berlin gewohnt habe, war meine Couch immer frei für Durchreisende. Ich habe sie nie als Fremde betrachtet, sondern immer als Freunde, die ich noch nicht kannte.

In den Niederlanden habe ich mal mit einer Freundin eine einwöchige Fahrradtour gemacht und keinen einzigen Cent für die Übernachtungen gezahlt, weil wir jede Nacht bei einem anderen Host übernachtet haben.

Couchsurfing braucht mehr Planung und Vorlaufzeit als bezahlte Quartiere, weil nicht immer alle Hosts auf Anhieb zusagen, aber es kann sich lohnen, wenn man Zeit und wenig Geld hat. Übrigens könnten sich die meisten, die Couchsurfing nutzen, auch ein Hostel oder Hotel leisten, entscheiden sich aber ganz bewusst für ein unbequemes Futon oder Sofa, da ihnen der soziale Aspekt und das »Living like a local« wichtig ist.

So startest du auf *www.couchsurfing.com* richtig durch:

Erstelle ein Profil Um Couchsurfing richtig und erfolgreich zu nutzen, musst du dir ein Profil erstellen, in dem du etwas über dich erzählst. Je persönlicher dein Profil ist, desto mehr Chancen wirst du haben, wenn du potentielle Hosts für Übernachtungen kontaktierst.

Frag dich einfach, was du gerne von einem Fremden wissen würdest, bevor du ihn in dein Haus einlädst. Alles, was du gerne von anderen wissen würdest, solltest du auf der Seite auch von dir preisgeben. Also lade viele nette Bilder von dir hoch – oder würdest du jemanden einladen, der kein einziges Foto in seinem Profil hat?

💬 GLÜCKSTREFFER IN KANADA

2012 flog ich nach Calgary, um durch die Rocky Mountains nach Vancouver zu reisen. Dank Couchsurfing lernte ich in Banff Melissa kennen, deren Hobbys unter anderem Fotografie und Wandern waren. Das passte genau zu meinen Plänen für Kanada. Ich hatte im Internet vom Johnston Canyon gelesen und wollte unbedingt dort wandern und einen Schnappschuss machen, den ich nur einmal bei Google gesehen hatte. Doch auf der Wanderung bot sich mir dieser phänomenale Anblick leider nicht.

Ich hatte die Hoffnung schon aufgegeben, da meinte Melissa plötzlich: »Ralf, wir lassen den Weg jetzt mal Weg sein und klettern ein bisschen.« Und so verließen wir den normalen Wanderpfad (trotz der üblichen Hinweisschilder »Bitte auf den Wegen bleiben«) und kletterten einen Abhang runter. Ich rutschte zwischendurch mal ab, musste dann auch den Rucksack einfach an einem Baum zurücklassen – doch es lohnte sich!

Denn plötzlich standen wir in einer Höhle, und ich traute meinen Augen nicht. Viel größer und kolossaler, als ich es mir vorgestellt hatte, ragte da der riesige Felsen aus dem Canyon. Es war der Wahnsinn, und ich hatte Tränen in den Augen. Toll, was man dank Einheimischer doch ab und an für Glücksmomente erleben kann.

Ralf Rinas

Eine Couch für die Nacht finden In der Suchleiste ganz oben auf der Seite kannst du angeben, was du suchst. Um eine Couch zu finden, solltest du nach Hosts suchen und die entsprechende Stadt angeben. Sobald du dies getan hast, wirst du eine Liste möglicher Gastgeber finden. Verifizierte Hosts, die eine Gebühr von ca. 25 Dollar bezahlt haben, sind durch ein grünes Häkchen hinter ihrem Namen gekennzeichnet. Auch siehst du, wie viele Referenzen die Hosts haben und wie oft sie auf Nachrichten antworten.

Da an Couchsurfing niemand verdient, kannst du auch nicht erwarten, immer eine Antwort auf deine Nachrichten zu bekommen. Viele sind sehr beschäftigt und antworten gar nicht erst, wenn es bei ihnen gerade nicht passt oder ihnen das Profil des Gastes nicht zusagt. Schreib also immer mehrere potentielle Hosts an.

Ist Couchsurfing sicher? Dies ist sicherlich die am häufigsten gestellte Frage. Ich bin seit 2007 dabei und hatte noch nie ein negatives Erlebnis – weder mit Gästen noch mit Gastgebern. Die Menschen, die ich getroffen habe, waren alle, ohne eine einzige Ausnahme, sehr nett, zuvorkommend, und mit manchen bin ich bis heute in Kontakt. Wenn du also mich fragst: Ja, es ist sicher. Aber natürlich gibt es, wie überall, Horrorstorys von Gästen, die beim Duschen gefilmt worden sind, von Frauen, die dumm angemacht, begrapscht oder gar vergewaltigt worden sind, und von Gastgebern, die beklaut wurden und deren »Gäste« ein Fake-Profil erstellt hatten.

Ich denke, dass man einfach mit gesundem Menschenverstand vorgehen muss. Wenn dir ein Host komisch vorkommt, dann solltest du die Einladung nicht annehmen und dir einen anderen suchen. Und wenn du keinen vertrauenswürdigen findest, dann solltest du dir lieber ein Hostel oder Hotel suchen, als ein Risiko einzugehen.

Und nicht vergessen! Menschen lassen dich in ihr Zuhause. In ihr privates Reich. Es ist kein Hotel, in dem du – im Rahmen des Erlaubten – machen kannst, was du willst. Gehe respektvoll mit der Wohnung und der Einrichtung deines Gastgebers um und nimm Rücksicht auf ihn, indem du beispielsweise darauf verzichtest, mitten in der Nacht laut Musik zu hören oder zu telefonieren. Du solltest Zeit mit deinem Host verbringen und vor allem freundlich sein. Wenn du freundlich bist, werden auch deine Hosts freundlich sein. Ich bringe auch immer eine Kleinigkeit mit, entweder ein kleines Souvenir aus dem Land, aus dem ich gerade komme, oder eine Flasche Wein. Das ist keine Verpflichtung – aber eine nette Geste.

Apartment

Wenn ich länger als zwei bis drei Nächte an einem Ort bin und vor allem, wenn ich dort arbeite, bevorzuge ich ein Apartment. Das ist für mich wie ein Zuhause weit weg von daheim, in das ich mich abends gerne zurückziehe und entspanne. Hotels finde ich nur für kurze Zeit entspannend, weil sie so unpersönlich sind. Der einzige Vorteil, den Hotels gegenüber Apartments haben, ist, dass jemand täglich dein Bett macht und das Zimmer aufräumt.

Besonders seit dem Aufkommen der *Sharing Economy* sind Apartmentanbieter wie *Airbnb* im Kommen und haben den Zugang zu Apartments auf Reisen viel einfacher und persönlicher gemacht.

Der Buchungsprozess für ein Apartment ist genauso einfach wie das Buchen eines Hotels oder Hostels: Du gehst auf die entsprechende Seite, suchst dir ein passendes Apartment, meldest dich an und buchst es. Oft stehen Apartments aber nur ab einer bestimmten Mindestaufenthaltsdauer wie drei Tage oder eine Woche zur Verfügung.

Es gibt zwei Arten von Apartments: Privatwohnungen, die vom Besitzer gerade nicht genutzt werden, und reine Ferienwohnungen. Bei privaten Apartments musst du erst einmal anfragen, ob die Besitzer in der von dir gewünschten Zeit vermieten können und wollen. Freie Ferienwohnungen hingegen kannst du direkt buchen. Besonders, wenn du last minute buchen willst, ist eine Ferienwohnung die stressfreiere und sicherere Alternative.

Privat- und Ferienwohnungen unterscheiden sich meistens auch noch durch einen anderen Aspekt: Eine private Wohnung ist voll ausgestattet, während die Regale einer Ferienwohnung oft nach jeder Abreise leer geräumt und grundgereinigt werden. Das heißt, dass in einer privaten Wohnung in der Regel bestimmte Basis-Lebensmittel wie Gewürze, Öl, Essig etc. vorhanden sind und du diese meist auch nutzen darfst. Wenn du eine Ferienwohnung mietest und selbst kochen willst, musst du erst mal einen Großeinkauf erledigen. Die Reste werden dann nach deiner Abreise vom Vermieter eingesackt oder entsorgt. Eine ärgerliche Verschwendung – aber viele Ferienwohnungsmieter finden es leider eher eklig als praktisch, angebrochene Lebensmittel vorzufinden – auch wenn sie noch einwandfrei sind.

Apartmentanbieter im Vergleich

Die größten Apartmentanbieter sind *Airbnb*, *Wimdu*, *Roomorama*, *9Flats* und *Home Away*.

Der Unterschied zwischen den Anbietern ist nicht sehr groß. Sie bieten alle das gleiche Produkt an, und auch die Preise sind meistens gleich, da die Vermieter diese festlegen und nicht die Webseite.

Airbnb ist sehr groß und sehr beliebt. Besonders in den USA und in Europa findest du hier sehr viele Apartments.

Wimdu ist ein Unternehmen aus Berlin mit sehr vielen Apartments in Europa und Deutschland.

Roomorama ist spezialisiert auf Asien.

9Flats bietet zwar auch weltweit Apartments an, hat aber besonders in Südeuropa (Spanien) und Deutschland sehr viele Apartments im Portfolio.

Home Away bietet weltweit viele und günstige Apartments an!

Wenn ich eine Reise plane, dann schaue ich meistens auf *Airbnb*. Sollte ich dort nichts finden, schaue ich mir alle anderen Seiten an und vergleiche die Apartments. Oft sind Apartments nicht auf allen Seiten angemeldet, weil die Vermieter sich die Mehrfachgebühren sparen wollen.

Für wen lohnen sich Apartments? Für Solo-Reisende, die die Welt und viele Leute kennenlernen wollen, ist ein Apartment vielleicht nicht die beste Option, denn der soziale Aspekt geht hier total unter. Aber wenn du mit einem Partner, einer Gruppe oder mit der Familie verreist, kann sich ein Apartment sehr lohnen, denn die entstehenden Kosten können durch alle geteilt werden, wodurch ein Apartment dann sehr günstig werden kann.

Apartments passen für die, die nicht aus touristischer Neugier, sondern zum Arbeiten längere Zeit an einem Ort verbringen und keine Lust auf wochenlanges Hotelleben haben, weil sie Privatsphäre und den Luxus einer eigenen Küche vermissen würden. So geht es mir oft. Und wenn ich mich dann doch mit anderen Travellern treffen möchte, gehe ich in Bars in der Nähe eines Hostels oder schaue, ob es über Couchsurfing und Co. vielleicht gerade ein Meet-up von Travellern in der Stadt gibt.

Was kostet ein Apartment? Auch wenn man es nicht pauschalisieren kann, ist eine Daumenregel doch, dass ein Apartment etwa die Hälfte eines Hotelzimmers kostet.

Wie sicher sind Apartments? Alle Anbieter sind versichert und bieten, nach eigener Aussage, sowohl dem Mieter als auch dem Vermieter 100 Prozent Schutz. Natürlich gibt es auch hier Horrorszenarien: Mieter, die Wohnungen unter falschem Namen mieten und ausrauben, aber auch Vermieter, die das Geld kassieren, obwohl die Wohnung am angegebenen Ort gar nicht existiert.

Grundsätzlich ist das Mieten von Apartments aber sicher, und ich habe in mehr als drei Jahren *Airbnb* als Mieter und Vermieter nie große Probleme gehabt.

Homestay

Homestay war ursprünglich ein Netzwerk für Studenten, die eine Gastfamilie für ihr Auslandsjahr oder -semester suchten. Mittlerweile findet diese Art des Aufenthalts aber auch immer mehr Freunde unter Travellern.

Homestay kann mit Couchsurfing verglichen werden. Der einzige Unterschied: Es kostet was! Bei Homestay mietest du dich bei einer sogenannten Gastfamilie ein. Besonders in abgelegenen Orten, wo es kein Couchsurfing gibt, kann dies eine tolle Möglichkeit sein, einheimische Familien kennenzulernen (und sie dadurch auch zu unterstützen).

Die Preise werden von den Familien festgesetzt. Inbegriffen sind meistens die Übernachtung für ein bis zwei Personen und das Frühstück oder Halbpension (Frühstück und Abendessen).

In Barcelona kannst du zum Beispiel mit zwei Personen schon für ca. 25 Euro übernachten und hast sogar ein kleines Mittagessen inklusive!

Housesitting

Stell dir vor, du kannst überall auf der Welt leben und musst nichts dafür bezahlen. Umsonst ist es nicht, denn du musst was dafür tun, aber du kannst an den schönsten Orten der Welt wie ein Einheimischer in einem »eigenen« Haus oder Apartment wohnen. Hört sich wie ein Traum an, oder? Ist aber wahr!

Housesitting bedeutet, dass du dich um das Hab und Gut anderer kümmerst, während diese zum Beispiel auf Reisen sind. Manchmal musst du dich nur um die Hunde oder Katzen und den Garten kümmern. Es kann aber auch vorkommen, dass du die Eigentümer als Bed-and-Breakfast-Gastgeber vertreten oder andere Sachen im Haus erledigen musst.

Für wen eignet sich Housesitting?

Wenn du viel unterwegs sein und immer nur kurz an einem Ort bleiben willst, ist Housesitting mit Sicherheit nichts für dich. Wenn du aber wirklich langsam reisen möchtest – und ich meine wirklich l-a-n-g-s-a-m –, also vier bis sechs Monate an einem Ort bleiben willst, um das Leben dort wirklich kennenzulernen, dann könnte Housesitting genau das Richtige für dich sein: Du hast die Möglichkeiten, die ein eigenes Haus bietet, ohne es aufwendig kaufen oder mieten zu müssen, und die Eigentümer können mit ruhigem Gewissen verreisen.

Housesitting ist ein sehr guter Mix aus allen Unterkunftsmöglichkeiten, die ich in diesem Kapitel erwähnt habe: Es kostet fast nichts, du kannst wie ein Einheimischer leben, hast viel Zeit, einen Ort richtig gut kennenzulernen, und kommst in Kontakt mit Einheimischen.

Was kostet Housesitting?

Housesitting an sich ist kostenlos, aber die Registrierung für die entsprechenden Seiten kostet etwas. Es gibt ein paar Seiten, die man ausprobieren kann:

Trustedhousesitters.com – 79 Dollar/Jahr Angeblich hat diese Seite die meisten Housesitts auf der Welt. Entsprechend kostet sie mehr als andere.

MindMyHouse.com – 20 Dollar/Jahr Um einiges günstiger als die erste Seite, hat aber auch viel weniger Auswahl.

Housecarers.com – 50 Dollar/Jahr Die meisten Häuser auf dieser Seite sind in Australien. Außerdem lässt die Funktionalität der Seite zu wünschen übrig.

So startest du mit Housesitting richtig durch:

Investiere viel Zeit in die Erstellung deines Profils Du solltest mehr als nur fünf bis zehn Minuten in die Erstellung deines Profils investieren. Hauseigentümer werden sich dein Profil ganz genau ansehen und daraufhin entscheiden, ob sie dich vertrauenswürdig und sympathisch finden oder nicht. Es gibt keine zweite Chance für diesen ersten Eindruck! Nimm dir also Zeit!

Abonniere E-Mail-Benachrichtigungen Wenn du an einem bestimmten Ort Housesitting machen willst, solltest du die E-Mail-Benachrichtigungen aktivieren. Es gibt viel Konkurrenz dort draußen, und du solltest einer der Ersten sein, die ihre Bewerbung abgeben.

Sammle deine Referenzen Klar, am Anfang hast du natürlich keine Referenzen über andere Housesitts. Frage also deine bisherigen Arbeitgeber sowie Freunde, Nachbarn und andere nach Referenzen, damit du das Vertrauen der Eigentümer gewinnst.

Achte auf die Details Du wohnst kostenlos – da ist es nur legitim, dass du auch etwas dafür tust. Aber du bietest den Hauseigentümern auch einen sehr wertvollen Service, für den sie sonst teuer bezahlen müssten: Ihr Haus steht nicht leer, während sie weg sind, und du kümmerst dich darum, als wenn es dein eigenes wäre. Lass dich also nicht über den Tisch ziehen und dir zu viele unbezahlte Arbeiten und Aufgaben aufbürden. Achte auf alle Details. Es muss sich schließlich auch für dich gut anfühlen.

CAMPING

Radreisende, Wanderer und andere Backpacker: Sie alle haben oftmals ein Zelt dabei. Im Zelt unter freiem Himmel zu schlafen ist für sie der Inbegriff der Freiheit. Allerdings ist es auch anstrengend (jeden Abend auf- und morgens wieder abbauen und verstauen), manchmal zermürbend (wenn alles nass ist), nicht ganz ungefährlich und manchmal illegal.

In manchen Staaten ist es erlaubt, sein Zelt praktisch überall aufzuschlagen, andere haben diesbezüglich sehr strenge Gesetze.

Folgende europäische Länder erlauben das wilde Campen:

Schottland Solange du 100 Meter von einer Straße entfernt bist und keinen Müll hinterlässt, ist das wilde Zelten in Schottland grundsätzlich erlaubt.

Frankreich In Frankreich ist das wilde Campen noch eine Grauzone. Wirklich erlaubt ist es nicht, aber wirklich verboten eben auch nicht. Grundsätzlich sollte man immer den Grundbesitzer um Erlaubnis fragen. Außerdem solltest du nicht mehrere Nächte bleiben und auch nicht länger als bis 9 Uhr morgens. Außerdem ist es in Frankreich nicht erlaubt, ein Lagerfeuer zu machen.

Norwegen, Schweden und Finnland Wild campen ist in Skandinavien jedermanns recht; der öffentliche Raum gehört allen und darf von allen genutzt werden. Du kannst also überall dein Zelt aufstellen, solange du mindestens 100 Meter von der nächsten Straße und dem nächsten Privatgrundstück entfernt bist.

Außerhalb Europas solltest du im Zweifel davon ausgehen, dass wildes Zelten verboten und/oder zu gefährlich ist. Informier dich also ganz genau, was in deinem Zielland gilt.

Tipps zum wilden Campen
....

Weg von den Straßen Versuche weit weg von befahrenen Straßen zu campen. Sonst wirst du nicht in Ruhe schlafen können. Außerdem solltest du nicht für jeden Vorbeifahrenden sichtbar sein – manche Leute führen Böses im Schilde.

Komm vor Sonnenuntergang an Bau dein Zelt vor der Dunkelheit auf. Du musst das Gelände sondieren können und eine geeignete Stelle auswählen. Sonst wachst du morgens in einer sumpfigen Kuhle auf oder über einem Wespennest. (Alles schon passiert.) Außerdem kann es sehr stressig sein, ein Zelt nur mit einer Taschenlampe aufzubauen. Bei Tageslicht geht das viel einfacher, und du kannst den Abend noch genießen.

Weg vom Licht Je weniger Licht in der Umgebung ist, desto besser kannst du die Sterne erkennen – und desto besser kannst du schlafen. Außerdem zieht das Licht lästige Insekten an.

Respektiere private Grundstücke Wenn du ein Schild siehst mit »Private« oder »No Trespassing«, solltest du dich daran halten und das Grundstück nicht betreten – auch wenn es noch so weitläufig und einsam aussieht. Vor allem in Südeuropa können solche Gebiete private Jagdreviere sein. Und es ist kein schönes Gefühl, morgens als Erstes in einen Gewehrlauf zu blicken.

Ein weiteres Risiko beim Zelten auf privatem Grund: Das Tor, durch das du dich gestern Abend noch reingeschlichen hast, ist plötzlich verschlossen. Kann dauern, bis dich da jemand rauslässt.

Tarne dich Schlafend im Zelt bist du Räubern und sonstigen Übeltätern ziemlich schutzlos ausgeliefert. Und niemand würde deine Hilferufe hören. Deshalb solltest du dein Fahrrad, dein Zelt und deine sonstigen Sachen möglichst gut verbergen. Am besten nimmst du kein knallrotes Zelt mit, sondern ein grünes oder braunes, das mit der Landschaft verschmilzt. Zusätzlich kannst du grüne Zweige drauflegen.

Schütze dich vor wilden Tieren In vielen Gegenden gibt es wilde Tiere, selbst in Europa. Schütze dich entsprechend vor Bären, Wölfen etc., wo es nötig sein sollte.

Solltest du jemals einem solchen Raubtier begegnen, ist es wichtig, dass du die Ruhe bewahrst und nicht hektisch reagierst oder versuchst wegzurennen. Wenn sich ein wildes Tier nicht bedroht fühlt, wird es schnell wieder verschwinden. Es hilft also nicht, wenn du brüllst und mit den Armen wedelst, um das Tier zu »verschrecken«. Gehe stattdessen langsam rückwärts weg, also mit dem Gesicht zum Tier.

Auch mit manchen Weidetieren ist übrigens nicht zu spaßen – also bleib weg von Rinderweiden.

Zelte nicht in Senken Du solltest auf keinen Fall in trockenen Flussbetten oder nah an Rinnsalen zelten. Bei Gewitter verwandeln die sich schnell in reißende Bäche oder Flüsse. Das ist lebensgefährlich. Und auch normale Senken und Kuhlen können bei einem nächtlichen Gewitter schnell volllaufen.

Hinterlasse nichts! Räume so gut auf, dass man gar nicht merkt, dass du da warst. Am wichtigsten ist es, dass du deinen gesamten Müll mitnimmst.

Bei Trockenheit kein (Lager-) Feuer Im Sommer und Herbst solltest du davon absehen, ein Feuer zu machen – egal wo du bist! Die Waldbrandgefahr ist einfach zu groß!

SCHLAFEN AN ÖFFENTLICHEN ORTEN

Es kann passieren, dass du einfach irgendwo pennen musst – zum Beispiel weil dein Geld alle ist oder weil du deine Bankkarte sicherheitshalber hast sperren lassen oder weil du in einem winzigen Ort bist und partout kein Zimmer findest oder weil dich eine Aschewolke oder ein Streik am Flughafen festhalten oder oder oder … Ich habe schon oft auf diese Weise übernachten müssen. Und es ist selten bequem, sauber, sicher und legal.

Manche Traveller entscheiden sich ganz bewusst dafür, im Freien zu übernachten. Nach dem Motto: Je günstiger, desto besser! Das bedeutet aber nicht draußen in der Natur, sondern unter Brücken, in Parks, auf Bahnhöfen etc.

Ich habe auch schon oft und viel an Bahnhöfen und Flughäfen geschlafen, aber nur, weil es nicht anders ging. Ansonsten ist es nicht empfehlenswert. Als normaler Backpacker hast du ziemlich viele Wertsachen dabei. Auch wenn du dir selbst total abgeranzt vorkommst – für arme Einheimische strahlst du immer noch das Signal »lohnende Beute« aus. Du solltest es nicht riskieren, dass man dich beklaut, nur weil du ein paar Euro für eine Nacht sparen wolltest. Wenn es aber mal wirklich nicht anders geht – und das kann durchaus vorkommen – gibt es zum Glück ein paar Lösungen.

An Bahnhöfen übernachten Sollte der Bahnhof die ganze Nacht auf sein, und das sind sie in Großstädten meistens, kann eine Übernachtung im Bahnhof eine zwar unbequeme, aber recht sichere Gratis-Variante sein. Die meisten Bahnhöfe, besonders in Europa, haben 24 Stunden am Tag auf. Der eine oder andere Bahnhof macht allerdings auch für ein paar Stunden dicht, und alle werden rausgeworfen.

Normalerweise berechtigt dich ein Zugticket dazu, am Bahnhof zu übernachten. Du bist ja schließlich nur zu früh zum Zug gekommen und wartest auf diesen. Um auf Nummer sicher zu gehen, solltest du die paar Euro für ein Schließfach investieren und deine Wertsachen dort verstauen.

An Flughäfen übernachten Wer kennt das nicht: Du hast den Flug zu einer unmenschlich frühen Zeit gebucht, ohne zu beachten, dass so früh noch gar kein Zug zum Flughafen fährt. Also musst du mit dem letzten Zug fahren und die Nacht am Flughafen verbringen. Das ist übrigens ein ziemlich normaler Vorgang.

Eine Nacht am Flughafen ist zwar nicht die bequemste, aber bei weitem nicht die schlimmste Möglichkeit. Auf *www.sleepinginairports.net* findest du Angaben zur Übernachtungsqualität auf fast allen Flughäfen der Welt, unter anderem mit den besten und den schlimmsten Flughäfen für diese Situation. Reinschauen lohnt sich. Der eine oder andere teilt dort richtig coole Ecken an Flughäfen mit, wo du nicht nur in Ruhe gelassen wirst, sondern auch richtig gut schlafen kannst!

★ DER SÜDOSTEN FINNLANDS: 6 DINGE, DIE MAN IN DER REGION SAIMAA UNTERNEHMEN KANN

Kürzlich hatte ich die Möglichkeit, die Städte Finnlands hinter mir zu lassen und in die freie Natur der Region Saimaa einzutauchen. Ich war begeistert von allem, was ich dort sah.

1. Beeren pflücken In Finnland Beeren zu pflücken lohnt sich nicht nur, weil man auf der Stelle die frischesten Beeren kosten kann und sie nicht einmal abwaschen muss – sondern es ist auch absolut erholsam. Frische Beeren in Finnland zu pflücken ermöglicht es dir, wirklich abzuschalten. Du kannst aufhören, darüber nachzudenken, was noch alles ansteht. Es zählen nur die Natur, die Aufgabe des Beerenfindens und -pflückens und du selbst.

Die Blaubeersaison in Finnland ist, abhängig von Wetter und Breitengrad, zwischen Juli und September, und jeder kann die Beeren pflücken. In Finnland gibt es das Jedermannsrecht, das heißt, dass man überall Beeren pflücken darf, solange sie nicht auf privatem Grundbesitz wachsen und man nicht deutlich darauf hingewiesen wird, es nicht zu tun.

2. Die finnische Rauchsauna Es gibt ungefähr fünf Millionen Einwohner in Finnland, und man sagt, dass es ungefähr zwei Millionen Saunen gibt. Es gibt nichts Typischeres für Finnland als eine Rauchsauna.

Während die Sauna für uns etwas Luxuriöses ist, das wir in einem Spa-Hotel nutzen, ist sie für die Finnen eine Notwendigkeit: ein Ort, um mit Freunden auszuspannen.

Entgegen der allgemeinen Meinung ist es in Finnland üblich, in der Sauna etwas zu trinken. Tatsache ist, dass viele Finnen stundenlang in oder vor der Sauna abhängen, essen, trinken, schwimmen gehen und das immer wiederholen.

In Lautsaari führte uns unser Gastgeber Jukka in die feine Kunst der finnischen Rauchsauna ein. Das Holz wird in einem großen Ofen verbrannt. Wenn die Sauna heiß genug ist (und ich meine wirklich heiß), darf das Feuer runterbrennen, und der Rauch füllt den Raum. Wenn man Wasser auf den heißen Ofen gießt, verdunstet es und erzeugt noch mehr Hitze.

Nach und zwischen den Saunagängen kann man entweder eiskalt duschen oder in einen nahe gelegenen See springen. Das ist richtig gut für den Kreislauf.

3. **Fischen** Dank des Jedermannsrechts kann man auch fast überall mit einer einfachen Angelrute (ohne Rolle) fischen. Du gehst an einen See, wirfst die Leine aus und wartest darauf, dass die Fische anbeißen. Und es gibt reichlich Fische in den Seen.

Wir waren am Saima-See mit Mika angeln, der *Saimaa Fishing Travels* leitet. Er hat ein modernes Boot und jede Menge Ahnung vom Fischen. Jemand hat mir erzählt, dass er als bester Führer fürs Fischen in ganz Finnland ausgezeichnet wurde. Sehr beeindruckend und absolut glaubhaft.

4. **Linnansaari-Nationalpark** Während einer kleinen Bootsfahrt mit *Saimaa Holiday* machten wir einen Halt auf der Hauptinsel Linnansaari und wanderten ein wenig. Es ist keine große Insel, und die Wanderung ging nur über ungefähr 700 Meter und war sehr leicht, aber der Blick über die vielen Inseln und den riesigen Saimaa-See war traumhaft. Übrigens: Das Foto auf dem Buchumschlag wurde hier geschossen.

5. **Kajak fahren auf dem Saimaa-See** In Järvisydän mieteten wir einige Kajaks und Kanus und gingen zwei Stunden lang paddeln. Kajakfahren ist eine gute Möglichkeit, sich auf den Seen fortzubewegen und die Orte aus einer anderen Perspektive zu sehen. Das Größte war, als uns ein paar Einheimische auf einen Drink auf ihre Insel einluden, als wir gerade vorbeifuhren. Der beste Boxenstopp, den ich je hatte: Weißwein zu trinken, während du in deinem Kajak sitzt und dich mit freundlichen Finnen auf ihrer Insel unterhältst. Allem Anschein nach kann man in Finnland eine Insel ab 75.000 Euro kaufen.

6. **Nordic Walking** Marko Kantaneva ist einer der Pioniere des Nordic Walking und arbeitet seit den Anfangszeiten 1997 als Trainer. Er hat eigene Laufstöcke entwickelt und trainiert Interessierte weltweit.

Nachdem wir es zehn Minuten lang falsch gemacht und unsere Laufstöcke wie Wanderstöcke benutzt hatten, zeigte Marko uns, wie man diese Sportart richtig ausübt. Ich spürte, wie jeder Muskel meines Oberkörpers trainiert wurde, während ich durch den wunderschönen Wald im Südosten Finnlands lief. Ich hätte nie gedacht, dass Nordic Walking so effektiv ist. Eine tolle Art, durch eine traumhafte Landschaft zu laufen und dabei noch etwas für seinen Körper zu tun!

Tipps fürs Übernachten an öffentlichen Orten

Nutze deinen Rucksack als Kopfkissen In deinem Rucksack hast du meistens deine Wertsachen. Wenn du ihn nicht in ein Schließfach packen kannst, solltest du ihn als Kopfkissen nutzen. Sollte jemand an deinen Rucksack wollen, wirst du es dann hoffentlich merken.

Um noch sicherer zu gehen, dass nichts passiert, solltest du dich auf die Reißverschlüsse legen oder diese in Richtung Boden legen.

Ablenkungen ausschalten Ich bin nicht speziell auf Flughafenübernachtungen etc. vorbereitet, habe aber immer einen *Keffiyeh*, einen arabischen Schal, dabei – als Decke oder als Schlafmaske. Ohrstöpsel habe ich sowieso meistens dabei. Die nehmen nicht viel Platz im Rucksack weg. Ansonsten einfach Kopfhörer rein und leise Musik anmachen.

Wechselt euch ab Wenn du mit jemandem zusammen unterwegs bist, solltet ihr euch beim Schlafen abwechseln, um auf Nummer sicher zu gehen. Während der eine schläft, hält der andere quasi Wache. So kann jeder wenigstens ein paar Stunden in Ruhe schlafen und muss sich keine Sorgen machen.

Gemeinsam sind wir stark Anstatt eine kleine Ecke für dich allein zu suchen, solltest du dich zur größten Gruppe von Backpackern legen, die bereits ein Schlafcamp gegründet haben.

Denk an die Zeit! Besonders, wenn du lange Wartezeiten an einem Flughafen hast und dich hinlegen willst, solltest du daran denken, dir einen Wecker zu stellen. Achte darauf, dass du die lokale Zeit eingestellt hast.

Solltest du nichts dabeihaben, womit du dich wecken lassen kannst, habe ich hier einen Tipp: Ich habe mal in Bangkok einen schlafenden Backpacker gesehen, der ein Schild um den Hals hatte mit der Bitte an andere Passagiere, ihn zu einer angegebenen Zeit zu wecken, mit Flugnummer, Flugzeit etc. Auch nicht schlecht!

ACHTE AUF DEINEN KÖRPER

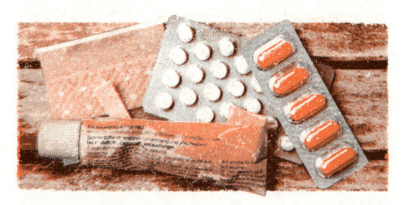

KRANKHEITEN ODER UNWOHLSEIN

Eine Reise ist nicht immer Friede, Freude, Eierkuchen – sie kann manchmal auch echt anstrengend sein und nicht so schön, wie man es sich vorstellt. Meistens ist das der Fall, wenn man unterwegs krank wird oder sich unwohl fühlt.

Im Laufe der Jahre hat mein Körper auf Reisen schon einiges mitmachen müssen – von krasser Dehydrierung über totale Erschöpfung bis hin zu üblen Lebensmittelvergiftungen. Reisen ist für den Körper sehr anstrengend und kann manchmal sogar ein richtiger Schock sein. Auf einmal, von jetzt auf gleich, muss man sich auf ein total anderes Klima und andere Nahrung einstellen – von der zusätzlichen Belastung durch den Jetlag und die Reisestrapazen ganz zu schweigen.

Meine Tipps für die Reiseapotheke findest du im 2. Kapitel unter der Überschrift »Packliste«.

Magen-Darm – ganz ohne Charme

Du wirst auf deiner Reise mit Sicherheit ein paarmal krank werden. Meistens wird dies eine Magenverstimmung oder Lebensmittelvergiftung sein. Eine Reise in ein exotisches Land ganz ohne Magen-Darm-Beschwerden ist fast ein Ding der Unmöglichkeit. Die Qualitätssicherung von Lebensmitteln ist nicht überall so lückenlos wie bei uns; außerdem sind wir manche Lebensmittel und die örtlichen Krankheitserreger einfach nicht gewohnt. Aber mach dich nicht verrückt, sondern geh mit gesundem Menschenverstand an die Sache heran. Du hast dann in der Regel ein bis zwei echte »Scheiß«-Tage, danach geht es dir zügig wieder besser. (Wenn nicht: Sicherheitshalber in einem Krankenhaus checken lassen, was los ist!)

Grund für eine Magen-Darm-Infektion sind in der Regel Lebensmittel oder Wasser, die mit Bakterien verseucht sind. Diese Darmbakterien vermehren sich besonders schnell, wo es warm ist – das heißt, sie fühlen sich in unserem 37 Grad warmen Körper pudelwohl. Die Einheimischen sind gegen die meisten Bakterien immun. Ihr Körper hat sich über die Jahre daran gewöhnt!

Oft werden die Bakterien auch durch Fliegen übertragen. Diese übertragen die Keime, meistens winzige Fäkalspuren, die an ihren Körpern haften, wenn sie über Besteck oder Essen krabbeln.

Eine wichtige Grundregel im Ausland heißt: *Cook it, boil it, peel it or forget it!*, was so viel bedeutet wie: Brat es, koch es ab, schäl es oder spar es dir!

Auch wenn man um den Magen-Darm-Infekt wahrscheinlich nicht ganz herumkommen wird, sollte man ein paar grundlegende Regeln beherzigen:

- Häufig die Hände waschen (mit Seife!) – vor allem natürlich nach jedem Gang zur Toilette.
- Leitungswasser gehört nicht in den Mund und Eiswürfel gehören nicht in dein Glas. Nur abgefülltes Wasser aus geschlossenen Flaschen trinken!
- In Risikoländern Milchprodukte meiden. Das gilt auch für Speiseeis, kalte Saucen, Mayo, Salate und rohes Gemüse, geschältes Obst sowie rohes Fleisch und Meeresfrüchte!
- Fisch nur am Meer essen!
- Bier tötet die Mikroben NICHT! Im Gegenteil, viel Bier neutralisiert die Magensäure und erhöht sogar das Risiko!
- Starker Alkohol hingegen kann helfen. Besonders purer Whisky und Wodka!
- Sorge vor, indem du immer Mineralsalz und Antibiotika dabeihast. Der Körper braucht die wichtigen Mineralien, die er durch Erbrechen oder Durchfall verliert, möglichst schnell zurück.

Vorsorge und Impfungen

Besonders deine erste Reise sollte auch medizinisch gut vorbereitet sein. Hierzu gehören unter anderem die entsprechenden Checks und Vorsorgemaßnahmen. Die wichtigste Vorbeugung gegen typische Reisekrankheiten sind zweifellos die Impfungen. Am besten konsultierst du einen Arzt, der sich mit Tropenmedizin auskennt, und lässt dich von ihm beraten. Er weiß, welche Krankheiten, die es bei uns nicht gibt und gegen die wir deshalb weder immun noch geimpft sind, dir auf anderen Kontinenten drohen.

Impfungen, die auch in Deutschland empfohlen werden, können gegebenenfalls von deiner Krankenversicherung übernommen werden. Andere, die nur in anderen Ländern empfohlen werden, musst du selbst bezahlen. Für die nötigen Impfungen solltest du um die 300 Euro einkalkulieren. (Tipp: Wenn du deine besorgten Eltern oder Großeltern um einen Zuschuss anbetteln willst, dann hierfür …)

Grundsätzlich solltest du vor Reiseantritt immer einen wirksamen (das heißt: nicht veralteten) Impfschutz gegen folgende Krankheiten haben:

Tetanus (Wundstarrkrampf) Solltest du sowieso regelmäßig auffrischen – an Tetanus kann man auch in Deutschland erkranken.

Diphterie In Deutschland weitgehend zurückgedrängt – aber leider nicht in allen anderen Ländern.

Hepatitis A und B Eine weitverbreitete Virusinfektion der Leber. Sie tritt besonders in tropischen Ländern auf. Hiergegen musst du dich im Abstand von jeweils ca. vier Wochen dreimal impfen lassen. Diese Impfung ist ein absolutes Muss, wenn du Europa verlassen willst.

Tollwut Diese Virusinfektion wird meist von wilden Tieren verbreitet, zum Beispiel von streunenden Hunden, wie es sie in vielen Ländern in Massen gibt. Auch wenn das Risiko, tatsächlich gebissen zu werden, gering ist – der Schutz gegen diese üble Krankheit sollte dir die vorsorgliche Impfung wert sein.

Weitere Krankheiten:
....

Gelbfieber Moskitos verbreiten dieses Virus, das in weiten Teilen Südamerikas und Afrikas verbreitet ist. Damit die Impfung auch wirkt, muss sie spätestens ca. zwei Wochen vor der Einreise stattgefunden haben. Besonders bei Reisen ins Amazonasgebiet ist diese Impfung wichtig.

Japanische Enzephalitis Eine Virusentzündung des Gehirns, die, wie so vieles, von Mücken übertragen wird. Die Krankheit ist in ländlichen Gebieten Südostasiens verbreitet. Ich habe mich zwar nicht dagegen impfen lassen, obwohl ich viel Zeit in Südostasien verbringe, eine Beratung beim Tropenarzt ist aber mit Sicherheit zu empfehlen!

Malaria, Denguefieber und weitere Moskito-Krankheiten Moskitos sind die Pest. Viele ernstzunehmende Krankheiten werden von diesen kleinen blutsaugenden Monstern übertragen. Der einfachste Schutz gegen diese Krankheiten ist – neben den entsprechenden Impfungen, soweit möglich – der Schutz gegen die Moskitos selbst.

Du solltest also immer ein gutes Anti-Moskito-Spray dabeihaben, das dich vor diesen kleinen Biestern schützt. Solltest du in moskitoreichen Gebieten reisen, wie z. B. im Dschungel, in Wäldern oder generell in der Nähe von Gewässern, rate ich dir, ein Moskitonetz mitzunehmen und nur unter diesem zu schlafen! Du ersparst dir nicht nur Krankheiten, sondern sicherst dir auch einen einigermaßen entspannten Schlaf.

Gegen Malaria gibt es keine Impfung. Es gibt allerdings prophylaktische Medikamente, die du rezeptfrei in der Apotheke erhältst. Sie werden meistens vor, während und nach der Reise eingenommen. Ich selbst habe sie noch nie genommen, weil sie wohl sehr unangenehme Nebenwirkungen haben. Zudem bieten sie keinen 100-prozentigen Schutz gegen das Virus. Aber manche fühlen sich einfach sicherer und besser, wenn sie auf diese Art vorbeugen.

Eine Alternative zur Prophylaxe sind verschreibungspflichtige Medikamente, die du für den Fall dabeihaben kannst, dass du tatsächlich an Malaria erkrankst. Die kannst du zur Überbrückung nehmen, bis du ins Krankenhaus kommst. Es gibt – entsprechend den regional unterschiedlichen Virus-Varianten – für jede Gegend ein spezielles Medikament, was dein Arzt wissen dürfte.

Ich selbst bin der Letzte, der wirklich vorsichtig ist. Ich nutze keine Prophylaxe-Medikamente und bringe meinen Körper öfter mal an seine Grenzen. Über die Jahre habe ich hierdurch einige Dinge gelernt, die wichtig sind – meistens auf die harte Tour.

Viel Wasser trinken Ich muss mich immer wieder selbst daran erinnern, wie wichtig es ist, immer genügend Wasser dabeizuhaben – egal, wo man hingeht. In den meisten Reiseländern ist es warm bis heiß, und der Körper braucht mehr Flüssigkeit als bei uns in Deutschland. Daher solltest du wirklich immer eine möglichst große Flasche mit Trinkwasser am Rucksack haben!

Wie bereits erwähnt, ist Leitungswasser nur in einigen Ländern (Europa, Australien, Neuseeland und Nordamerika) auch Trinkwasser. In Ländern wie Thailand, Indonesien, Mexiko oder Südafrika solltest du kein Wasser aus der Leitung trinken oder zum Zähneputzen verwenden – es sei denn, du kannst es abkochen. Realistischer ist es, Wasser in verschlossenen Flaschen im Supermarkt oder am Kiosk zu kaufen. Auch mit Eiswürfeln solltest du vorsichtig sein – nicht überall ist deren Produktion staatlich geregelt und kontrolliert. Wer sichergehen will, verzichtet lieber auf Eiswürfel.

Wunden immer desinfizieren Da ich meistens nur mit Handgepäck reise, habe ich nicht immer Desinfektionsmittel dabei. Gehe ich aber länger in die Natur, kaufe ich mir vor Ort immer Jod, Bepanthen und hochprozentigen Alkohol zum Desinfizieren offener Wunden. Das mache ich, seit ich mir vor einigen Jahren eine lebensbedrohliche Blutvergiftung eingefangen habe, nachdem ich eine Woche lang mit einer offenen Wunde rumgerannt war.

Achtung vor der Sonne Schön gebräunt zurückkommen wollen wir alle. Aber du solltest dich vor der Sonne in Acht nehmen. Denke daran, dich immer mit Sonnencreme einzureiben. Viele denken, dass sie dann nicht braun werden, aber das ist Schwachsinn. Sonnencreme reduziert die gefährliche, krebserregende UV-Strahlung der Sonne, aber braun wirst du trotzdem. Zudem ist die Sonneneinstrahlung in vielen Gegenden deutlich stärker als bei uns. Lichtschutzfaktor 30 bis 40 sollte für den Anfang das Minimum sein – in Australien sogar Faktor 50. Schau dir an, wie dick eingecremt die Australier rumlaufen – sie wissen, warum.

Ernährung Die Ernährung spielt vermutlich die größte Rolle für das Wohlbefinden auf Reisen. Unterwegs brauchen wir wegen der körperlichen Belastung viel mehr Mineralstoffe und Vitamine. Achte also auf eine ausgewogene und abwechslungsreiche Ernährung. Lass die Cola und den Big Mac lieber stehen und greife zum Wasser und zu einem leckeren Pad Thai.

Ich werde oft gefragt, ob es denn sicher sei, am Straßenrand in Bangkok zu essen, und ich kann dazu nur sagen, dass es oft sogar sicherer ist als in Touristenrestaurants. Dies kann man aber nicht pauschalisieren. Wichtig ist, dass du mitdenkst und zum Beispiel einen großen Bogen um Stände und Restaurants machst, wo das Essen in der prallen Sonne steht.

Auf deinen Reisen wirst du vielen Lebensmitteln begegnen, von denen du noch nie gehört hast und die du noch nie im Supermarkt gesehen hast. Zum Beispiel die Durian-Frucht, die wegen ihres sehr gewöhnungsbedürftigen Geruchs auch Kotzfrucht genannt wird. In den öffentlichen Verkehrsmitteln in Südostasien ist sie deshalb komplett verboten – aber sie schmeckt verrückterweise ganz anders (das heißt: besser), als sie riecht.

Aber nicht nur ungewohnten Früchten wirst du begegnen. In Peru werden zum Beispiel Meerschweinchen sehr gerne gegessen, und in Korea und vielen anderen Ländern stehen Hunde auf der Speisekarte.

Ich habe auf meinen Reisen schon die verrücktesten Dinge gegessen – und so manches hat meinen Körper bereits wieder verlassen, bevor es verdaut werden konnte. Aber jede dieser Erfahrungen war es wert – schon weil es eine schöne Geschichte ergab. Zum Beispiel die Kakerlaken auf dem Chatuchak-Markt in Bangkok. Oder das Schlangenblut in Laos.

Normalerweise probiere ich alles mindestens einmal, was die Einheimischen essen und vertragen – und sei es noch so exotisch. Die Fremdheit einer Speise macht mich eher neugierig. Eine Grenze setze ich dagegen bei bedrohten Tieren wie Wal, Hai oder Thunfisch.

Was die Schärfe angeht, rate ich dir zur Vorsicht, denn die asiatische Vorstellung von »scharf« ist eine ganz andere als unsere. Wenn du in Südostasien gefragt wirst, ob du es gerne scharf haben möchtest, solltest du lieber nein sagen und dir gegebenenfalls separat Chili servieren lassen. Dann hast du es besser in der Hand.

Manche unserer gewohnten Gerichte wirst du im Ausland nicht finden. So gibt es in China kaum Käse, weil viele Chinesen laktoseintolerant sind. Auch rohen Salat gibt es selten, weil in China fast alles gekocht wird.

Reisen ist anstrengend! Vielleicht kannst du dir das gerade nicht vorstellen, aber Reisen kann richtig anstrengend sein. Ich habe auf meinen Reisen Menschen kennengelernt, die vom Reisen einen Burnout hatten. Sie waren ständig in Bewegung und wollten so viel sehen wie möglich, ohne Tage der Entspannung einzuplanen. So kommt man gestresster nach Hause, als man abgereist ist.

Eine Reise soll vor allem Spaß machen und entspannt sein. Also: MACH LANGSAM! Dann hast du auch mehr davon, siehst mehr, nimmst mehr Eindrücke auf und stresst dich nicht sinnlos.

Verspannte Muskeln und Schlafstörungen Manchmal kann das Reisen eine Plage sein: eingeklemmt in einer Metallröhre in 12.000 Metern Höhe oder in einem überfüllten kleinen Bus in Südostasien, möglichst noch mit schreienden Kindern um dich herum. Umso wichtiger ist es, dass man ruhige Reisephasen zum Ausruhen und Entspannen nutzen kann. Ich habe es immer gehasst, wenn ich in einem Sitz eingeschlafen und mit total verrenktem Hals und verspannten Schultern wieder aufgewacht bin. Aber das gehört bei mir der Vergangenheit an, seit ich *Relax Ally* entdeckt habe. Man wickelt einen Gurt um den Sitz, hält den Kopf mit einem Band fest und entspannt. Das Band hält den Kopf in einer bestimmten Position, und man kann endlich entspannt schlafen. Und für den Fall, dass es zu hell ist, haben die Erfinder sogar ein zusätzliches Stück Stoff hinzugefügt, das über die Augen fällt. Und wenn das noch nicht reicht, gibt es auch kleine Taschen mit Ohrstöpseln. Echt eine perfekte Erfindung für Vielreisende.

TIPPS GEGEN HITZE UND KÄLTE

Über die Jahre habe ich in Spanien, Australien und anderen Ländern Temperaturen von über 45 Grad erlebt, aber auch bei bis zu minus 35 Grad Nordlichter im nördlichen Norwegen beobachtet. Egal ob heiß oder kalt – du solltest dich über die Temperaturen vor Ort informieren und dich auch darauf vorbereiten. Denn Reisen bei extremer Hitze macht einfach keinen Spaß. Und gegen extreme Kälte kannst (und musst) du dich schützen.

Viele Wetterseiten im Netz bieten Wettervorschauen bis zu 14 Tage an. Diese sind meist nicht sehr genau, geben dir aber eine Idee, was dich vor Ort erwartet. Ganz gute Seiten sind zum Beispiel *wetter.com* und *weather.com*.

Tipps gegen die Hitze

Morgens ist die beste Zeit Egal ob du einen Ausflug machen, joggen gehen oder über den lokalen Markt spazieren willst: Du solltest es in den Morgenstunden machen. Versuch das Wichtigste zu erledigen, bevor mittags die große Hitze zuschlägt. Besonders in Regionen, wo es tagsüber richtig heiß wird, solltest du zusehen, dass dein Tag bereits um sechs Uhr morgens anfängt. So hast du ca. sechs Stunden, bis es richtig heiß wird.

Siesta! Für Besucher und Touristen mag es nervig sein, dass beispielsweise in Spanien, Italien und Griechenland viele Läden über Mittag stundenlang geschlossen haben, aber dies hat einen Grund. In der Hitze kann man einfach schlecht Geschäfte machen und auch sehr schlecht denken. Deshalb arbeiten die Einheimischen im Sommer eher morgens bis vormittags und dann erst wieder am späten Nachmittag bis in den Abend hinein.

Viel trinken! Das sollte eigentlich selbstverständlich sein, aber sicher ist sicher: Wenn du großer Hitze ausgesetzt bist, solltest du sehr viel trinken, um deinen Körper ausreichend mit Flüssigkeit zu versorgen. Der Körper braucht normalerweise ca. zwei Liter Wasser am Tag. Bei extremer Hitze sollte es mehr sein – mindestens vier Liter am Tag.

Sonnencreme Creme dich bei extremer Hitze gut ein. Die Sonne ist im Sommer besonders stark, und solltest du mittags keine Siesta machen und in den Straßen rumlaufen, solltest du deine Haut entsprechend schützen.

Vermeide überflüssige Wege Während der heißen Stunden des Tages solltest du nicht ziellos durch die Stadt laufen und dir alle Sehenswürdigkeiten ansehen. Nimm dir einen Stadtplan und markiere dir die Attraktionen einer begrenzten Gegend – das genügt für einen Tag. Achte darauf, dass du so oft wie möglich im Schatten bist – in kühlenden Gebäuden wie großen Kirchen oder in Parks mit schattenspendenden Bäumen.

Abkühlung durch Schwimmen Das Schlimme bei großer Hitze ist, dass du nur wenig machen kannst, um dich abzukühlen. Wenn du bloß eine Badehose trägst, kannst du nur noch wenig ausziehen, um weiter abzukühlen. Wenn es wirklich unerträglich ist, dann verbring die Tage drinnen, in der Nähe eines Ventilators oder der Klimaanlage – oder aber in der Nähe des Meeres oder eines Pools. Im Wasser kühlt sich der Körper am effektivsten ab.

Tipps gegen die Kälte

Sich gegen Kälte zu schützen ist meiner Meinung nach einfacher als der Schutz gegen Hitze, denn wenn es kälter wird, legt man einfach noch eine Lage Klamotten drauf. Zwischen 2012 und 2015 habe ich jedes Jahr im Winter ein paar Tage in Nordeuropa verbracht und dabei sehr niedrige Temperaturen erlebt. Dabei habe ich viel von den Einheimischen gelernt, was das Warmhalten angeht.

Zwiebelsystem Wenn es richtig kalt wird, dann solltest du dich in Schichten kleiden. So kannst du dich, wenn du reingehst oder dich anstrengst, schnell anpassen und eine bis zwei Lagen ausziehen. Viele Winteraktivitäten wie Schneeschuhwanderungen heizen den

Körper auf, aber sobald du aufhörst, dich zu bewegen, kühlt er sehr schnell wieder aus. Hierfür solltest du immer Extrakleidung dabeihaben.

Wollsocken, Stiefel mit extradicker Sohle, lange Thermounterwäsche, eine dicke warme Jacke und gute Handschuhe sind in kalten Gegenden das A und O.

Gefühlte Temperatur Der sogenannte Windchill-Index misst die Temperatur, die dein Körper fühlt. Minus 30 Grad bei Sonnenschein und Windstille sind deutlich besser zu ertragen als minus 15 Grad bei einem eisigen Ostwind und waagerechtem Schneetreiben. Informier dich also auch über die Windverhältnisse an deinem Reiseziel.

UV-Schutz im Winter Schütze dich vor UV-Strahlen und der Sonne. Diese ist im Winter nicht zu unterschätzen, zumal der Schnee die Sonne reflektiert und deren Effekt verstärkt. Creme dich also entsprechend ein, genauso wie im Sommer bei Hitze. Außerdem sollte deine Sonnenbrille einen entsprechenden UV-Schutz haben.

WIE KOMME ICH VON A NACH B? VERKEHRSMITTEL

FLUGZEUG

Einen billigen Flug zu finden ist angesichts schwankender Ölpreise und weiterer Faktoren wie Flughafengebühren, Gepäckzuschläge, Personalkosten etc. eine echte Herausforderung. Was kannst du also tun, um möglichst günstig ans Ziel zu kommen? Hier ein paar Tipps:

Nutze die richtigen Suchmaschinen Es gibt viele Suchmaschinen da draußen. Ich habe zwei Favoriten, die ich jedes Mal vor dem Buchen besuche:
Skyscanner checkt Hunderte von Fluggesellschaften weltweit, und man kann auch nach den abgelegensten Destinationen suchen.
Momondo ist eine großartige Suchmaschine, besonders wenn du Gabelflüge buchen möchtest.

Sei zeitlich flexibel Flüge sind normalerweise dann teuer, wenn die Mehrheit der Leute reisen will – zu Weihnachten, zu Ostern und im Sommer sowie generell am Wochenende. Also flieg außerhalb der Reisesaison, mitten in der Woche und frühmorgens oder spätabends. Zur Flexibilität gehören auch Last-Minute-Flüge, wobei diese schon lange nicht mehr günstiger sind. Wenn es dir egal ist, notfalls ein paar Stunden am Flughafen herumzulungern und auf einen günstigen freien Platz zu warten, hast du einen Vorteil.

Sei flexibel, was die Stationen angeht Wenn du genügend Zeit hast, solltest du erwägen, einen zusätzlichen Halt einzuplanen, zu einem Sekundärflughafen zu fliegen oder Gabelflüge zu buchen. Es muss nicht immer nonstop sein. Und wusstest du, dass die meisten Städte Sekundärflughäfen haben, die den Billigfluglinien vorbehalten sind? »Gabelflug« bedeutet, dass der Rückflug an einem anderen Flughafen endet, als der Hinflug gestartet ist. Angebote für Gabelflüge sind sehr schwer zu finden, aber manchmal haben die Fluggesellschaften Probleme mit ihrem System, und du findest einige hervorragende Angebote.

Ich wollte kürzlich für ein paar Wochen nach Thailand fliegen. Alle Flüge von Berlin nach Bangkok fingen bei 750 Euro an. Am Ende buchte ich einen Hin- und Rückflug für 420 Euro. Es hat einige Stunden gedauert, die richtige Zusammenstellung zu finden, aber es war ein Gabelflug. Ich flog von Brüssel nach Bangkok und zurück nach Düsseldorf. Über *Momondo* findet man diese Flüge sehr gut.

Nutze Studentenrabatte Kaum zu glauben, aber einige Fluggesellschaften bieten Studentenrabatte an. Am leichtesten findet man sie über *STATravel*!

Melde dich für ein Vielfliegerprogramm an Vielfliegerprogramme sind eine gute Möglichkeit, kostenlose oder herabgesetzte Flüge und Upgrades zu bekommen. Egal, ob du nur ein paarmal im Jahr oder richtig oft fliegst: Du solltest dich immer für die *Reward*-Programme anmelden. Viele Fluggesellschaften sind in einer Allianz mit anderen Fluggesellschaften verbunden, und du bekommst Punkte und Meilen, wenn du mit irgendeiner Gesellschaft dieser Allianz fliegst. Die größten Vielfliegerprogramme sind *Miles and More* und *One World*.

Es lohnt sich aber auch, sich bei den kleineren Vielfliegerprogrammen anzumelden, weil alle Punkte mindestens drei Jahre gelten. Bereits ab 10.000 Meilen (die man schnell zusammenhat) kannst du Freiflüge bekommen.

Tipp: Melde dich bei einer Kreditkarte an, für deren Nutzung du Meilen bei einer Fluggesellschaft bekommst, und zahl ab jetzt alles mit dieser Karte statt bar. Auf diese Weise bezahlst du keine Auszahlungsgebühren mehr und sammelst zusätzlich Meilen für künftige Freiflüge.

Tipp für Billigflieger

Du kennst dieses Phänomen bestimmt: Du hast einen Flug zum Schnäppchenpreis zu deinem Wunschziel und freust dich, eine Menge Geld zu sparen, aber bevor du an Bord gehst, hast du bereits ein Vermögen ausgegeben. Einen Snack und einen Kaffee am Flughafen, Wasser nach der Sicherheitskontrolle, und manchmal musst du sogar dafür bezahlen, dass du auf die Toilette gehst.

Heute halte ich, bevor ich zum Flughafen fahre, noch mal in der Stadt, esse eine ordentliche Mahlzeit und trinke viel. Und auch mit Snacks decke ich mich im Supermarkt ein – für ein Drittel des Flughafenpreises.

Auch wenn ich ein paar Stunden Aufenthalt an einem Flughafen habe, nehme ich oft einen Bus in die Stadt und versorge mich dort für viel weniger Geld. In der Regel spart man so mehr als das Busticket kostet. Und man sieht interessantere Dinge als Duty-free-Shops und Warteräume …

Früh buchen Gemäß einer Studie ist der günstigste Zeitpunkt, einen Flug zu buchen, etwa zwei Monate vor dem Abflug. Das verlangt etwas Planung, spart aber Geld.

BAHN

Mit der Bahn von einem Land zum anderen zu fahren ist besonders in Europa kinderleicht und kann sogar sehr günstig sein. In anderen Teilen der Welt kann es aber deutlich komplizierter sein, weil es kein so gut ausgebautes und gepflegtes Schienennetz wie in Deutschland oder Europa gibt. Besonders Australien bietet nicht so viele Bahnstrecken an. Dort setzt man eher auf den Bus oder auf das eigene Auto.

In Europa gibt es viele Angebote, um günstig von Stadt zu Stadt und von Land zu Land zu kommen. Viele setzen hierfür auf das altbekannte Interrail-Ticket, welches dir ermöglicht, unzählige Züge und sogar manche Fähren (gratis oder verbilligt) in vielen europäischen Ländern zu nehmen.

Die beste Möglichkeit, Züge in ganz Europa zu checken, ist übrigens die Seite der Deutschen Bahn: *www.bahn.de*. Buchen kannst du dort aber nur die wenigsten Züge außerhalb Deutschlands. Hierfür lohnt es sich eher, auf die Webseite der entsprechenden nationalen Bahn zu gehen.

Hier ist eine Auswahl:
- Belgien: *b-rail.be*
- Bulgarien: *bdz.bg*
- Dänemark: *dsb.dk*
- Deutschland: *bahn.de*
- Finnland: *vr.fi*
- Frankreich: *voyages-sncf.com*
- Griechenland: *trainose.gr/en/*
- Italien: *trenitalia.com*
- Luxemburg: *cfl.lu*
- Niederlande: *ns.nl*
- Norwegen: *nsb.no*
- Österreich: *oebb.at*
- Polen: *intercity.pl*
- Portugal: *cp.pt*
- Rumänien: *cfrcalatori.ro*
- Russland: *rzd.ru*
- Schweden: *sj.se*
- Schweiz: *sbb.ch*
- Spanien: *renfe.com*
- Tschechien: *cd.cz*
- Türkei: *tcdd.gov.tr*
- UK: *virgintrains.co.uk*
- Ungarn: *mav-start.hu*

SCHIFF

Es ist eine sehr romantische Vorstellung, die Welt auf dem Wasserweg zu bereisen. Aber es muss nicht nur eine Vorstellung oder ein Traum bleiben, sondern kann auch umgesetzt werden.

Insbesondere eine Weltumseglung ist super und macht unglaublich viel Spaß, kann aber auch sehr anstrengend sein. Ich selbst habe einen kleinen Segelschein und bin schon viel im Mittelmeer gesegelt, aber auch in Australien durch die Whitsundays. Aber man braucht nicht immer einen Segelschein und auch kein eigenes Boot.

Mitfahrt auf einem Frachter

Als Passagier wirst du in einer der Gastkabinen untergebracht und hast Zugang zu fast allen Bereichen des Schiffs. Mein Traum ist, das demnächst einmal zu machen und dabei ein weiteres Buch zu schreiben.

Du kannst mit einem Frachter fast überall hinfahren, wo es Wasser und einen etwas größeren Hafen gibt. Besonders in den großen Häfen wie New York, L.A., Hongkong, Rotterdam oder Sydney ist die Auswahl groß.

Die Frachter von Cargounternehmen befahren bestimmte Routen und halten dabei an verschiedenen Orten, um Ware zu laden oder zu entladen oder um aufzutanken und Proviant zu laden. Du kannst mit einem Ticket an diesen Stationen aussteigen und irgendwann mit einem anderen Schiff desselben Unternehmens weiterfahren.

Was kostet das? Die Vorstellung, per Frachter zu reisen sei – als »Ausgleich« für die lange Reisezeit – günstiger als zu fliegen, ist leider falsch. Im Durchschnitt solltest du zwischen 70 und 140 Euro pro Reisetag einplanen. Aber damit bezahlst du nicht nur den Transport, sondern auch Unterkunft, Verpflegung und eine einmalige Erfahrung.

Das Leben an Bord Als Passagier kriegst du das reale Leben der Seeleute mit. Und du erfährst, dass alle auf das Essen hinarbeiten, denn das ist eines der Highlights der langen Tage auf See. Man sagt, dass

Essensliebhaber mit französischen Frachtern reisen sollten, weil das Essen auf diesen besonders gut sei und es immer Wein gebe!

Außerhalb der Essenszeiten kannst du die Tage so verbringen, wie du willst. Du kannst hoch zur Brücke und mit dem Kapitän quatschen oder eine kleine Tour mit dem Bordingenieur ausmachen und dir den Maschinenraum des Frachters ansehen. Sehr spannend!

Je nach Größe des Frachters werden auch andere Passagiere dabei sein und für Gesellschaft sorgen. Vielleicht denkst du, dass du während einer Woche auf dem offenen Meer verrückt wirst. Aber die Zeit lässt sich natürlich auch ganz gut nutzen, um mal runterzukommen und vielleicht etwas zu machen, was man sonst nicht machen würde. Zum Beispiel das Buch schreiben, das du schon seit Jahren planst?

Die Planung Hast du dich entschieden, dass du einmal so reisen willst? Super, dann musst du jetzt anfangen, die Unternehmen zu finden, die deine Route anbieten. Wenn du auf einer Website nichts finden solltest, kann es nicht schaden, einfach eine E-Mail hinzuschicken und nach den Preisen für Passagiere zu fragen.

Hilfreich sind die folgenden Websites:
- *www.hamburgsued-frachtschiffreisen.de*
- *www.cma-cgm.com*
- *www.freightercruises.com*
- *www.freighterworld.com*

Mit dem Segelboot

Sachen packen, ins Segelboot und auf geht's zum nächsten Hafen. So einfach kann es sein, wenn man Profi ist. Als Laie ohne eigenes Boot braucht man etwas mehr Vorbereitung. Hier ein paar Möglichkeiten:

Freiwillig als Crewmitglied Viele Bootsbesitzer bieten einen kostenlosen Platz inklusive Verpflegung für Freiwillige an, die an Bord arbeiten wollen.

Dafür brauchst du nicht unbedingt viel Erfahrung, musst aber flexibel und körperlich gut in Form sein. Von Saubermachen bis

Nachtwache ist alles dabei. Der Job macht nicht immer Spaß, aber dafür gibt es einen kostenlosen Shuttle auf einem Segelboot oder einer Yacht.

Unterrichte die Kinder der Segler Nicht nur Erwachsene brauchen auch auf dem Meer Entertainment, sondern auch Kinder. Außerdem unterliegen Kinder bis zu einem gewissen Alter der Schulpflicht, und die Eltern können sich darum nicht immer kümmern und freuen sich, wenn jemand die Kinder unterrichtet. Dieser Job wird oft sogar bezahlt – und als Bonus kannst du mit einer Familie um die Welt segeln.

Heuer auf einem Forschungsschiff an Viele Umweltschutzgruppen wie Greenpeace, aber auch Institute und Unis unterhalten Forschungsschiffe und sind auf Freiwillige angewiesen, die an Bord aushelfen. Als Gegenleistung kriegst du einen Einblick in die Arbeit von Forschern und in das Leben auf hoher See. Übrigens gibt es auch private Forschungsschiffe, die z. B. nach Schätzen suchen. Diese werden oftmals von Privatpersonen betrieben, was bedeutet: Es gibt Kohle für die Arbeit.

Gute Köche werden immer gebraucht! Kannst du gut kochen? Dann nichts wie los, denn ein guter Koch wird an Bord immer gebraucht. Und das Essen ist manchmal echt das Einzige, worauf die Crew sich den ganzen Tag lang freut, denn das Leben auf hoher See kann, wenn man tagelang kein Land sieht, schon recht eintönig werden.

Während die großen Schiffe schon einen ausgebildeten Koch brauchen, werden auf kleineren Schiffen auch Hobbyköche angeheuert. Du musst eben kreativ sein – denn zum nächsten Supermarkt ist es definitiv zu weit.

Hilfreiche Seiten für Weltumsegler

HandGegenKoje.de Deutsche Seite für Mitsegel-Gelegenheiten, besonders auf Nord- und Ostsee, aber auch weltweit
Worldcruising.com Forum für Weltumsegler
Cruiserlog.com & 7knots.com Weitere Foren, um Mitsegler zu finden
Findacrew.net Modernste Seite, um Boote und Mitsegler zu finden

Facebook Auch auf Facebook gibt es ein paar Seiten, die sich lohnen. Zum Beispiel: *Yacht Crew International* für Luxusyachten; *Seglerbörse*, um das richtige Boot oder einen Mitsegler zu finden, oder *Mitsegeln*.

Kreuzfahrtschiff

Mit einem Kreuzfahrtschiff um die Welt zu reisen ist nicht ganz leicht, weil die meisten immer dieselbe Route fahren. Es gibt aber Möglichkeiten.

Arbeiten auf einem Kreuzfahrtschiff Eine Spielart von *Work and Travel* ist das Anheuern bei einer Kreuzfahrt-Reederei. Nach meinem ersten Kreuzfahrturlaub mit 14 war mein Berufswunsch für ein paar Jahre, einmal auf der AIDA zu arbeiten und dabei die Welt zu sehen.

Eine gute Freundin von mir hat zwei Jahre für das AIDA-Unternehmen als Reiseleiterin gearbeitet und auf drei verschiedenen Schiffen Süd- und Zentralamerika sowie das Mittelmeer bereist. Und dabei auch noch gutes Geld verdient, so dass sie sich in der freien Zeit jede Menge Ausflüge leisten konnte.

Atlantiküberquerung auf einem Kreuzfahrtschiff Wenn du den Ozean nicht mit einem Überseefrachter überqueren willst, kannst du es auch mit einem Kreuzfahrtschiff tun. Am Ende der Hauptsaison in Europa, im Oktober und November, werden die ganzen Schiffe von Europa in die Karibik überführt. Da kannst du Überfahrten ab 500 Euro finden. Natürlich nicht mit dem luxuriösen Kreuzfahrtprogramm an Bord, aber das braucht ja auch nicht jeder. Die Überführung dauert in der Regel 10 bis 15 Tage, und das Beste daran: Du kannst manchmal bis zu 200 Kilo Gepäck mitnehmen.

★ KREUZFAHRT? MACHST DU WITZE?

Kreuzfahrten sind normalerweise keine bevorzugte Urlaubsart für Backpacker. Allein die Vorstellung, tagelang zusammen mit Hunderten anderer Menschen an Bord eines dieser riesigen Kreuzfahrtschiffe eingeschlossen zu sein, verursacht dir wahrscheinlich Schnappatmung.

Aber es gibt durchaus Möglichkeiten, eine großartige Kreuzfahrt zu buchen und die Reise seines Lebens zu machen. Dabei muss es nicht immer die luxuriöse oder die All-inclusive-Variante sein. Viele Reedereien bieten auch Reisen für kleine Budgets an, so zum Beispiel auf den Galapagosinseln. Außerdem muss man bedenken, dass mit dem Preis der Kreuzfahrt normalerweise alles abgedeckt ist und man keine weiteren Ausgaben hat.

Ich liebe es jedenfalls, mich auf dem Wasser fortzubewegen, und habe deshalb drei Kreuzfahrten zusammengestellt, die ein echtes Abenteuer sein können.

Antarktis Wolltest du immer schon die eisbedeckten Felder der Antarktis sehen? Es gibt keinen einfachen Weg, dorthin zu kommen. Die beste Möglichkeit, diese unglaubliche Erfahrung zu machen, ist eine der vielen angebotenen Kreuzfahrten durch die Antarktis.

Eine Kreuzfahrt von Südargentinien durch die Drake-Passage in die Antarktis ist ein unglaubliches Abenteuer. Du bekommst die üppige Meeresflora und -fauna zu sehen, kannst mit dem Kajak zwischen den Eisbergen fahren oder mit Tausenden von Pinguinen über die Strände laufen.

Die durchschnittliche Kreuzfahrt in die Antarktis dauert ungefähr 14 Tage und kostet zwischen 10.000 und 25.000 Dollar pro Person.

Galapagosinseln Die Galapagosinseln haben mit die größte Vielfalt an Pflanzen und Tieren auf der ganzen Welt – viele von ihnen gibt es nur dort. Das allein ist schon Grund genug, eine Kreuzfahrt um die und zwischen den Galapagosinseln zu machen. Es gibt viele Anbieter, von erschwinglich bis luxuriös.

Normalerweise fliegt man von Quito in Ecuador zu den Galapagosinseln und landet entweder in San Cristobal oder Santa Cruz. Die Fahrten um die Inseln dauern zwischen sechs und 14 Tagen und kosten zwischen 2.000 und 6.000 Dollar pro Person.

Papua-Neuguinea Papua-Neuguinea ist noch recht unentdeckt, die Natur ist dort noch sehr unberührt und einen Besuch wert. Allerdings ist es schwierig, nach Papua-Neuguinea zu kommen und sich dort zu bewegen. Bis vor einigen Jahren mussten die Reisenden mit den Postschiffen, die alles transportieren, von Insel zu Insel fahren, um etwas zu sehen.

Mittlerweile findet man ausgewählte Kreuzfahrtschiffe, die einen der Kultur der Papua näherbringen. Viele Schiffe nach Papua-Neuguinea fahren im nördlichen Australien ab, entweder von Cairns oder von Darwin. Der Trip dauert ungefähr zehn Tage und fängt bei 5.000 Dollar pro Person an.

Südamerika umrunden mit dem Kreuzfahrtschiff Wenn das Kleingeld bei dir sehr locker sitzt, kannst du auch von Nizza aus in 105 Tagen einmal um Südamerika herum und über den Panamakanal zurück nach Europa. In der Zeit steuerst du 60 Häfen, 29 Länder und 17 Inseln an. Der Spaß hat aber auch seinen Preis: ab 20.000 Euro aufwärts.

AUTO

Wenn du im Ausland Auto fahren willst, benötigst du – zusätzlich zu deinem eigentlichen Führerschein selbst – einen internationalen Führerschein. Der kann ganz einfach im Bürgeramt beantragt werden und wird direkt ausgestellt. Solltest du in einer Großstadt wie Berlin leben, kannst du frühmorgens die allgemeine Terminvergabestelle anrufen und nach einem Termin außerhalb deines Bezirks fragen. Irgendein Bürgeramt sollte in der Regel noch einen Termin freihaben, und du kannst noch am selben Tag deinen internationalen Führerschein in der Hand halten.

Trampen

Trampen hat kein gutes Image und gilt oft als gefährlich, aber das muss es nicht sein. Auf jeden Fall ist es eine sehr günstige und zudem soziale Art des Reisens, denn beim Trampen lernst du viele Menschen kennen. Den einsamen und netten Trucker, der einmal quer durch das Land fahren muss, um seine Ladung abzuliefern; den alten Hippie, der sich noch an seine Tramperzeit erinnert und tendenziell jeden Anhalter mitnimmt – und natürlich alle möglichen »ganz normalen« Menschen.

Ich selbst bin nicht viel getrampt, habe aber schon hier und da den Daumen rausgehalten. Egal ob in Europa, Asien oder Australien – ein paar Tipps sollte man immer beherzigen:

Sei selbstbewusst und freundlich Schau den Fahrern immer in die Augen und lächle dabei. Niemand will einen einsamen und schüchternen Beifahrer mitnehmen, der den Mund nicht aufbekommt. Natürlich solltest du dir kein übertriebenes und falsches Lächeln abzwingen. Sei einfach freundlich – auch und vor allem, wenn du genervt bist, weil seit Stunden keiner angehalten hat.

Achte auf dein Äußeres Niemand will einen stinkenden und verwahrlosten Obdachlosen mitnehmen, also sieh auch nicht so aus. Trage lieber helle statt dunkle Klamotten. Sonnenbrille ist ein No-Go. Fahrer sollten dir in die Augen sehen können. Hände gehören nicht in die Taschen. Du solltest auch nicht auf dem Boden oder deinem Rucksack sitzen, sondern stehen. Und nicht rauchen und keinen Alkohol trinken. Also all das beherzigen, worauf du selbst wahrscheinlich auch achten würdest, wenn du entscheiden müsstest, ob du jemanden mitnimmst.

Nutze einen passenden Spot Du solltest dich so weit schlaumachen, dass du weißt, wo die meisten Autos mit hoher Wahrscheinlichkeit ein längeres Stück in die von dir gewünschte Richtung fahren. Also: Studiere *Google Maps* oder Stadtpläne und Straßenkarten. Mitten in der Stadt ist es schlecht. Besser sind die großen Ausfallstraßen Richtung Autobahn.

Es kann sich lohnen, einen Bus oder eine Bahn zu nehmen, die dich aus der Innenstadt rausbringen. Achte aber darauf, dass du nicht in einer Gegend zu trampen versuchst, die einen schlechten Ruf hat. Dort wird niemand anhalten.

Autofahrer werden nicht für dich anhalten, wenn sie dadurch sich oder andere gefährden. Also solltest du zum Beispiel nicht an einer Bundes- oder Hauptstraße stehen, wo kein Platz zum Anhalten ist. Dagegen ist eine Stelle kurz vor der Auffahrt zur Autobahn gut geeignet, weil Autos dort eher etwas langsamer fahren und noch genügend Platz und Zeit zum Anhalten ist. Auch Tankstellen und Raststätten sind gute Orte, um zu trampen und Autofahrer gezielt anzusprechen.

Blöd sind kleine, oft menschenleere Parkplätze an der Autobahn, wo nur wenige Autofahrer halten. Viele fühlen sich dort unwohl und nehmen schon deshalb niemanden mit, der dort steht.

Grundsätzlich sagt man: Je länger ein Fahrer dich sehen kann, desto größer ist die Chance, dass er anhält.

Sei bereit, viel zu reden Wenn du eher introvertiert bist, dann ist Trampen wahrscheinlich nicht die beste Art des Reisens für dich. Denn viele, die Tramper mitnehmen, sind einfach gelangweilt und suchen jemanden, mit dem sie quatschen können.

Andere wollen vielleicht ihre Probleme bei einem Fremden loswerden. Oder für ihre Religion missionieren. Oder sie suchen einfach nur jemanden, der sie wach hält. Sei also bereit, viel zu reden!

Mit einer guten Unterhaltung bezahlst du deinen Fahrer quasi fürs Mitnehmen. Wenn du besonders gut im Unterhalten bist, kann dies sogar noch ein Gratismittagessen bringen oder sogar ein Übernachtungsquartier.

Sei vorbereitet auf Wartezeiten Pack immer genug Proviant und Trinkwasser für einen ganzen Tag ein. Manchmal hast du einfach Pech oder hast das Falsche an – und niemand nimmt dich mit. Oder jemand setzt dich mitten im Nirgendwo ab. Dann solltest du ausreichend gerüstet sein. Eine filternde Wasserflasche erlaubt dir, aus Wasserhähnen und Flüssen zu trinken. Steck auch ein oder zwei schwarze Eddings ein, damit du Plakate vorbereiten kannst. Ein Extra-Akku für dein Handy kann auch gut sein.

Außerdem solltest du ein kleines Zelt oder eine Hängematte mit Plane dabeihaben, um notfalls mitten in der Pampa übernachten zu können! Wenn es ganz übel wird (Hunger, Kälte, bedrohliche Gestalten, wilde Tiere o. Ä.), solltest du rechtzeitig die Polizei anrufen.

Bereite ein Schild mit deinem nächsten Reiseziel vor Wie bereits erwähnt, solltest du ein paar schwarze Eddings dabeihaben, um aus Pappe, die du im Müll findest, entsprechende Schilder zu machen. Sei kreativ. Natürlich kannst du einfach nur »Madrid« hinschreiben, aber es kommt vielleicht noch besser an, wenn du »MADRID + FREE COOKIES« hinschreibst.

Sei sehr selektiv bei der Auswahl der Fahrer Nur weil ein Auto anhält, bist du nicht gezwungen, einzusteigen. Wenn du, warum auch immer, ein komisches Gefühl hast, dann solltest du auf dein Bauchgefühl hören und nicht in das Auto steigen. Ist der Fahrer gut drauf? Schaut er dir in die Augen? Nüchtern? Wie viele andere sind noch dabei?

Wenn du ein mulmiges Gefühl hast: Dank dem Fahrer, aber sag: Nein danke.

Mietwagen

Mit einem Mietwagen zu reisen kann auf Dauer ganz schön teuer sein und ist auf keinen Fall eine Methode für lange Reisen. Wenn du aber für eine kürzere Zeit ein Auto mieten willst, gibt es ein paar Wege, um Geld zu sparen und an bessere Konditionen zu kommen.

Welches Unternehmen? Autovermieter gibt es wie Sand am Meer. Die bekanntesten sind wohl Europcar, Sixt, Avis und Hertz. Herauszufinden, wer am günstigsten ist, kann manchmal echt schwer sein. Metasuchmaschinen wie *billiger-mietwagen.de* können einen ersten Hinweis geben, welches Unternehmen welchen Preis anbietet und zu welchen Konditionen.

Je nachdem, wohin und wie weit du fahren und wie flexibel du sein willst, kann es sich lohnen, bei einem etwas größeren Unternehmen zu buchen, das mehrere Abgabestationen hat. So kannst du auch ein Auto nur für eine Strecke mieten – auch wenn das immer einen Aufpreis kostet.

Egal von wem du ein Auto mietest: Pass gut auf die ganzen Papiere auf, damit du sie mit dem Auto wieder abgeben kannst. Alles andere verursacht tierischen Ärger und Kosten.

Das richtige Auto auswählen Je nach Land und Region verändern sich auch die Autos. In Amerika sind große SUVs mit viel Platz und Automatikgetriebe die Norm. Bei uns in Europa sind die meisten Autos eher mit Gangschaltung und bei weitem nicht so groß. Einige der beliebtesten Mietwagen in Europa sind der Ford Ka und der VW Golf. In Indonesien wiederum gibt es fast nur Toyota Avanza.

Ich miete meistens das kleinste Modell, da es zum Beispiel in Südeuropa, aber auch in Südostasien viele sehr enge Straßen gibt. Ich würde allerdings nicht zu viel Zeit in die Auswahl des Autos investieren, da es nie garantiert ist, dass du auch genau dieses bekommst. Meistens wählst du nämlich eine Autoklasse aus, und die wird nur mit einem Beispielauto dargestellt. Und sehr oft kriegst du sogar ein Upgrade, wenn die von dir bestellte Klasse gerade nicht da ist.

Aufnahme- und Abgabestation des Autos Wenn du kannst, hol deinen Mietwagen außerhalb des Zentrums ab. Es kann recht anstrengend sein, sich im Zentrum einer unbekannten Stadt zurechtzufinden, sich auf die technischen Mätzchen des unbekannten Autos zu konzentrieren und dem Navi zuzuhören. In den meisten Großstädten gibt es außerhalb der City Aufnahmestationen. Außerdem sind die Autos an Bahnhöfen und Flughäfen am teuersten, weil dies die begehrtesten Ausleihstationen sind.

Tipp: Hol einen Mietwagen nicht am Bahnhof oder am Flughafen ab, da hierfür eine Extragebühr anfällt. Du kannst ein Auto aber ohne Gebühr an einem Bahnhof oder Flughafen abgeben.

Solltest du nur eine Strecke fahren und das Auto nicht an derselben Station abgeben wollen, musst du damit rechnen, dass dies etwas teurer wird, da das Unternehmen dann angeblich dafür sorgen muss, dass das Auto wieder zurückkommt. Daran verdienen die Autovermieter gut. Noch teurer wird es, wenn du das Auto in einem anderen Land abgibst. Ich musste mal mitten in der Nacht vom Frankfurter zum Brüsseler Flughafen und konnte keinen Zug nehmen. Ein Auto last minute hat mich über 400 Euro gekostet.

Je länger, desto günstiger Je länger du ein Auto mietest, desto günstiger wird es. Manchmal ist es sogar billiger, ein Auto für eine ganze Woche zu mieten, auch wenn du es nur für vier oder fünf Tage brauchst. Paradox, aber wahr.

Im Voraus bezahlen Wenn du das Auto bei der Bestellung im Internet komplett bezahlst, ist es günstiger, als wenn du erst bei Abholung zahlst.

Lies das Kleingedruckte Ich habe immer noch Bauchschmerzen, wenn ich ein Auto miete. Das Kleingedruckte ist echt wichtig. Eine Blogger-Freundin zum Beispiel hatte ihren Mietwagen vollkaskoversichert. Im Kleingedruckten stand aber, dass Schäden durch Sandstürme nicht mitversichert sind. Und natürlich geriet sie in einen Sandsturm. Die Reparatur kostete sie 5.000 Euro!

Heißer Tipp: Mietwagen-Verlegung In vielen Ländern gibt es besondere Seiten für die Mietwagen-Verlegung. Ab einem Dollar pro Tag kannst du dort ein Auto mieten und es an eine bestimmte Abgabestation zurückbringen. So füllen die Unternehmen ihren Bestand an verschiedenen Stationen wieder auf, und du kannst sehr günstig von A nach B kommen. Wobei du meistens sehr wenig Zeit hast für die Strecke. Wenn du richtig was sehen willst, lohnt sich das also nicht wirklich, aber wenn du einfach nur von A nach B kommen willst, dann durchaus.

Ein paar Seiten, die diesen Service anbieten:
- www.transfercar.com.au
- www.imoova.com

Wohnmobil

Der Traum vieler Traveller ist es, einmal mit dem Wohnmobil oder Camper zu reisen. Viele Traveller erfüllen sich diesen Traum schon früh – zum Beispiel in Australien, wo ich gerade selbst in einem Campervan unterwegs bin, während ich dieses Kapitel schreibe. Das Land ist einfach für Roadtrips gemacht. Anders wird man als Reisender auf diesem Kontinent auch Probleme haben. Langstreckenzüge gibt es nicht, und auch die Busverbindungen zwischen den großen Städten sind eher suboptimal. Da hilft nur ein Wohnmobil.

Der Vorteil ist, dass man in diesem nicht nur verreisen, sondern auch leben und somit viele Kosten sparen kann. Allerdings darfst du in Australien nicht überall parken und übernachten. Oft musst du in einem Caravan-Park übernachten und hierfür extra bezahlen.

Bevor du aber losfährst, solltest du ein paar Sachen beachten, wenn du dir ein Fahrzeug aussuchst:

Was für ein Fahrzeug willst du haben?

Es gibt verschiedene Fahrzeuge, mit denen du einen Roadtrip machen und in denen du schlafen kannst. Die beliebtesten sind folgende:

Kombis Sie sind günstig und bieten im Kofferraum genug Platz für eine Luftmatratze. Es sind nicht die bequemsten Autos, aber wenn du keine Probleme damit hast, ab und zu im Hostel zu übernachten, sind Kombis ideal, da sie recht umweltfreundlich und spritsparend sind und genug Platz bieten, um die Kosten durch mehrere Personen zu teilen. Und ein Kombi fällt auch nicht so auf wie ein Wohnmobil, wenn du mitten in der Stadt parkst und unerlaubterweise darin schläfst. Übrigens haben in Australien die meisten Kombis ein Automatikgetriebe.

Vans/Transporter Transporter sind in der Regel etwas teurer als Kombis, sind aber ideal für zwei Personen, die hauptsächlich im Auto schlafen wollen. Die Ausstattung eines solchen Vans ist eher minimalistisch und bietet nur das Notwendigste.

Campervan Ein Campervan kann in der Anschaffung richtig teuer sein und je nach Land bis zu 20.000 Euro kosten. In Australien kosten sie in der Regel zwischen 7.000 und 10.000 Dollar. Dafür sind sie dann aber meistens auch voll ausgestattet und ideal, wenn du auf ein bisschen mehr Komfort stehst und die meiste Zeit im Auto schlafen willst. So ein Campervan ist schon eine feine Sache und eine lebensverändernde Erfahrung, wenn du hiermit durch die tollen Ecken unserer Welt fährst!

Ein Auto kaufen

Wer mehrere Monate oder gar Jahre in einem Land oder auf einem Kontinent unterwegs ist, kauft sich oft ein (gebrauchtes) Auto. Besonders in Australien und Südamerika kann sich das lohnen – allerdings solltest du ein paar Dinge beachten.

Als ich in Australien war, habe ich mir einen 4×4 Holden Jackaroo gekauft. Stolze 4.000 AUD (ca. 3.000 Euro) habe ich damals bezahlt – nur um festzustellen, dass noch einiges am Auto gemacht werden musste, bevor ich zu meinem vierwöchigen Roadtrip aufbrechen konnte. Ich habe weitere 3.000 AUD in Reifen und weiteres Equipment investiert, um nicht irgendwo im Nirgendwo steckenzubleiben. Spätestens durch den eingangs im Buch erwähnten Notverkauf wurde das natürlich ein sattes Verlustgeschäft. Daraus habe ich viel gelernt.

Australien ist ideal für einen langen Roadtrip: Das Land ist groß, flach, hat eine unglaubliche Landschaft und ist sehr abwechslungsreich. Während das Landesinnere eine große Wüste ist, ist die Küste sehr grün.

Und da das öffentliche Verkehrsnetz im sechstgrößten Land der Welt nicht sehr ausgebaut ist, braucht man ein eigenes Auto, um wirklich alles zu sehen und unabhängig zu sein. Ohne Auto kann man nur die Großstädte abklappern und von einer Gruppentour zur anderen springen. Außerdem macht das Fahren in Australien auch echt viel Spaß. Besonders im Outback bist du manchmal lange Zeit alleine unterwegs und hast die Wüste quasi für dich. Und wenn etwas passiert, ist trotzdem schnell Hilfe da, weil Trucker und andere Fahrer sehr hilfsbereit sind und immer anhalten für Leute, die ein Problem haben.

Der Vorteil des eigenen Autos in Australien, aber auch in Südamerika ist offensichtlich: Du kannst kleine und versteckte Buchten anfahren und in kleinen Orten halten, die die großen Busgesellschaften nicht anfahren. Du kommst einfacher an den spektakulären Wasserfall, über den du gelesen hast, und zu dem See, wo es Schnabeltiere geben soll. Solltest du ein Krokodil im Fluss sehen, kannst du einfach anhalten oder zurückfahren, um ein Foto zu machen.

Autokauf in Australien

Travellers Autobarn Auf der Seite *www.travellers-autobarn.com.au* kannst du nicht nur Autos ausleihen, sondern auch kaufen. Das Gute ist, dass du über das Internet eine Art vorläufigen Kauf klarmachen, das Auto dann aber vor Ort erst mal drei Tage lang auf Herz und Nieren testen kannst. Solltest du nicht zufrieden sein, kannst du es zurückgeben und dein Geld zurückverlangen!

Außerdem sind die Autos für einen Roadtrip komplett ausgerüstet und meistens in einem Topzustand!

Bei Autos über 3.000 AUD hast du zudem Folgendes inklusive:
- Rückkaufgarantie
- 2 Wochen Garantie
- 5.000 km Motorgarantie
- NRMA (entspricht *ADAC*)-Mitgliedschaft
- Haftpflichtversicherung (Third Party Property Insurance)

Gumtree.com.au Gumtree ist wie eBay-Kleinanzeigen. Hier kannst du dein Auto reinstellen oder aber nach Autos suchen. Über *Gumtree* habe ich damals auch mein Auto von einem Franzosen gekauft. Das Problem bei solchen Kleinanzeigen ist, dass du keine Garantie hast und schnell über den Tisch gezogen werden kannst. Wenn es die Zeit erlaubt, solltest du vor dem Kauf mit dem Auto zu einem Mechaniker fahren und einen Schnelltest machen lassen. Der kostet nicht viel Geld und kann dir eine Menge Ärger ersparen.

Car Dealer Car Dealer sind auf den An- und Verkauf nur kurz genutzter Roadtrip-Autos spezialisiert. Sie machen sicher einen guten Schnitt, aber am Ende der Reise bist du ja oft froh, wenn du schnell einen Käufer findest, was von privat zu privat eher unwahrscheinlich ist. In der Regel werden die Autos vor dem Weiterverkauf noch mal durchgecheckt. Du kannst also durchaus versuchen, dein Auto bei einem Car Dealer zu kaufen. Auch hier ist aber ein Werkstattcheck sinnvoll.

Hostels In den meisten Hostels wirst du am Schwarzen Brett Zettel von Backpackern finden, die ihre Autos verkaufen wollen. Mach eine kleine Hostel-Tour und schau dir die verschiedenen Autos an. Such dir im Hostel einen Mechaniker, der gerade eine Auszeit nimmt, und versprich ihm einen Abend Freibier, wenn er mitkommt und sich die Autos ansieht. So sparst du dir nicht nur die Fahrt zum Mechaniker, sondern hast auch einen neuen Freund gewonnen.

Welches Auto?
....

Es gibt viele Autotypen, die für dich als Backpacker geeignet sind. Hier einige der gängigsten:

Station Wagons (Kombis) Dies sind in der Regel die günstigsten Autos auf dem Markt. Sie bieten Platz für zwei Personen, weil die hinteren Sitze meistens ausgebaut sind, um Platz für eine Matratze zu schaffen. Sollten die Sitze noch drin sein und solltet ihr sowieso lieber in Hostels übernachten wollen, können bis zu sechs Personen in einem Station Wagon mitfahren. Aber überleg dir gut, ob du das Auto für eine Reise, die viele Tage dauert und über Tausende von Kilometern geht, wirklich maximal vollstopfen willst. Die meisten dieser Autos haben übrigens Automatikschaltung.

Campervan Diese Campingbusse sind perfekt für zwei Personen, die im Auto schlafen wollen. Die Motoren sind sehr empfindlich und mit mehr als zwei Personen oft schon überfordert. Campervans werden in Australien sehr gehypt und sind entsprechend teuer. Stell dich auf mehr als 7.000 AUD (5.000 Euro) ein – und achte darauf, dass sie weniger als 100.000 Kilometer haben und nicht älter als 20 Jahre sind.

4WD (Geländewagen/SUV) Mein Holden Jackaroo war ein 4WD – und perfekt für meinen Trip rund um Australien. Mit einem Geländewagen kannst du wirklich überall hin. Du kannst durch die Wüste und am Strand fahren – und das Ganze auch noch recht komfortabel. Wenn du ein etwas größeres Auto nimmst, kannst du sogar drin schlafen! Das einzige Problem ist, dass solche Geländewagen ganz schön ins Geld und auf Kosten des Klimas gehen, weil sie viel Sprit verbrauchen. Besonders im Outback kann dies sehr teuer werden, denn dort bezahlst du mit dem Benzinpreis natürlich auch den aufwendigen Transport des Treibstoffs dorthin.

Augen auf!

Sobald du dich für einen Fahrzeugtyp entschieden hast, gibt es natürlich einige Sachen, auf die du achten solltest. Ich bin mit Sicherheit kein Experte, aber als ich mir mein Auto in Australien gekauft habe, habe ich auf folgende Dinge geachtet:

Scheckheftgepflegt? Hierfür solltest du dir auf jeden Fall etwas Zeit nehmen, und der Verkäufer sollte das auch akzeptieren. Nimm dir Zeit und schau dir an, wie oft und wann das Fahrzeug im Service war. Die meisten Autos von Backpackern wurden nämlich nicht regelmäßig gewartet, weshalb der Kauf eine Art russisches Roulette ist. Als ich meinen Holden Jackaroo gekauft habe, hatte er seinen neuen Motor erst anderthalb Jahre. Das hieß, dass ich keine große Angst haben musste, dass er auf dem nächsten Roadtrip aufgeben würde. Die Reifen hingegen waren so abgefahren, dass ich gleich noch mal 600 Dollar in ein neues Set Reifen investieren musste.

Voraussichtliche Lebensdauer Die meisten Teile halten ca. zehn Jahre. Ein Motor kann, wenn er gut gepflegt wird, auch bis zu 20 Jahre bzw. 350.000 km und mehr aushalten. Fahrzeuge von Backpackern halten meistens weniger aus, weil sie sehr strapaziert werden, zumal immer neue Fahrer sich an das Auto gewöhnen müssen (bzw. das Auto an sie). Bei Geländewagen solltest du dir auf jeden Fall den Boden anschauen. Wenn das Fahrzeug oft am Strand gefahren ist und selten bis gar nicht gepflegt bzw. gereinigt worden ist, kann es sein, dass der Boden verrostet ist. Lass die Finger von solchen Fahrzeugen, da diese jederzeit zusammenklappen können!

Papierkram Papierkram ist sehr nervig – und sehr wichtig. Jedes Land hat andere Regeln, deshalb kann ich hier nicht auf alles eingehen. In Australien hat jeder Bundesstaat andere Regeln, wenn es um die Anmeldung von Fahrzeugen geht. Meistens brauchst du aber eine australische Meldeadresse. Oft genügt dabei jedoch eine

Hostel-Adresse. Western Australia ist der einzige Staat, in dem du das Auto auch online anmelden kannst.

Ums Auto herum Achte darauf, dass dein Auto von außen gut aussieht und keine großen Dellen hat. Bei Dellen solltest du vorsichtig sein: Auch wenn sie nicht so böse aussehen, können sie von innen rosten.

Probefahrt Es sollte selbstverständlich sein, dass du dein neues Fahrzeug einmal Probe fährst und ein Gefühl dafür bekommst. Teste dabei die Bremsen, die Scheibenwaschanlage und alle Lichter, check die Federung etc. Verstell auch einmal alle Sitze. Und hör genau hin, ob du irgendwelche komischen Motor- oder Fahrgeräusche hörst.

Extras Fall nicht auf all die Extras rein. Nur weil Schlafsack, Matratze oder Gaskocher dabei sind, ist noch kein höherer Preis gerechtfertigt. Meistens kannst du diese Dinge recht günstig neu kaufen – oder auch secondhand auf Seiten wie *Gumtree.com*.

Diese Tipps sollten dir helfen, das richtige Fahrzeug für dich zu finden. Das macht nicht unbedingt viel Spaß, da du dir manchmal echt viele Autos ansehen musst, bevor du dich für eins entscheidest. Aber es lohnt sich, am Anfang viel Zeit zu investieren.

Wenn du nur für kurze Zeit ein Auto brauchst, dann solltest du dir eins mieten. Diese Fahrzeuge sind meistens gewartet und in einem sehr guten Zustand. Dann kannst du diese Tipps alle vergessen.

Gute Fahrt! :)

Taxi

In vielen Ländern ist es an der Tagesordnung, dass Ausländern deutlich höhere Preise abgeknöpft werden – und dass der Fahrer Riesenumwege macht, um noch mehr berechnen zu können. Eine der Städte, wo sie immer versuchen, dich über den Tisch zu ziehen, wenn du ein »farang« (Thai für »Ausländer«) bist, ist Bangkok. Du solltest deshalb eine Offline-Version von *Google Maps* auf dem Smartphone haben, um Anweisungen zur Strecke geben zu können.

Hier die Erklärung, wie das geht: Suche auf *Google Maps* nach dem Ort, an dem du bist, und zoome den Abschnitt heran, den du brauchst. Jetzt berührst du die Search Box und tippst *ok maps* ein. Geh auf den Search Button auf der Tastatur, und die gewünschte Gegend wird auf dein Handy geladen.

MOTORRAD

Die Welt mit dem Motorrad zu bereisen ist sehr beliebt aber du musst nicht dein eigenes Bike verschiffen, um vor Ort auf zwei Rädern unterwegs sein zu können. Einen Roller oder ein Motorrad kann man in vielen Teilen der Welt, wie in Thailand oder Indonesien, ganz einfach und sehr günstig mieten.

Solltest du mit deinem eigenen Motorrad verreisen, gibt es einige Dinge, auf die du achten solltest, bevor es losgeht:

Papiere Neben den üblichen Papieren wie Ausweis und Reisepass solltest du dabeihaben:
- (internationalen) Führerschein
- (internationalen) Fahrzeugschein
- grüne Versicherungskarte
- Schutzbrief
- Haftpflichtversicherung
- Carnet de Passage (Zolldokument für bestimmte Länder zur vorübergehenden zollfreien Einfuhr des eigenen Fahrzeugs. Eine Liste der Länder, die das fordern, findest du auf der Seite des ADAC.)

Tipp: Eine Kopie aller Unterlagen machen und diese in der Dropbox oder irgendwo in der Cloud speichern, damit du immer ein Backup hast, falls das Original verschwindet.

Ausrüstung Wenn Backpacken schon bedeutet, sich auf das Wesentliche zu beschränken, ist das Reisen mit dem Motorrad das ultimativ minimalistische Reisen. Die Devise lautet »Weniger ist mehr« – schon damit der Fahrspaß nicht auf der Strecke bleibt. Und wenn man zu zweit auf dem Motorrad sitzt, ist der Platz noch limitierter.

Beim Packen ist es wichtig, den Schwerpunkt der Maschine nicht zu verändern. Das heißt, Schweres gehört nach unten und so dicht wie möglich an den Schwerpunkt der Maschine, also den Motor. Außerdem sollte die Breite des Motorrades nicht übermäßig zunehmen. Wenn du kannst, bleib innerhalb der Spiegel, um nicht irgendwo hängenzubleiben während der Fahrt.

Satteltaschen oder Gepäckrollen sollten aus wasserdichtem Material sein.

Pannenausrüstung Wer viel unterwegs ist, riskiert auch viel. Deshalb ist es immer wichtig, dass eine Verbandstasche dabei ist. Diese ist übrigens in sehr vielen Ländern gesetzlich vorgeschrieben. Halte dich an die DIN 13167.

Außerdem solltest du eine Warnweste und ein Warndreieck dabeihaben. Auch Bordwerkzeug kann hilfreich sein, wenn du dich ein bisschen mit deiner Maschine auskennst. So kannst du kleine Reparaturen im Notfall selbst übernehmen.

Kleidung Neben der Kleidung, die du ohnehin brauchst (siehe Packliste), brauchst du als Motorradfahrer ja noch besondere Funktionskleidung. Sicherheitskleidung mit Protektorenausrüstung sollte selbstverständlich sein. Hier empfehle ich dir, etwas länger zu suchen und auch ausführlich zu testen. Deine Kluft muss multifunktional sein. Da du mehrere Stunden täglich fahren wirst, ist es wichtig, dass du nicht durchnässt, durchgefroren oder verschwitzt bist – schon weil das die Konzentration senkt und die Sturz- bzw. Unfallgefahr erhöht.

FAHRRAD

Wenn du viel sehen und dabei noch sehr umweltfreundlich unterwegs sein willst, dann solltest du dir überlegen, mit dem Fahrrad auf Reisen zu gehen. Diese Art zu reisen ist nicht nur sparsam, sondern kann auch richtig Spaß machen.

Ich bin schon mehrfach mit dem Fahrrad gereist. Keine Riesenstrecken zwar und auch nicht über mehrere Ländergrenzen hinweg, aber schon ordentliche Distanzen. Als ich vor einigen Jahren in den Niederlanden studierte, hatten eine Freundin und ich uns vorgenommen, für eine Woche irgendwo hinzufliegen. Als wir keine günstigen Flüge fanden, entschieden wir uns spontan, uns am nächsten Tag mit unseren Hollandrädern am Bahnhof zu treffen. Daraus wurde eine Woche Fahrradtrip durch die Niederlande. Dabei sind wir über 240 Kilometer gefahren und haben das Land von einer ganz anderen Seite gesehen. Die gesamten Kosten für unser kleines Abenteuer beliefen sich auf 87 Euro für zwei Personen, da wir uns für die Nächte immer Hosts über Couchsurfing gesucht haben.

Wenn du also mit dem Fahrrad um die Welt reisen oder einfach nur längere Touren mit dem Fahrrad machen willst, dann gibt es hier ein paar Tipps, wie du anfangen solltest:

Besorg dir ein gutes Fahrrad Nachdem ich eine Woche lang durch die Niederlande gestrampelt war, tat mir alles weh. Und zwar nicht so sehr, weil es eine total unvorbereitete Spontanaktion war, sondern auch, weil ich das falsche Rad hatte für eine so lange Tour. Der Sattel war nicht gepolstert, das Rad hatte keine Federung usw. Ohne ein Experte im Radreisen zu sein, kann ich dir sagen, dass du dich auf deinem Fahrrad wohl fühlen musst, dass es nicht nagelneu und ungewohnt für dich sein sollte und dass du auf jeden Fall etwas Zeit in die Recherche und das Testen investieren solltest.

Wenn du eine Tour mit vielen Steigungen planst und es dir nicht nur auf die körperliche Leistung ankommt, ist ein E-Bike mittlerweile eine Alternative. Man kann diese auch für längere Zeit mieten.

Spare beim Gepäck Hier gilt dasselbe wie bei Motorradreisen – nur noch mal verschärft. Jedes Kilo mehr, das du mitnimmst, musst du zusätzlich zu deinem eigenen Körpergewicht mit deiner Körperkraft bewegen.

Plane eine grobe Route Wie bei allen anderen Reisen ist auch auf einer Fahrradtour eine grobe Planung gut, sie muss jedoch nicht buchstabengetreu eingehalten werden. Auf einmal sieht man eine Abzweigung, die ziemlich cool aussieht, landet an einem zauberhaften Ort, von dem man noch nie gehört hat – und schon sieht alles ganz anders aus. Eine grobe Richtung kann nie schaden, aber halte niemals krampfhaft an deinem anfänglichen Plan fest.

Tagesbudget Radreisen sind eine der günstigsten Arten des Reisens. Wir haben damals zu zweit unter 100 Euro in einer Woche ausgegeben, und davon waren allein ca. 35 Euro für ein gutes Sushi-Essen. Wenn du bereit bist, auf fremden Sofas oder im Zelt zu übernachten, kannst du richtig viel Geld sparen. Mit 10 bis 15 Euro am Tag solltest du dicke hinkommen, wenn du nicht irgendwelche Extras und Aktivitäten einplanst.

Training Auf eine Radtour musst du dich nicht jahrelang vorbereiten. Wir sind damals auch von jetzt auf gleich losgefahren. Klar hatten wir Muskelkater, aber nach zwei oder drei Tagen haben wir schon die doppelte Distanz am Tag geschafft. Wenn du es langsam angehst, gewöhnt sich dein Körper dran. Und es geht ja darum, etwas zu erleben und nicht nur möglichst viel Strecke zu schaffen.

Was kostet das hier? (Preise in Euro)	Berlin	London	Paris	Barcelona	New York	Sydney	Bangkok	Ho-Chi-Minh-St.	Phnom Penh
■ Wasser	1,59	1,35	2,3	1,24	1,60	1,65	0,26	0,23	0,
■ Kaffee	2,44	3,46	3,59	1,66	3,83	2,70	1,88	1,83	2
● 1 Flasche Bier	0,83	2,25	1,92	0,92	2,42	3,34	1,34	0,73	1,
● 1 Flasche Wein	4,67	11,00	8,00	7,00	17,00	14,00	19,00	13,00	10,
● 1 Liter Cola	0,75	1,30	1,03	0,76	1,03	1,57	0,57	0,56	0
■ Mittagessen	8,00	15,00	15,00	12,00	15,00	12,00	5,68	6,00	7,
■ McMeal	6,59	6,80	8,00	7,00	7,33	6,13	4,23	3,83	3,
● Brot	0,92	1,26	1,32	1,12	2,93	2,07	1,43	0,63	0,
■ 12 Eier	1,45	3,16	2,94	1,68	2,92	3,14	1,59	1,08	1,
● 1 Kilogramm Obst	2,14	2,66	2,32	1,67	3,81	3,31	2,76	3,11	2,
● 1 Liter Milch	0,83	1,16	1,27	0,99	1,09	0,99	1,45	1,39	1,
● 4 Rollen Toilettenpapier	1,27	2,64	2,40	1,22	4,30	2,22	1,55	1,40	1,
● 1 Liter Benzin	1,49	1,77	1,41	1,35	0,70	1,08	0,97	0,98	1
■ öffentl. Verkehrsmittel	2,60	3,54	1,70	2,15	2,29	2,88	0,71	0,21	1,
▼ Hostel-Übernachtung	10,50	10,05	32,95	22,00	32,59	15,18	4,44	2,83	3,
■ Hotel-Übernachtung (***)	81,78	124,46	159,24	101,18	173,20	98,26	33,34	39,63	32,
▲ Airbnb-Apartment	350	1000	500	540	950	560	300	300	3
■ Fitnessclub/Monat	30,06	68,16	61,70	43,71	79,14	51,35	52,65	43,09	49,
● SIM-Karte, Telefon/Internet 8 MB, 1 Monat	23,00	30,00	26,00	32,00	50,00	39,00	20,00	12,00	40,0
■ Kinokarte	9,00	16,33	10,95	8,00	12,83	13,52	5,08	3,40	3,
● Friseur	16,00	19,00	21,00	25,00	19,00	20,00	10,00	4,84	7,0

Quellen:
● www.expatistan.com, 24./25.3.2015
■ www.numbeo.com, 25.3.2015

Preistabelle

Kapstadt	Buenos Aires	Mexico City	Tokyo	Rio de Janeiro	Oslo	San Francisco	Vancouver	Dubai	Mumbai	Peking	Budapest
59	1,55	0,48	0,85	0,81	2,88	1,50	1,34	0,26	0,19	0,29	0,56
46	3,16	2,12	2,88	1,55	3,97	3,5	3,07	3,88	1,34	4,25	1,25
,23	1,29	1,35	2,34	0,97	3,23	4,28	2,46	3,94	1,44	0,67	0,70
,10	7,00	11,00	12,00	11,00	14,00	13,00	16,00	24,00	11,00	13,00	5,04
,59	1,19	0,66	0,89	0,70	1,78	0,95	0,95	0,66	0,49	0,54	0,62
,00	11,00	7,00	8,00	8,00	17,00	13,00	13,00	18,00	3,25	5,96	4,50
,49	8,25	4,78	4,97	5,84	11,65	6,93	5,86	5,61	2,94	4,43	5,01
,63	0,97	1,00	1,99	0,85	1,70	0,95	1,18	0,95	0,40	1,48	0,35
,68	2,46	1,64	1,88	1,28	3,66	3,68	2,59	2,41	0,83	2,13	1,66
,18	2,38	2,12	4,80	1,50	2,51	3,68	2,55	2,40	2,11	1,74	0,86
,83	1,32	0,92	1,50	0,90	1,98	1,15	2,18	1,47	0,74	2,20	0,86
,77	2,59	1,93	1,39	1,49	3,25	3,19	2,32	2,57	1,77	1,85	1,05
,01	1,34	0,82	1,18	0,94	2,87	2,23	1,04	0,44	1,09	1,14	1,25
,78	0,46	0,31	1,30	0,99	3,49	2,06	2,01	1,25	0,22	0,30	1,17
,52	7,23	9,33	14,73	5,99	27,63	27,04	21,19	30,76	9,46	9,18	7
,33	60,02	77,89	90,01	124,06	132,51	154,87	86,41	89,71	53,30	45,70	51,73
319	340	307	324	227	790	1200	605	907	407	350	270
,59	49,44	61,72	71,72	39,34	54,22	61,09	40,79	83,81	25,11	38,34	36,62
,00	38,00	28,00	27,00	25,00	34,00	53,00	33,00	74,00	14,00	19,00	13,00
,65	7,79	4,29	13,77	7,30	12,81	11,00	9,43	8,73	3,67	12,56	5,01
,00	12,00	8,00	29,00	8,00	51,00	27,00	23,00	13,00	3,43	14,00	8,00

▲ www.airbnb.com, Preis »ab« für ganze Unterkunft, Monat Juni 2015
▼ www.hostelworld.com, durchschnittl. Stadtpreise lt. Website, 17.6.2015

ONLINE ARBEITEN VON UNTERWEGS

Ist es auch dein Traum zu reisen? Am liebsten ständig und auf der ganzen Welt? Du willst überall leben und suchst einen Weg, wie du das finanzieren kannst? Meine Antwort heißt: »Travel and Work«. Und zwar genau in dieser Reihenfolge!

Dank des Internets ist man nicht mehr an einen Ort gebunden, wenn man seine Fähigkeiten zu Geld machen will. Einem guten Chef ist es schließlich egal, wo du gerade sitzt, während du die Arbeit machst. Und mein Chef ist zum Glück eine ziemlich coole Socke und lässt mich machen, was ich will. Das hat damit zu tun, dass ich mein eigener Chef bin, seit ich 22 bin.

Es gibt unglaublich viele Möglichkeiten, unterwegs Geld zu verdienen. Im Folgenden gebe ich dir ein paar Tipps, wie auch du deinen eigenen Weg gehen und ortsunabhängig arbeiten kannst.

Die Vorteile liegen klar auf der Hand: Du kannst von überall aus arbeiten und dich frei bewegen. Du bist also nicht an einen festen Arbeitsplatz gebunden, an dem du jeden Tag acht Stunden lang anwesend sein musst. Du kannst in einem Co-Working-Space in Berlin arbeiten oder aber, wie ich beim Schreiben dieses Kapitels, in einem netten Hotel in Helsinki.

Du kannst selbst entscheiden, ob du in der Stadt, auf dem Land oder am Strand sein willst, während du arbeitest. Arbeit wird ab sofort mit dem Vergnügen kombiniert, die schönsten Ecken der Welt zu entdecken und zu erleben.

VERDIENSTMÖGLICHKEITEN IM INTERNET

Eigene Fotos verkaufen Wenn du richtig gut mit der Kamera umgehen kannst, dann solltest du versuchen, deine eigenen Bilder zu Geld zu machen. Entweder über deinen eigenen Blog mit *SmugMug.com* oder aber über andere Seiten und Netzwerke wie *iStock.com* oder *GettyImages.com*.

Bloggen Dass ich gerade in Finnland sitze und gestern eine Schneeschuhwanderung gemacht habe, verdanke ich meinem Reiseblog. Also klär für dich, welches Thema dich so interessiert und begeistert und womit du dich so gut auskennst, dass du in einem Blog regelmäßig etwas Neues und Interessantes darüber schreiben kannst. Beim

Bloggen gilt: Je exklusiver die Nische, desto besser kann man sie monetarisieren. Werde also der Experte für ein bestimmtes Thema. Und wenn es über das Thema noch nicht viel gibt im Netz und dir spontan 50 Blogbeiträge einfallen, die du schreiben könntest – dann los!

Mehr Tipps zum Bloggen bekommst du im Onlinekurs *Blog Camp,* den Conni Biesalski und ich gestartet haben und wo wir dir mit 10 Modulen, 100 Lektionen und über 40 Videos helfen, ein erfolgreicher Blogger zu werden: *off-the-path.com/de/blogcamp*

Affiliate Marketing Hast du vielleicht schon eine erfolgreiche Website? Dann fang an, deine Artikel zu monetarisieren, indem du mit *Affiliate Marketing* (Empfehlungsmarketing) arbeitest. Der Vorteil: Du hast keine Kosten für das Bewerben des Produkts, musst keinen Support leisten und keine Userfragen beantworten – das macht alles der Betreiber des Produkts.

Und dasselbe kannst du natürlich auch mit deinem erfolgreichen Blog machen. Auf meinem Reiseblog *Off The Path* verdiene ich über tausend Euro im Monat durch *Affiliate Marketing*. So habe ich beispielsweise einen Banner auf der Seite, der für eine Bank wirbt. Da ich das Produkt kenne und sehr überzeugt davon bin, empfehle ich es meinen Lesern und erhalte für jede Kontoeröffnung, die über meinen Blog entsteht, eine Provision.

Beratung & Dienstleistung Es gibt viele Möglichkeiten, sein Wissen und Können als Online-Dienstleistung anzubieten. Spontan fallen mir ein:
- Virtueller Assistent
- SEO-Optimierer
- Übersetzer
- Social-Media-Berater

Aktienhandel Kennst du dich mit Aktien aus? Es gibt viele »Daytrader« die mit dem Aktienhandel ihre Reisen finanzieren. Ein paar gute Tage, und man kann sich locker eine Monatsreise leisten.

Webseiten-Design und Programmieren Wenn du weißt, wie man coole Seiten designt und programmiert, dann hast du einen großen Vorteil beim Reisen. Unglaublich viele Unternehmen haben noch HTML-Seiten aus den 1990ern und brauchen unbedingt eine neue Webseite. Auch viele Hostels und Hotels haben noch wirklich schlecht gemachte Seiten. Du könntest von Ort zu Ort reisen und den Unternehmen dort anbieten, ihre Webseite neu zu gestalten!

Andere ortsunabhängige Jobs

Im- & Export Schon mal ein cooles Souvenir von einer deiner Reisen mitgebracht, das deine Freunde ganz toll fanden? Ich bin mir sicher, dass du noch mehr Menschen findest, die bereit sind, Geld dafür auszugeben. Also kaufe Waren im Ausland, importiere sie nach Deutschland und vertreibe sie dann über das Internet. Entweder über einen eigenen Onlineshop (z. B. WooCommerce) oder aber direkt über eBay.

Sprachunterricht Du wirst auf deinen Reisen viele Menschen treffen, die total fasziniert sind, dass du nicht nur Englisch, sondern auch Deutsch und vielleicht noch eine dritte Sprache wie z.B. Spanisch oder Französisch sprichst. Wenn du richtig gut darin bist, kannst du Kurse anbieten! Ich habe vor einigen Jahren Spanisch-Anfängerkurse gegeben und mir dadurch ein bisschen Geld dazuverdient!

Surflehrer Ich bin kein guter Surfer und würde jedem ein paar Euro dafür zahlen, dass er sich mit mir ein paar Stunden in die Wellen schmeißt und mir beibringt, wie ich das nun richtig machen muss!

Tauchlehrer Du bist Tauchlehrer? Super! Dann kannst du im Paradies leben und jeden Tag mit anderen Travellern tauchen gehen. Conni von *Planet Backpack* hat beispielsweise einige Zeit unterwegs als Tauchlehrerin gearbeitet. Du könntest in Ägypten, Mexico, Indonesien, Thailand, Australien und an vielen anderen Orten leben und arbeiten.

Handwerkerjobs Bist du gelernter Elektriker, Automechaniker, Tischler, Schreiner, Zimmermann, Maler, Installateur oder, oder, oder? Um unser duales Ausbildungssystem beneidet uns die ganze Welt. Entsprechend begehrt sind die Kenntnisse, die Genauigkeit, die Arbeitsdisziplin und die Gründlichkeit deutscher Handwerker in vielen Ländern. Wenn du deine Talente zum ortsüblichen Lohn anbietest, wirst du damit erfolgreich von Ort zu Ort reisen können.

Yogakurse Bist du richtig gut im Yoga? Hast vielleicht sogar eine Ausbildung? Yogalehrer werden immer und überall gesucht. Ein Superjob, um von Retreat zu Retreat zu reisen und sich den Lebensunterhalt zu verdienen!

IST »REISEN & ARBEITEN« WIRKLICH ETWAS FÜR MICH?

Überleg dir das gut! Die Kombination aus Arbeiten und Reisen mag nach Schlaraffenland klingen – aber das ist sie nicht. Es ist anstrengend und erfordert viel Selbstdisziplin. Denn während andere am Strand liegen, musst du arbeiten. Während der Rest sich sonnt, sitzt du an deinem MacBook und schreibst den nächsten Blogpost oder das nächste Kapitel in deinem neuen Buch oder beantwortest Anfragen zu deinem Onlinekurs. Oder was du dir sonst als Beruf ausgesucht hast.

Manchmal musst du beim Reisen einfach deshalb einen Stopp einlegen, weil du arbeiten musst. So nett deine Reisegefährten auch sind, die jetzt weiterziehen: Du musst dir ein Apartment mieten, um einen größeren Auftrag abzuarbeiten – während draußen die Sonne scheint und das Leben tobt. Du musst damit klarkommen, dass es keine saubere Trennung gibt zwischen Urlaub und Arbeit. Und zwar nicht nur zeitlich, wie bei vielen Selbständigen, sondern auch räumlich: Das Zimmer deines Apartments zeigt vielleicht auf einen Traumstrand, für den normale Arbeitnehmer alles stehen und liegen lassen würden – aber du musst dich auf deinen Bildschirm konzentrieren.

Ich habe Jahre gebraucht, um diese Disziplin zu lernen. Aber auch wenn es mir bis heute manchmal schwerfällt – ich würde nicht mehr zurückwollen in ein Angestelltenleben. Außer Disziplin braucht man auch die Fähigkeit, sich durch klare Ziele selbst zu motivieren und sich durch antriebslose Phasen zu hangeln und am Ball zu bleiben.

Wenn du also eher der Typ bist, der schon Probleme hat, vor elf Uhr mit dem Arsch aus dem Bett zu kommen, der Druck von oben braucht und schon bei Hobbys eher antriebslos ist, dann ist das digitale Nomadenleben vielleicht nicht das Richtige für dich.

Über viele dieser Themen schreibe ich übrigens auch auf meinem zweiten Blog: *www.travelworklive.de*

ENDLICH ZEIT FÜR MICH!

RELAXEN

Vor lauter Sparen, Sparen, Sparen nehmen wir oftmals die günstigsten Unterkünfte mit dem geringsten Komfort. Das geht eine Woche lang gut, vielleicht auch mal einen Monat – aber auf Dauer ist das Leben in Hostels anstrengend: 30-mal im Monat erklärt man einem Fremden, wo man herkommt, wo man überall war und wo es noch so hingeht auf der Reise. Man kann diese Story nach einer Weile im Schlaf runterbeten. Und sich auf ständig wechselnde Gesprächspartner einzustellen kostet Kraft und Energie.

Bevor es so weit ist, solltest du einmal kurz auf die Bremse treten und aus dem Hamsterrad aussteigen. Manchmal reicht schon ein Tag, manchmal braucht es mehr. Aber den Schlafraum des Hostels gegen ein hübsches Hotelzimmer zu tauschen ist eine schöne Abwechslung vom Reisealltag. Es gibt dir Zeit, dich mal richtig auszuschlafen, so lange im Bett zu bleiben, wie du willst, ohne dass das Putzpersonal dich alle zwei Minuten weckt, weil es die Betten der bereits ausgecheckten Gäste macht und durch das große Zimmer saugt.

Reservier dir ein Extrabudget für solche »kleinen Fluchten«. Einmal im Monat sollte ein solches Wochenende drin sein.

Ein paar Tage am Strand haben noch niemandem geschadet. Das Meer hat eine magische Wirkung auf den Menschen. Die Wellen beruhigen unglaublich, und es tut gut, einfach mal ein paar Tage am Strand zu liegen und nichts zu machen. Besonders, wenn man vorher wochenlang aktiv war, auf einer Wanderung oder unterwegs von A über B und C nach D und dann direkt weiter nach E und F.

Gerade Menschen, die im Alltag sehr aktiv sind – und das trifft auf Backpacker ohne Frage zu –, sollten in ihrer Freizeit ein paar Gänge zurückschalten und einfach mal nichts machen. Was ihnen oft gar nicht so leicht fällt – häufig verlernen sie das Faulenzen regelrecht. Umso wichtiger ist es, dass du dir hier und da ein paar Tage Ruhe gönnst. Lade dein Kindle auf, kauf dir ein paar gute Bücher und leg dich für ein paar Tage an den Strand. Aber tu mir einen Gefallen und leg dein Handtuch nicht schon morgens um sechs auf die Liege. Don't be that guy! ;)

SIGHTSEEING

Bevor du auf die große Reise gehst, solltest du einmal Freunde und Bekannte fragen, wie ihre Reise so war und was sie daraus gelernt haben. Besonders die, die eine sehr durchgeplante Reise gemacht haben, werden dir sagen, dass sie wünschten, sie hätten sich mehr Zeit genommen und dafür lieber weniger Orte gesehen, diese aber intensiver. Das ist ein typisches Phänomen bei Reise-Anfängern. Auch meine erste Reise war wie eine Fahrt auf der deutschen Autobahn: Hauptsache, schnell!

Also: Wenn du in einen neuen Ort kommst, nimm dir Zeit für die Besonderheiten dieses Orts und hak ihn auf deinem Routenplan nicht einfach nur ab. Schau dir die Sehenswürdigkeiten an, die dich interessieren. Setz dabei aber Prioritäten: Lieber zwei bis drei Sachen intensiv und mit ausreichend Zeit anschauen als überall mal kurz durchhecheln.

Aber woher weiß man, was sich lohnt und was nicht? Ob einem eine Sehenswürdigkeit gefällt oder nicht, ist schließlich eine sehr subjektive Angelegenheit. Am besten schaust du in Reiseblogs, von denen du schon weißt, dass sie deinem Reisestil und deinen Interessen ganz gut entsprechen.

Ich habe mal jeweils drei Sehenswürdigkeiten für jedes Land zusammengestellt, das ich in den letzten sechs Jahren bereist habe. Die Liste ist extrem subjektiv – sie ist bestimmt durch das, was ich gesehen habe und was mir persönlich am besten gefallen hat. Und sie bedeutet nicht, dass andere Ziele nicht auch einen Besuch wert wären. So fehlt in meiner Liste beispielsweise Wien – obwohl es 2014 als die Stadt mit der weltweit größten Lebensqualität galt.

- Australien: Uluru, Whitsundays, Byron Bay
- Bulgarien: Plovdiv, Rila, Bansko
- Costa Rica: Corcovado Nationalpark, Vulkan Arenal, Golfo Dulce
- Finnland: Lappland, Saimaa-See, Helsinki
- Frankreich: Montpellier, Bretagne, Bordeaux
- Griechenland: Athen, Kos, Sithonia
- Großbritannien: Highlands in Schottland, Fluss Severn, Hebriden
- Indonesien: Bali, Java, Gilis
- Italien: Bologna, Rom, Sizilien
- Jamaika: Ocho Rios, Montego Bay, Blue Mountains
- Kambodscha: Angkor Wat, Koh Rong, Choeung Ek
- Malta: Blue Lagoon (Comino), Gozo, Valletta
- Mexiko: Yucatán, Campeche, Oaxaca
- Myanmar: Inle-See, Bagan, Ngwesaung
- Nicaragua: San Juan Del Sur, Ometepe, Leon
- Niederlande: Scheveningen, Texel, Amsterdam
- Norwegen: Voss, Alta, Trondheim
- Österreich: Salzburger Seenplatte, Salzburg, St. Anton am Arlberg
- Panama: Panama-Kanal, Bocas del Toro, Isla Colón
- Portugal: Lissabon, Faro, Ericeira
- Rumänien: Brasov, Sibiu, Costinesti
- Schweden: Dalsland, Göteborg, Stockholm
- Schweiz: Matterhorn, Interlaken, Appenzell
- Slowenien: Socca-Tal, Ljubljana, Bled
- Spanien: Mallorca (abseits des Ballermanns), San Sebastian, Tarifa
- Sri Lanka: Yala Nationalpark, Ahangama, Kandy
- Thailand: Chiang Mai, Khao Sok Nationalpark, Pai

SPORT/ACTION

Coole Action-Abenteuer gehören für mich beim Reisen einfach dazu. Egal ob Surfen, Bungee-Jumping oder Skydiving: Ich liebe den Adrenalinkick. Eines meiner Hauptkriterien für die Wahl eines Reiseziels ist, neben den kulturellen Sehenswürdigkeiten, das Sportangebot.

Auf Reisen kannst du viele Sportarten betreiben und sie unterwegs ganz einfach in deinen Alltag integrieren:

Joggen Gute Laufschuhe einpacken – und schon kannst du eigentlich überall loslaufen. Joggen ist für mich auch immer mein »Rückfallsport«, wenn ich nichts anderes machen kann. Da man wegen der Hitze in vielen Ländern in der Regel frühmorgens oder abends läuft, erlebt man den Ort noch mal ganz anders als sonst. Und man sieht mehr, weil Joggen nun mal schneller ist als Rumschlendern und Flanieren.

Tipp: In einer fremden Stadt nicht im Dunkeln laufen! Die Gefahr, dich zu verirren, überfallen zu werden oder dir wegen eines fehlenden Gullydeckels die Haxen zu brechen, ist zu groß.

Surfen Viele Orte auf der Welt sind reine Surferparadiese. Jedes Mal, wenn ich an einen solchen Ort komme, schnappe ich mir sofort ein Brett und springe ins Wasser, um ein paar Wellen zu reiten. Surfen ist ein Supersport, der dich nicht nur total auspowert und herausfordert, sondern auch mental wieder runterholt, während du auf dem Brett sitzt und auf die nächste Welle wartest.

Fitnessstudio In Deutschland ist es meistens echt schwer, tageweise in ein Fitnessstudio zu kommen. Im Ausland ist dies aber gang und gäbe. Die meisten Muckibuden bieten Tagespässe an.

Yoga Yoga ist perfekt, um langsam deine Muskulatur aufzubauen und an deiner Beweglichkeit und Gelenkigkeit zu arbeiten. Es wird immer beliebter auf der ganzen Welt – und entsprechend sprießen die Yogastudios aus dem Boden. Daher sollte es kein Problem sein, in einer halbwegs größeren Stadt ein modernes Yogastudio zu finden. Wer nicht mehr unbedingt einen Lehrer braucht, kann Yoga natürlich überall betreiben, wo er etwas Ruhe hat.

Extremsportarten Fast jedes Land hat ein Abenteuersport-Mekka: Christchurch in Neuseeland, Puerto Escondido in Mexiko, Turrialba in Costa Rica, Kapstadt in Südafrika, Interlaken in der Schweiz, Voss in Norwegen und viele mehr … Diese Orte bieten sich perfekt an für Abenteurer, die gerne verrückte Dinge machen, um fit zu bleiben.

★ 8 DINGE, DIE DU NOCH NICHT ÜBER ATHEN WUSSTEST

1. Athen hat eine große Street-Art-Szene Auch wenn man Street-Art eher als Vandalismus betrachtet und sich ärgert, dass viele Städte nicht gegen inhaltsloses Gekritzel angehen – es gibt durchaus richtige Kunstwerke unter den Graffiti. In Athen kooperieren viele Künstler und erstellen gemeinsam noch größere und faszinierendere Kunstwerke. Die Stadt ist voll mit Graffiti: Keine Straße und kein Gebäude wird davon verschont. Das Sprayen war schon immer eine Art der Menschen, ihren Gefühlen und Meinungen freien Lauf zu lassen. Viele nutzen es allerdings, um ihre negativen Gedanken loszuwerden. Doch ein paar haben es echt drauf und kreieren supercoole Kunstwerke an den Wänden der Stadt.

Ich habe eine ziemlich coole Street-Art-Tour mit Manolis Iliopoulos vom Start-up-Unternehmen *Dopios* mitgemacht, die ich sehr empfehlen kann, da Manolis selbst Künstler ist, viele Graffiti-Künstler persönlich kennt und dir einige seiner eigenen Kunstwerke an den Wänden von Athen zeigen wird.

2. Es gibt einige echt coole (Untergrund-) Bars Ich bin mir nicht sicher, ob »Untergrund« das beste Wort ist, um diese Bars zu beschreiben, aber wir haben eine Walking Tour mit *AthensInsiders* gemacht und ein paar echt coole Bars im Stadtzentrum kennengelernt. Eine davon ist *Six Dogs*, zu der wir am Abend dann auch zurückgekehrt sind, um einige Drinks zu genießen. Das *Six Dogs* liegt auf einem Hügel im Innenhof eines großen Gebäudekomplexes. Die Lautstärke lässt vermuten, dass dort niemand mehr wohnt, aber die Atmosphäre ist einfach der Hammer, und das Publikum ist auch sehr vielschichtig. Sehr empfehlenswert!
Adresse: Avramiotou 6–8

3. Geiles Essen Viele haben den Eindruck, die griechischen Kochkünste beschränkten sich auf fettiges Gyros mit viel zu viel Tzatziki. Aber das Essen in Griechenland selbst ist ein absoluter Traum und sehr vielfältig.

Wir haben superleckeres Souvlaki probiert – das ist quasi das Fast Food der Griechen. (McDonald's und Co. findest du in Athen kaum.) Zudem haben wir im Museum für griechische Gastronomie extrem gut gegessen. Das Museum zeigt, wie das Essen früher zubereitet wurde, und es hat passenderweise auch gleich ein Restaurant, in dem du traditionelles griechisches Essen probieren kannst. Sehr cooles Konzept!
Adresse: Agiou Dimitriou 13

4. Die (unglaubliche) Akropolis Nicht nur die Tempelruinen selbst sind eindrucksvoll – es ist auch ein tolles Gefühl, auf dem höchsten Punkt der Stadt (akros = oben, polis = Stadt) zu stehen und diesen Blick auf ein Meer von Dächern zu haben. Die 12 Euro Eintritt lohnen sich und fließen in den Erhalt des Monuments.

5. Die meisten Griechen sprechen sehr gut Englisch Ich war sehr überrascht vom Englisch-Level in Athen. Jeder konnte sich mit uns unterhalten. Auch wenn es nicht viel war, konnten die meisten ein paar Brocken Englisch – jedenfalls genug, dass wir von A nach B kommen konnten. Außerdem ist Griechisch eine sehr angenehm klingende Sprache. Sie erinnert mich an ein sehr weiches und extrem schnelles Spanisch.

6. Taxis sind unglaublich billig Das hat mich echt überrascht. Taxis sind unglaublich billig in Athen. Eine Fahrt von der Akropolis zu unserem Apartment hat ungefähr zehn Minuten gedauert, und wir haben nur 3,50 Euro bezahlt. In Deutschland steigst du bei dem Preis erst ein! Das hat die Fahrerei in der Stadt echt einfach gemacht!

7. Athen ist der perfekte Start für dein Inselabenteuer Ich habe es zwar nicht selbst gemacht, aber Conni von *Planet Backpack* ist länger in Griechenland geblieben und hat nach vier Tagen Athen die Fähre nach Santorini genommen. Das Ganze hat – für sieben Stunden Fahrt – nur 30 Euro gekostet!
   Athen ist also perfekt, um dein Inselabenteuer zu starten. Du hast die Möglichkeit, die Stadt zu erkunden, und kannst danach auf eine der vielen Hundert Inseln fahren. Die größeren haben auch alle einen Flughafen. Also kannst du ganz einfach wieder zurückfliegen!

8. Perfekt für jedes Budget Und das Wichtigste: Athen ist perfekt für jedes Budget. Auch mit wenig Geld wirst du glücklich. Wir haben echt alles ausprobiert. Wir haben in kleinen Restaurants eine volle Mahlzeit (Chicken + Bacon mit Pommes) mit zwei Litern Wasser und 1,5 Litern Weißwein gehabt und nur unglaubliche 12,50 Euro bezahlt. Aber wir haben auch in superschönen Restaurants gespeist, wie dem *Divani Acropolis Hotel* mit Blick auf die Akropolis, wo wir 25 Euro für ein Steak bezahlt haben. Du siehst, es geht alles!

Also, worauf wartest du? Pack deine Tasche, und auf geht's nach Athen!

FETTNÄPFCHEN

Im Laufe der Jahre bin ich schon in so manches Fettnäpfchen getreten. Ich habe einige davon hier aufgeschrieben, damit du besser vorbereitet bist, wenn du auf Reisen gehst. Denn nirgends werden unser Selbstbild und die scheinbaren Selbstverständlichkeiten unseres Alltags stärker in Frage gestellt als in fremden Ländern und Kulturen.

Und manchmal sind es echt Kleinigkeiten, die uns völlig unbedeutend erscheinen – die andere aber irritieren, zum Lachen bringen, verstören oder sogar verletzen. Du solltest also immer daran denken, dass deine und unsere Art zu leben nur eine von unzähligen gleichberechtigten ist. Und dass den Menschen in anderen Gegenden der Welt ihr eigenes Handeln genauso selbstverständlich erscheint wie dir das deine.

Und vor allem solltest du dir beim Reisen immer bewusst machen, dass du der Gast bist und die Regeln und Gebräuche deines Gastlands auch dann respektieren solltest, wenn du sie nicht verstehst oder ablehnst.

WÖRTER

Manche deutschen und englischen Wörter klingen ganz ähnlich wie Begriffe aus einer anderen Sprache, die eine total andere Bedeutung haben. Das kannst du nicht immer wissen – aber es könnte eine Erklärung sein, wenn ein ganz normaler englischer Satz haltloses Gekicher oder schockierte Blicke auslöst.

Wenn du zum Beispiel in der Türkei auf Englisch einen Pfirsich bestellst, versteht dein Gegenüber »piç«, was im Türkischen »Bastard« bedeutet – kein Wort also, das man gerne in den Mund nimmt. In Ungarn wird man dich merkwürdig anschauen, wenn es um Kekse (»cookies«) geht – denn »koki« bedeutet im Ungarischen »kleiner Penis«. Auch beim Flirten mit einer Schwedin oder einem Schweden solltest du aufpassen: Für sie hört sich »kiss« an wie »kissa«, was »pinkeln« bedeutet.

Und während du dich nicht wundern musst, dass auf italienischen Speisekarten »cozze« steht (es sind Muscheln), wirst du irritierte Blicke ernten, wenn du das deutsche Wort »Katze« verwendest – denn

»cazzo« bedeutet im Italienischen »Schwanz, Penis« und ist ein gängiger derber Fluch. Umgekehrt will der Obsthändler auf dem italienischen Markt dich vermutlich nicht dumm anmachen, wenn er »fica« sagt, sondern seine frischen Feigen anpreisen.

Es gibt jedoch auch englische Wörter, die je nach Land eine ganz andere Bedeutung haben können. »Thong« ist zum Bespiel der Begriff für Flip-Flops in Australien. In Großbritannien steht »thong« zwar auch für ein Kleidungsstück, allerdings für einen Stringtanga. Und während in den USA »pants« schlichtweg Hosen sind, geht es in Großbritannien wieder mal um Unterwäsche, hier sind »pants« nämlich gewöhnliche Unterhosen.

Manche deutschen Wörter hören sich zwar englisch an, haben aber im Englischen eine andere Bedeutung oder existieren dort überhaupt nicht. So ist der Begriff »Handy« für Mobiltelefon eine rein deutsche Erfindung; im Englischen sagt man »mobile phone« oder kurz »mobile«. »Handy« hingegen bedeutet einfach nur »praktisch«, es wird nicht mit einem kleinen Telefon assoziiert.

Und mit deiner Zeit auf dem »Gymnasium« kannst du hier auch nur schlecht angeben – für Engländer ist das eine Turnhalle. Eher selbstverständlich dürfte sein, dass das »gift«, das jemand für dich hat, keine tödliche Substanz ist, sondern ein Geschenk, und dass du deinen morgendlichen Kaffee besser nicht mit dem Satz bestellst: »I'd like to become a cappuccino« – das bedeutet nämlich so viel wie »Ich würde gerne ein Cappuccino werden« –, sondern mit: »I'd like to get/have a cappuccino« oder »I'll take a cappuccino«. Und dass du über deine Herkunft nicht mit »I'm a Hamburger« oder »I'm a Frankfurter« informieren solltest, weil du dich damit als Bratklops im Brötchen oder als Würstchen bezeichnen würdest, dürfte auch bekannt sein.

Doch zum Glück sind manche Wörter aus dem Deutschen ins Englische übernommen worden: ein paar Alltagsbegriffe wie »Müsli« und »Kindergarten« und lustigerweise mehr und mehr auch das Wörtchen »über«, so bedeutet »uber-cold« beispielsweise »sehr kalt«. Vor allem aber sind es die tiefsinnigen Wörter für bestimmte Phasen der Lagerfeuer-Konversation, wie zum Beispiel »Zeitgeist«, »Wunderkind«, »Schadenfreude«, »Weltschmerz« und »Weltanschauung«. Und, passend zu diesem Buch: Ein Engländer versteht auch das Wort »Wanderlust«.

GESTEN

Neben den Wörtern können dich vor allem falsche Gesten und für dein Gegenüber merkwürdige Verhaltensweisen direkt ins Fettnäpfchen führen.

Das fängt schon bei der Begrüßung an: Wir Deutsche sind fleißige Händeschüttler und strecken jedem zur Begrüßung erst einmal die Hand entgegen. Doch in den meisten Ländern ist dies kein übliches Verhalten, und besonders in Asien wird dich manch einer verwirrt angucken und nicht wissen, was er tun soll. Denn dort lächelt man sich eher freundlich an und verbeugt sich leicht oder teilweise auch tief nach unten. In Frankreich und Belgien hingegen küsst man sich zwei- bis dreimal auf die Wange – auch wenn man sich vielleicht noch nie vorher gesehen hat. Wenn du also einer Person das erste Mal begegnest und richtig »Hallo« sagen möchtest, warte am besten kurz ab, wie sich dein Gegenüber verhält. Und lass deinen Arm und deine Hand erst mal bei dir.

Kopfschütteln Wenn wir den Kopf schütteln, meinen wir »nein« – und wenn wir nicken, meinen wir »ja«. In Indien, Pakistan und Bulgarien versteht man aber das Gegenteil: Dort bedeutet das Hin- und-Her-Bewegen des Kopfes ein Ja. Wundere dich also nicht, wenn dein Gesprächspartner ständig den Kopf schüttelt. Er will dir damit vermutlich besonders nachdrücklich zustimmen.

Ein tatsächliches Nein wird in Indien durch eine kurze Kopfbewegung und ein schnalzendes Zungengeräusch ausgedrückt. In Bulgarien ist es dagegen genau umgekehrt wie bei uns: Wenn man dort »nein« signalisieren will, nickt man mit dem Kopf. Und weiter: In Äthiopien wirft man den Kopf zurück, wenn man »ja« meint. Genau dieselbe Geste signalisiert in den arabischen Ländern, der Türkei, Süditalien und Griechenland allerdings ein »Nein«.

Daumen nach oben In Deutschland bedeutet ein Daumen nach oben entweder »okay« oder dass man von einem Auto mitgenommen werden möchte. In manchen Ländern wie zum Beispiel Iran, Irak, Afghanistan und Nigeria ist der Daumen nach oben mit unserem Mittelfinger gleichzusetzen und bedeutet, dass man seinem Gegenüber den Daumen in den Hintern rammen will. Auch auf Sardinien sowie in Griechenland, Syrien, dem Libanon und Saudi-Arabien wird die Geste als sexuelle Aufforderung verstanden. Wer die Hand auch noch schnell rauf und runter bewegt, verstärkt diese Geste. (Man fragt sich, wie manche Länder mit dem Facebook-Daumen klarkommen …)

Teufelszeichen Zeigefinger und kleinen Finger in den Himmel strecken bedeutet für Heavy-Metal-Fans den Teufelsgruß. In Spanien, Italien und Brasilien bedeutet es, dass der Partner des Gegenübers ihn betrügt. Vorsicht also – das geht direkt an die (Mannes-)Ehre und kann heftige Reaktionen auslösen.

Mit dem Zeigefinger auf jemanden deuten Auch in Deutschland wird es zwar nicht gerne gesehen, dass man mit dem nackten Zeigefinger auf jemanden deutet, aber einen Aufstand macht deswegen keiner. In Thailand dagegen ist das ein No-Go und gilt als echter Fauxpas, und in Südafrika gilt der ausgestreckte Zeigefinger als Zeichen des Angriffs. Also, pass auf deine Finger auf!

V = Victory! Wer Zeige- und Mittelfinger ausstreckt, der deutet in einer deutschen Kneipe an, dass er gerne noch zwei Bier hätte. Japaner signalisieren so auf ihren Urlaubsfotos Glück und Wohlbefinden. Für Franzosen, Engländer und die Einwohner britisch geprägter Länder wie Australien, Neuseeland oder Malta bedeutet es »victoire« bzw. »victory« – aber nur, wenn der Handrücken auf den zeigt, der die Geste ausführt. Zeigt er zum Gegenüber, entspricht die Geste unserem Stinkefinger.

ESSEN UND TRINKEN

Eines der heikelsten Felder auf dem Gebiet der sozialen Regeln und Tabus sind Ernährung und Genussmittel.

Alkohol in der Öffentlichkeit Während das Trinken von Alkohol in der Öffentlichkeit in Deutschland geduldet wird, ist es in vielen Ländern verboten. Dazu gehören beispielsweise die USA. Wundere dich also nicht, wenn du dort Alkohol kaufst und er schamhaft in eine blickdichte Tüte gesteckt wird – und komm nicht auf die Idee, die Flasche im nächsten Park zu köpfen. Nicht mal bei Bier wird das geduldet. Und gerade im ländlichen Amerika ist es Polizisten herzlich egal, dass es noch andere Länder als die USA gibt und dort andere Regeln herrschen.

In manchen Ländern wie z. B. Polen und Russland wird das Verbot nicht sehr konsequent durchgesetzt, aber gerade als Ausländer solltest du es sicherheitshalber respektieren.

Gänzlich tabu ist Alkohol in allen islamischen Ländern – auch in Restaurants etc. Und einem Gastgeber eine Flasche Cognac mitzubringen ist etwa so, als wenn man bei uns jemandem ein Pornoheft mitbringt. Also keine gute Idee.

In Asien verhält es sich ähnlich. Alkohol darf in den meisten Ländern nicht in der Öffentlichkeit konsumiert werden.

Schweinefleisch in islamischen Ländern In islamischen Ländern – das heißt vor allem: Naher und Mittlerer Osten, Arabische Halbinsel, die nördlichen Teile Afrikas und Teile Asiens wie Bangladesch, Indonesien und der Süden Thailands – ist Schweinefleisch aus religiösen Gründen absolut tabu. Es wird grundsätzlich nicht serviert und ist allenfalls in gesonderten Abteilungen einiger sehr international orientierter Supermärkte zu bekommen.

Rindfleisch in hinduistischen Ländern In Indien laufen die Rinder frei herum und sorgen für viel Chaos im Straßenverkehr. Sie werden von den Menschen verehrt, und niemand darf ihnen etwas antun. Sie werden hochgeschätzt, weil sie Milch geben und unentbehrlich für die Landwirtschaft sind. Für strenge Hindus sind sie heilig. Deshalb wird in Indien kein Rindfleisch verzehrt. Selbst McDonald's verarbeitet dort in seinen Burgern kein Rindfleisch. Interessanterweise ist Indien allerdings einer der größten Rindfleischexporteure der Welt.

China und Japan

Essen ist in Asien das wichtigste soziale Event. Während wir Deutschen meistens im Stillen und jeder vor seinem eigenen Teller sitzend essen, wird in Asien alles geteilt und laut geredet, viel gelacht und diskutiert. In asiatischen Restaurants ist es daher oftmals sehr laut und trubelig.

China In China werden meist alle Gänge und Gerichte gleichzeitig serviert und in die Mitte der Tafel gestellt, und es wird erwartet, dass jeder von allem probiert. Wenn du also mit Asiaten isst, bestelle nicht dein eigenes Gericht und ziehe deinen Teller nicht zu dir, sondern teile mit allen. Und wenn der Gastgeber dir den extra für das gemeinsame Essen gekauften Seestern auf den Teller legt, solltest du diesen am besten einmal probieren. Wenn du das überhaupt nicht mit dir vereinbaren kannst, solltest du sehr freundlich ablehnen und die anderen Gerichte in hohen Tönen loben. Mit etwas Glück ist der Gastgeber dann nicht beleidigt.

Wenn du satt bist, solltest du außerdem etwas im Schälchen lassen – wenn du brav alles aufisst, wird dein Gastgeber dir immer wieder freundlich nachfüllen. Zum Essen trinken Chinesen übrigens auch gerne Bier und Schnäpse. Es ist verpönt, alleine zu trinken – man sollte immer allen anderen zuprosten und dann einen tiefen Schluck nehmen.
Übrigens: Rülpsen und Schlürfen beim Essen gehören anders als bei uns zum guten Umgangston.

Japan Das japanische Wort »gohan« bedeutet sowohl »Reis« als auch »Essen«. Das Grundnahrungsmittel wird mit Stäbchen gegessen, und das solltest du vor einer Reise nach Fernost unbedingt üben. Es ist zum Beispiel absolut tabu, die Stäbchen senkrecht in den gekochten Reis zu stecken, weil dies ein heiliges Totenritual ist. Und man soll die Stäbchen auch nicht überkreuzen oder wie unser Besteck links und rechts neben die Schüssel legen. Außerdem zeigt man niemals mit den Stäbchen auf Menschen – also Vorsicht beim Gestikulieren.

Am Ende jeder japanischen Mahlzeit solltest du zwei kleine Schüsseln gekochten Reis nehmen und diese ganz leeren. Übrigens würzt man Reis in Japan nicht mit Sojasoße oder Ähnlichem.

In Japan gilt man als gierig, wenn man sich selbst zu trinken einschenkt. Schenk also immer den anderen ein – sie werden sich dafür um dich kümmern.

KLEIDUNG

Kleidung ist auf Reisen ein heikles Thema. Die Freizügigkeit und Toleranz, die wir in Europa kennen und schätzen, ist weltweit gesehen eher die Ausnahme als die Regel. Das sollte dir immer bewusst sein, denn im Urlaub in warmen Gegenden wollen wir ja am liebsten so wenig anziehen wie möglich. Das aber verletzt das Schamgefühl der Menschen in vielen Ländern erheblich.

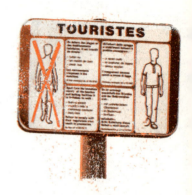

Bikini Während in Brasilien, obwohl es katholisch ist, am Strand die Regel gilt: Je weniger Stoff, desto besser – solange nur die entscheidenden Quadratzentimeter bedeckt sind –, solltest du in arabischen Ländern lieber mehr Stoff tragen als weniger. Der Strand ist der einzige Ort in Dubai, an dem Bikinis überhaupt erlaubt sind, aber auch hier ist gesetzlich eher konservative Kleidung vorgeschrieben – was auch immer das bedeuten mag.

Nacktbaden oder -sonnen ist fast nirgends erlaubt. Es überschreitet das Toleranzgefühl und verletzt die Scham in den allermeisten Gesellschaften.

Achtung: In manchen superprüden Ländern wie zum Beispiel den USA gilt auch die Nacktheit kleiner Kinder als unsittlich. Auch dreijährige Mädchen müssen hier ein Bikini-Oberteil tragen.

Religiöse Stätten respektieren Egal ob du eine Moschee, einen Tempel, eine Synagoge oder eine Kirche betreten willst – denk dran, dass dies für die Gläubigen ein heiliger Ort ist und kein Museum. Deshalb ist nicht entscheidend, was du selbst als ausreichend dezente Kleidung betrachtest, sondern welches die Regeln dieses Gotteshauses sind. Achte einfach immer darauf, dass die Schultern und die Knie bedeckt sind und das Oberteil nicht tief dekolletiert ist. Deine Kleidung sollte auch nicht abgeranzt oder schmutzig sein.

Zudem gelten Regeln für die Kopfbedeckung, die je nach Religion verschieden sind: In christlichen Kirchen nehmen Männer die Kopfbedeckung ab, in Synagogen müssen Männer das Haupt bedecken (Frauen ist es in beiden Fällen freigestellt). In Moscheen müssen Frauen das Haar bedecken, in Tempeln müssen dies beide Geschlechter tun.

Wichtig: Moscheen und Tempel darf man nur ohne Schuhe betreten.

Schuhe ausziehen In vielen Ländern, besonders in Südostasien, gehört es zur Gepflogenheit, die Schuhe auch beim Betreten einer Wohnung oder eines Geschäfts auszuziehen und vor dem Gebäude stehenzulassen, bis man es wieder verlässt. Manchmal erhält man besondere Schuhe, die man innen tragen kann, meistens aber läuft man auf Socken oder barfuß. Achte also darauf, dass du immer vorzeigbare Socken anhast.

Schleier Die einen betrachten die Verschleierungspflicht für Frauen in streng islamischen Ländern als Tradition, die man respektieren sollte, und binden deshalb freiwillig selbst ein Kopftuch um, selbst wenn es für Ausländerinnen – wie zum Beispiel im Iran – nicht vorgeschrieben ist. Die anderen betrachten die Verschleierung als Unterdrückungsinstrument. Heikel wird die Sache dadurch, dass auch viele Frauen in den Ländern selbst das Kopftuch als Symbol ihrer Entrechtung sehen – und in jeder Frau, die darauf verzichtet, eine solidarische Unterstützerin. Informiere dich über die gesetzlichen Regelungen, und entscheide dann, wie du dich verhalten und welche möglichen Anfeindungen du in Kauf nehmen willst.

Traditionelle Kleidung Die Einheimischen empfinden es in der Regel als lächerlich oder sogar als Verhöhnung ihrer Traditionen, wenn du im Sarong oder in Gaucho-Kleidung zu einem Fest erscheinst. Auch wenn du es gut meinst: Von Westlern wird erwartet, dass sie sich zwar dezent, aber durchaus westlich kleiden.

💬 FETTNÄPFCHEN

Ein immer wiederkehrendes Fettnäpfchen für mich war die persönliche Begrüßung in den Dörfern Botswanas. Dort begrüßt man als Gast nämlich immer zuerst den Mann, vor allem, wenn es ein Würdenträger oder einer der Ältesten ist, und dann erst die Frau. Ich als höfliche Westeuropäerin habe natürlich anfangs immer der Frau zuerst die Hand gereicht. Es hat etwas gedauert, bis ich das im Griff hatte. *Katja Oeftiger*

HANDLUNGEN

Körperliche Berührungen In Deutschland haben wir uns in den letzten Jahren sehr lockere Umgangsformen angewöhnt. Umarmungen, Küsschen links und rechts, wie man es aus Spanien, Frankreich etc. kennt, gehören langsam zur Gewohnheit, egal wie gut oder schlecht man sich kennt. In vielen Teilen der Welt wird dies nicht gern gesehen. Im Orient ist die persönliche Schutzzone heilig. Dort wird dem Gegenüber noch nicht einmal die Hand geschüttelt. Auch in Südostasien gilt es als No-Go, jemanden zu umarmen oder gar auf die Wange zu küssen.

Unverbindliche Konversation in den USA Amerikaner sind Meister des Smalltalks. Aber ein »How are you?« ist keine Einladung zu einer Unterhaltung. Es ist gleichzusetzen mit einem »Hi!«. Als Antwort wird lediglich ein »Fine, thanks« erwartet – ganz egal, ob es dir wirklich gutgeht oder ob du einen Scheißtag hattest. Amerikaner sind auch Meister im Übertreiben und in überschwänglichen Komplimenten. »You look great today!« oder »Love what your look's today« sind ganz normal und dürfen nicht zu ernst genommen werden. Ebenso wenig die Aufforderung, sie unbedingt mal zu Hause zu besuchen.

Verbindliche Konversation in Australien In Australien kann ein »How are you?« tatsächlich eine Einladung zu einem Gespräch sein, und man kann darauf so offen und ehrlich antworten wie bei uns. Die Australier sind Fremden gegenüber sehr offen und laden dich nach einer kurzen Unterhaltung bereits gerne zu sich nach Hause oder auf ein Bier oder zu einer Party ein. Und meinen das dann auch so.

Visitenkarten in Japan Ich habe immer Visitenkarten dabei, für den Fall, dass sich jemand für meinen Blog interessiert. In Japan gibt es einen besonderen Knigge für die Übergabe und Entgegennahme von Visitenkarten, wie ich auf schmerzhafte Weise lernen musste. Auf einer großen internationalen Reisemesse reichte ich meinem japanischen Gesprächspartner mitten im Gespräch meine Visitenkarte zwischen zwei Fingern rüber und steckte seine ohne hinzusehen in meine hintere Jeanstasche. Er gefror in Sekundenschnelle zu Eis, und den erhofften Deal konnte ich vergessen. Denn ich hatte alles falsch gemacht, was man falsch machen kann.

Visitenkarten werden in Japan mit beiden Händen übergeben; bei der feierlichen Übergabe beugt man sich leicht vor. Die Visitenkarte des Gesprächspartners sollte ausführlich studiert werden. Und man behält sie meist für den Rest des Gesprächs in der Hand. Wenn man die Visitenkarte verstauen möchte, dann in der inneren Brusttasche des Sakkos. Niemals in der Gesäßtasche! Für Japaner ist die Visitenkarte eine Art Stellvertreterin ihrer Person – und sie empfinden einen achtlosen Umgang damit so, als geschehe es ihnen selbst.

Blumen schenken Sogar die eigentlich freundliche und aufmerksame Geste, einer Gastgeberin Blumen mitzubringen, birgt diverse Fallstricke. So wie man in Deutschland weiße Blumen nur zu Traueranlässen mitbringt, gilt dies in Mexiko und Chile für gelbe. Und in manchen Ländern (z. B. Italien, Frankreich, Spanien, Belgien und der Türkei) werden Chrysanthemen als Todesboten betrachtet.

Auch die Anzahl der mitgebrachten Blumen kann eine Rolle spielen: In China und Indonesien sollte es immer eine gerade Zahl sein, in Russland, Indien und der Türkei eine ungerade. Macht man es falsch, wird der Blumengruß von den Abergläubischen unter den Einheimischen als Unglücksbote betrachtet.

Ein ganz anderer Fauxpas ist einer Bekannten mal in den USA passiert: Sie hatte sich sehr bemüht, etwas anderes als Kunstblumen zu finden. Als die Gastgeberin bemerkte, dass es sich nicht um Plastikblumen handelte, sondern um echte, warf sie sie entsetzt in den Müll – aus Angst vor Krankheitserregern.

Schnauben, niesen, husten in Asien Dass in Ostasien beim Essen munter geschmatzt und gerülpst wird, bedeutet keineswegs, dass es allgemein ungehobelter und »bäurischer« zugeht. In Korea ist es zum Beispiel absolute Unsitte, sich in der Öffentlichkeit die Nase zu putzen – dafür geht man auf die Toilette! Auch bei einem Hustenanfall oder wenn man häufiger niesen muss, sollte man sich in den meisten asiatischen Ländern zurückziehen und das nicht laut in der Öffentlichkeit tun. Ebenfalls tabu ist das Benutzen eines Taschentuchs in Gegenwart anderer. Denn du bringst deine Mitmenschen dadurch in Gefahr, selbst krank zu werden, und dies wird als sehr respektloses Verhalten gewertet.

Aufregen und schreien in Asien Egal, was passiert ist und wie sauer du bist: Zeig das nie in der Öffentlichkeit, sondern allenfalls unter vier Augen. Wer öffentlich angeschrien wird, verliert sein Gesicht. Und auch auf dich wirft es ein schlechtes Licht, wenn du dich aufregst.

Kindern den Kopf streicheln Sicherlich immer nett und wohlwollend gemeint, aber vor allem in Asien gar nicht gern gesehen: Kindern über den Kopf streicheln. Der Kopf ist nach buddhistischer Überzeugung der Sitz der Seele und damit absolut tabu – insbesondere bei Kindern. Generell sollte man Kinder immer besser mit zu viel Respekt und Abstand behandeln als mit zu wenig. Wie auch bei uns ist die Empfindlichkeit in allen Kulturen am größten, wenn die eigenen Kinder vermeintlich bedroht sind. Und erst recht natürlich, wenn du sie tatsächlich bedrohst, etwa durch rücksichtsloses Fahren.

Ebenfalls sehr zurückhalten solltest du dich beim Flirten mit einheimischen Mädchen oder Frauen. Auch erwachsene Frauen sind keineswegs überall ihre eigenen Herrinnen. Ein eifersüchtiger und auf die Familienehre bedachter Vater, Bruder oder Ehemann kann einen aus unserer Sicht eher harmlosen Flirtversuch schnell zu einem dramatischen Konflikt machen. Und den höchsten Preis dafür zahlt immer die Frau, nicht du.

Die Einheimischen belehren Du magst feste Überzeugungen haben und genau wissen, warum das Leben und die Kultur deines Gastlandes rückständig, nicht politisch korrekt, sexistisch, unökonomisch, ineffizient, nicht ökologisch oder sonst was sind. Aber du bist hier zu Gast. Also benimm dich bitte auch so.

Sich in Budapest mit Bier zuprosten Eine eher lustige Geschichte zum Schluss: Im Sommer 2010 saß ich mit Freunden in einer Budapester Kneipe, und wir stießen fröhlich mit unseren Biergläsern an. Irritierte Blicke in der ganzen Kneipe. Wir wussten nicht, warum, und taten es kurz darauf erneut. Daraufhin erklärte uns eine Frau in gebrochenem Englisch, dass man dies in Ungarn nicht tue. Das habe historische Gründe, denn im Jahr 1849 feierten die Henker im Auftrag von Kaiser Franz Joseph I. nach der Hinrichtung mehrerer Generäle mit Bier. Bis heute ein absolutes No-Go. Kurz darauf stieß sie selbst mit ihren Tischgenossen an – es gab Palinka. Wir müssen wohl sehr verwundert geschaut haben. Mit Schnaps dürfe man das, erklärte sie uns.

Wie klärt man Missverständnisse? »Lächle, und die Welt lächelt zurück« – dieser Satz gilt wirklich in jeder Situation. Besinn dich darauf, wenn du mal nicht weiterkommst oder es ein Missverständnis gibt. Versuche immer zu lächeln und in Ruhe zu erklären, was du meinst und was du wolltest. Konzentriere dich nicht auf das Missgeschick, sondern auf die Lösung. Beschuldige dein Gegenüber nicht, sondern versichere, dass es nicht so schlimm ist (auch wenn es das vielleicht ist), und entschuldige dich selbst für das Missverständnis. Begleite dein Reden immer mit beruhigenden, defensiven Gesten. Und werde ja nicht laut. Wenn du selbst etwas falsch gemacht hast, entschuldige dich natürlich sofort, und versuche auch hier mit einem Lächeln zu arbeiten. Selbstverständlich nur, sofern nichts Ernstes oder gar richtig Schlimmes passiert ist. Sei ehrlich, bleib authentisch und ruhig. Falls ihr euch gar nicht versteht, versuche jemanden zu finden, der dolmetschen kann. Und vergiss nicht, dich mehrfach zu entschuldigen und zu erklären, dass du es nicht besser wusstest. In den meisten Ländern wird – auch hier natürlich nur, wenn es nichts Superschlimmes war – meistens sehr kurz nach dem Missgeschick gemeinsam darüber gelacht, und alles ist wieder gut!

PROBLEME UND KATASTROPHEN

»Ich wünschte, ich wäre nie auf Reisen gegangen« – das hat wohl noch selten jemand gesagt. Aber Reisen kann manchmal ganz schön stressig und nervig sein. Während meiner intensiven Reisen habe ich viele der möglichen Gründe dafür kennengelernt (wie zum Beispiel Krankheiten, die ich in einem eigenen Kapitel behandelt habe) – aber ich habe auch immer Möglichkeiten gefunden, diese Reiseprobleme in den Griff zu bekommen.

KEINE REISEERINNERUNGEN?

Wir kennen alle die riesigen Gruppen von japanischen oder chinesischen Touristen, die brav hinter dem Schirmchen ihrer Reiseleiterin hertrotten. Und wenn sie doch mal verlorengehen und sich nach dem Weg erkundigen müssen, stellt man oft fest, dass sie nicht mal wissen, in welcher Stadt oder welchem Land sie gerade sind. Besonders in Europa ist es wegen der kurzen Entfernungen möglich, in nur ein paar Tagen viele Städte zu besuchen. Einen Tag in Barcelona, den nächsten in Paris und den Tag danach in Amsterdam? Logistisch kein Problem. Aber erleben tut man auf diese Weise nichts. Am Ende eines solchen Trips fühlt man sich, als sei man eigentlich nirgendwo gewesen und habe nichts gesehen. Physisch war man zwar an vielen Orten – aber der Kopf hat irgendwann abgeschaltet.

Der wichtigste Reisetipp überhaupt lautet: Mach langsam! Lass dich ein auf den Ort, an dem du bist, statt schon an den nächsten zu denken. Sonst kommst du ohne das kostbarste Mitbringsel nach Hause – die Erinnerungen.

SCHLANGEN AM FLUGHAFEN

Kannst du es auch nicht leiden, bei der Sicherheitskontrolle jemanden vor dir zu haben, der langsam ist? Ich denke, dass sich niemand in einer Schlange aufregen und stressen sollte – dadurch geht es nicht schneller, nur die eigene Laune wird schlechter. Aber ich glaube auch, wir können alle etwas dazu beitragen, dass es etwas effizienter läuft. Wenn ich in der Schlange stehe, stecke ich schon alle Sachen, die ich in meinen Taschen habe, in meine Jacke. Und ich nehme bereits den Gürtel raus. So muss ich, wenn ich dran bin, nur noch meine Jacke ausziehen, meinen Laptop herausnehmen und fertig. Stell dir vor, jeder in der Schlange würde eine oder zwei Minuten einsparen – es würde alles viel schneller gehen.

Wenn du aber dazu neigst, nervös zu werden, wenn es langsam vorangeht, weil du Angst hast, deinen Flieger zu verpassen, bleibt nur ein Tipp: Sei eine halbe Stunde früher am Flughafen und mach die Schlange zur ersten Urlaubs-Entspannungsübung.

VERSPÄTUNGEN UND STORNIERUNGEN

In Europa kann man sich in der Regel darauf verlassen, dass das gewählte Verkehrsmittel tatsächlich verkehrt. Aber ob es pünktlich ist …? Und außerhalb Europas ist vieles noch um einiges ungewisser. Fährt dieser Bus wirklich? Und wann? »Mañana« lautet die Antwort in Nicaragua gerne. Morgen. Und wenn du am nächsten Tag wiederkommst, heißt es wieder: »Mañana« …

Stell dich einfach generell darauf ein, dass Verkehrsmittel unzuverlässig sind und dass das zu deinem Reiseerlebnis gehört. Irgendwie und irgendwann wirst du irgendwo ankommen – und darum geht's doch beim Reisen. Dass es mal anders geplant war – who cares?

Insbesondere solltest du eine Idee haben, wie du mit stundenlangen Wartezeiten umgehst, zum Beispiel an Flughäfen. Mein Tipp: Sieh sie als Chance statt als Ärgernis. Das klingt esoterischer, als es gemeint ist. Aber es hat einfach keinen Sinn, sich über Dinge zu ärgern, die du nicht ändern kannst. Also nutz die ungeplante Wartezeit, um etwas zu tun, für das du sonst keine Zeit hast. Deiner Oma einen Brief schreiben. Ein englisches Buch kaufen und lesen. Deinen Rucksack gründlich aufräumen und neu packen.

Tipp: Leg dir in deinem Smartphone eine Liste mit Dingen an, die du in solchen Wartephasen tun willst. In der Situation selbst ist man manchmal blockiert und kommt nicht drauf, was man alles tun könnte. Wie auch immer du die Zeit füllst: Spiel mit dir selbst »Mensch ärgere dich nicht«!

SICH VERLAUFEN

Hasst du es, dich an unbekannten Orten zu verlaufen? Also, ich eigentlich nicht, denn es ist eine großartige Möglichkeit, den Ort kennenzulernen. Um aber vor Einbruch der Dunkelheit sicher zurück zum Hostel zu kommen, lade ich mir immer einen Google-Maps-Stadtplan auf mein Smartphone herunter, den ich benutzen kann, wenn ich offline bin. Wie das geht, habe ich weiter vorn im Abschnitt übers Taxifahren erklärt.

DINGE VERLIEREN ODER BESTOHLEN WERDEN

Ich habe immer Angst, etwas zu verlieren, wenn ich unterwegs bin. Seit mir 2008 in Sydney alles geklaut wurde (unter anderem Bargeld, Pass, Kamera, Laptop), sichere ich alles über eine Dropbox ab. Ich deponiere dort immer eine Kopie meines Passes, meiner Tickets, meiner Versicherungs- und Bankkarten etc. und auch die wichtigsten Dateien (Blogeinträge, Fotos, Videos). Ich habe gerade einen Dropbox-Business-Plan mit über 200 GB gekauft, was mein Leben sehr viel leichter macht.

Wenn lebenswichtige Dokumente (Pass, Tickets) oder all dein Geld weg sind, schlag dich irgendwie zum deutschen Konsulat bzw. der deutschen Botschaft durch oder ruf dort an. Die sind auf solche Fälle eingestellt.

Eine Liste der deutschen Botschaften im Ausland findest du unter *www.auswaertiges-amt.de/auslandsvertretungen*.

Damit deine Versicherung zahlt, wenn du beraubt oder bestohlen worden bist, musst du den Vorfall bei der örtlichen Polizei melden und außerdem deine Versicherung informieren.

GELD ALLE

Hier gibt es ja meistens zwei Möglichkeiten:

Möglichkeit eins: Du bist echt pleite. Du besitzt kein Geld mehr – weder in bar noch auf dem Konto. Weil du dich verschätzt hast oder weil eine erwartete Überweisung nicht auf deinem Konto eingegangen ist.
Möglichkeit zwei: Du hast zwar Geld auf dem Konto, kommst aber nicht dran.

Pleite auf Reisen

Solltest du keinen Notgroschen haben und wirklich ohne jedes Geld dastehen, kann die Devise nur heißen: Alle einigermaßen legalen Wege ausschöpfen, um das nötige Geld für die Heimreise zusammenzukriegen – und dann ab nach Hause. In der Regel hast du wahrscheinlich ein bereits bezahltes Rückflugticket, so dass es darum geht, erstens nicht zu verhungern und zweitens den Flughafen zu erreichen. (Natürlich gibt es auch Aussteiger, die das ständige Leben von der Hand in den Mund zu ihrer Lebensform gemacht haben, aber die sind in diesem Abschnitt nicht gemeint.) »Einigermaßen legal« heißt: Nichts klauen und auch sonst keine kriminellen Handlungen begehen! Erstens und vor allem aus moralischen Gründen. Mitreisende im Hostel oder gar Einheimische zu beklauen, die viel ärmer sind als du, geht auf keinen Fall. Und zweitens riskierst du immer, erwischt zu werden – und Polizei, Gerichtsverfahren und Gefängnis sind in vielen Ländern eine deutlich härtere Nummer als in Deutschland.

Aber um ein bisschen Geld zusammenzubekommen, wirst du wahrscheinlich betteln und/oder arbeiten müssen – beides notfalls auch ohne Erlaubnis.

Wenn du auf Reisen in diese Situation kommen solltest, dann gibt es meistens einen Ausweg, wie du in kurzer Zeit genug Geld verdienen kannst, um dir zumindest ein Rückflugticket nach Hause zu leisten!

Kein Zugang zum Geld

Ein ebenfalls sehr unangenehmes, aber meist temporäres Problem ist es, wenn man nicht an sein hart verdientes oder erspartes Geld kommt. Das ist mir auch schon mehrfach passiert – meistens für maximal 24 Stunden. Entweder hatte meine Bank vorsichtshalber meine Kreditkarte gesperrt, weil sie dachten, dass sie ohne mein Wissen in Asien genutzt werde, oder ich hatte einfach vergessen, Geld auf mein Kreditkartenkonto zu überweisen. Hier drei Tipps, um solche Situationen zu überbrücken:

Notgroschen: Ich verstecke immer 50 bis 100 Euro (bzw. US-Dollar) an verschiedenen Stellen im Rucksack. (Manchmal sind die Verstecke so gut, dass ich mich selbst freue, wenn ich das Geld wiederfinde!) Mit einem solchen Notgroschen, den du in normalen Zeiten niemals antasten solltest, kommst du bei sparsamer Lebensführung ein paar Tage lang durch.

Geld leihen: Wenn der Notgroschen nicht reicht oder vorher schon gebraucht wurde, habe ich meistens ein paar Freunde oder Bekannte um mich, die mir ein bisschen Geld leihen können. Manchmal ist man auch mit anderen Backpackern schon so vertraut, dass man sie kurzfristig anpumpen kann. Dass es Ehrensache ist, das Geld so schnell wie irgend möglich zurückzubezahlen, versteht sich hoffentlich von selbst. Eine andere Möglichkeit ist das Pfandleihhaus. Dort kannst du einen Wertgegenstand (z. B. Uhr oder Kamera) hinterlegen. Man leiht dir dafür einen Betrag, den du, sobald du wieder flüssig bist, mit einem Zinsaufschlag zurückzahlen kannst, um den Gegenstand wieder einzulösen.

Western Union: Das Unternehmen, dessen Namen du vor allem aus merkwürdigen E-Mails kennst, die dich auffordern, schnell mal ein paar tausend Euro nach Nigeria zu schicken, kann im Notfall tatsächlich eine Hilfe sein. Ich war schon einige Male kurz davor,

Freunde oder meine Familie in Deutschland zu einer *Western Union*-Filiale zu schicken, um am anderen Ende der Welt direkt an Geld zu kommen. Es ist gut zu wissen, dass das notfalls auch geht.

ENTFÜHRUNG

In manchen Ländern gibt es kriminelle oder terroristische Gruppen, die Geld erpressen oder bestimmte politische Entscheidungen erzwingen wollen, indem sie Touristen aus reichen Ländern entführen.

Das Auswärtige Amt aktualisiert regelmäßig seine Website mit Reisewarnungen (*www.auswaertiges-amt.de/DE/Laenderinformationen/01-Reisewarnungen-Liste_node.html*). Dort sind die Länder genannt, die man als Deutscher eher meiden sollte. Ende Februar 2015 riet das Auswärtige Amt beispielweise von elf Ländern komplett ab, für 15 weitere gab es Teilwarnungen heraus.

Im Hinblick auf die Gefährlichkeit bestimmter Regionen sind diese Warnungen nützlich – wegen der hysterischen deutschen Medienlandschaft neigt das Auswärtige Amt aber eher dazu, übervorsichtig zu sein. Ob man alle Warnungen befolgt, muss man selbst entscheiden. Je besser man eine Region bereits kennt, desto eher kann man sich darüber hinwegsetzen. So hieß es 2014 während der Unruhen in Thailand, man solle Bangkok unbedingt meiden. Als Traveller vor Ort bekam man allerdings wenig bis gar nichts von den Unruhen mit.

Auch die Philippinen sind – trotz der Entführungen durch die Terrororganisation Abu Sayyaf – grundsätzlich ein recht sicheres Reiseland. Dasselbe gilt auch für Indonesien, obwohl es dort einige islamistische Terrororganisationen gibt.

NATURKATASTROPHEN

Du erinnerst dich wahrscheinlich an die schrecklichen Bilder des Tsunamis im Indischen Ozean 2004. Mit über 230.000 Toten (darunter auch viele Urlauber) war es eine der verheerendsten Naturkatastrophen der Menschheitsgeschichte. Auch an das Erdbeben und den folgenden katastrophalen Tsunami in Japan 2011, der zur Atomkatastrophe von Fukushima geführt hat, kann man sich noch bestens erinnern. Ebenso an das Erdbeben von Haiti 2010.

Leider sind solche Naturkatastrophen kaum vorhersehbar, und du bist quasi immer und überall in Gefahr. Allerdings gibt es Länder und Regionen, die häufiger von solchen Katastrophen heimgesucht werden. Dazu gehören Erdbebenregionen wie eben Japan und Indonesien, aber auch Neuseeland und fast die gesamte Pazifikküste Nord- und Südamerikas sowie die Karibischen Inseln. Selbst in Europa gibt es Gebiete, in denen die Erde öfter bebt, wie z. B. Portugal, Italien, die Türkei oder Island.

In manchen Erdbebenregionen gibt es mittlerweile Frühwarnsysteme, so dass man nicht völlig unvorbereitet getroffen wird, sondern sich im Idealfall in Sicherheit bringen kann. Informiere dich bei Reisen in Erdbebengebiete am besten gleich am Anfang deiner Reise vor Ort, was in einer solchen Situation zu tun ist.

Neben Erdbeben gibt es auch Vulkane, die regelmäßig ausbrechen und eine Katastrophe auslösen können. Islands bekannter Vulkan Eyjafjallajökull hat 2010 zum Beispiel tagelang den gesamten Flugverkehr in Nord- und Mitteleuropa lahmgelegt. Ebenfalls 2010 sind beim Ausbruch des Merapi auf Java in Indonesien über 300 Menschen ums Leben gekommen. Auch hier gibt es Messstationen, die einen Ausbruch manchmal voraussagen können. Wenn du dich in der Nähe eines aktiven Vulkans befindest, solltest du immer in Alarmbereitschaft sein und schnell fliehen können.

Es gibt auch wetterbedingte Naturkatastrophen. Extreme Hitze oder starke Regenfälle, Unwetter oder gar tropische Wirbelstürme können Wald- und Buschbrände auslösen oder zu verheerenden Überschwemmungen führen. Ich war Weihnachten 2010 in Australien unterwegs und musste meine Reisepläne ändern, weil große Teile Australiens überflutet und die Straßen unbefahrbar waren.

Auch 2013 wurde Australien wieder von heftigen Überschwemmungen heimgesucht. Außerdem kämpft das Land fast jedes Jahr mit Buschfeuern infolge der sommerlichen Hitze. Aber auch der Süden Europas, vor allem Portugal und Griechenland, sind im Sommer häufiger von Wald- und Buschbränden betroffen. Wenn du dich in der Nähe eines solchen Brandes befindest, kann ich dir nur raten, das Gebiet schleunigst zu verlassen und woanders hinzureisen.

Richtig gefährlich wird es bei Hurrikanen, Taifunen und Zyklonen – also starken Wirbelstürmen. Risikogebiete sind hier die Karibikküste, Japan, die Philippinen und die Länder um den Indischen Ozean. So wurden die Philippinen 2013 vom Taifun Hajyan heimgesucht. Während der Wirbelsturmsaison solltest du solche Regionen entweder meiden oder sehr aufmerksam die Wetterberichte verfolgen. In der Regel ist es zwei bis drei Tage im Voraus klar, wenn sich über dem Meer ein Wirbelsturm bildet und wo er in etwa aufs Festland treffen wird. Falls du da gerade bist: Hau ab!

Wenn du tatsächlich in eine Naturkatastrophe geraten solltest, ist es wichtig, dass du die Ruhe bewahrst, so viele Informationen wie möglich sammelst, dein eigenes Leben sicherst und, soweit möglich, anderen Leuten hilfst.

ÄNGSTE

Phobien, also pathologische Ängste, sind oft ein Grund, aus dem Menschen sich ihre Reiseträume nicht erfüllen können.

Dabei sind die meisten Phobien objektiv unbegründet bzw. die Wahrscheinlichkeit, dass das Befürchtete tatsächlich eintritt, ist sehr gering.

Angst vor Haien Die Wahrscheinlichkeit eines Haiunfalls ist extrem gering. Zwischen 1959 und 2003 wurden in den Küstenstaaten der USA 1857 Menschen vom Blitz getötet. Im selben Zeitraum gab es hier insgesamt 740 »Hai-Unfälle«, von denen nur 22 tödlich endeten. Der Rest waren Attacken oder auch nur Berührungen. Die Wahrscheinlichkeit, vom Blitz erschlagen zu werden, war also fast hundertmal höher als die, von einem Hai getötet zu werden. Und selbst die Wahrscheinlichkeit, von einer herabfallenden Kokosnuss erschlagen zu werden, ist höher als die einer tödlichen Begegnung mit einem Hai. An einem

💬 DIE PHILIPPINEN NACH DEM TAIFUN

2013 reiste ich kurz nach dem katastrophalen Supertaifun Hajyan zusammen mit meiner Freundin auf die Philippinen. Meine Familie lebt dort, und zwar auf der am stärksten betroffenen Insel Tacloban. Als ich ankam, war ich überrascht, wie »normal« sich alle verhielten. Man sah deutlich die Verwüstung. Straßen waren kaputt, und Häuser, die beim letzten Besuch noch gestanden hatten, waren nicht mehr da. Es war kein schönes Bild.

Was aber schön war, war die Einstellung der Menschen. Sie haben weiterhin gelacht und waren fröhlich, einfach nur, weil sie den Taifun überstanden hatten und noch am Leben waren.

Eine Einwohnerin sagte mir, dass sie einfach ein neues Haus auf dieselbe Stelle bauen und weitermachen würden wie bisher. Es sei ja nicht der erste Taifun gewesen. Und was blieb ihnen auch sonst übrig?

Wenn ich überlege, wie wir hier in Europa mit so einer Situation umgegangen wären, dann lacht mein Herz. Es ist schön zu sehen, dass es auch in schlechten Zeiten noch Grund zum Lachen gibt.

Wir hatten die ganzen vier Wochen keinen Strom, da die Leitungen alle zerstört waren. Das Haus meines Opas war auch komplett zerstört, obwohl er als einer der wenigen ein Steinhaus hatte. Und so rückte man eben im Haus der Kinder zusammen. Es war schön zu sehen, wie die Menschen in solchen Situationen zusammenhalten. Und so wurde aus einem Familienbesuch einer der prägendsten Trips, die ich je hatte. *Thomas*

Strand, der von Kokospalmen beschattet ist, bist du also weniger sicher als im »haiverseuchten« Meer direkt davor.

Fun-Fakt: Allein in New York werden jährlich zehnmal so viele Menschen von einem Menschen gebissen wie weltweit Menschen von Haien!

Flugangst Angeblich leiden rund 15 Prozent der Deutschen an Aviophobie, also Flugangst. Dabei ist das Flugzeug, gemessen an der zurückgelegten Strecke, das sicherste Verkehrsmittel überhaupt. Nur eines von 1,2 Millionen gestarteten Flugzeugen stürzt ab. Die Wahrscheinlichkeit, in einen Autounfall verwickelt zu werden, ist tausendmal so hoch wie die, in einem Flugzeug zu sitzen, das abstürzt. Weltweit sterben jährlich ca. 500 Menschen bei Flugzeugabstürzen – allein in Deutschland sterben aber mehr als sechsmal so viele bei Verkehrsunfällen. Trotzdem steigen wir viel unbekümmerter in ein Auto als ins Flugzeug. Ziemlich irrational.

Gegen Flugangst gibt es übrigens auch Seminare, die dir beibringen, damit umzugehen.

Also: Willst du deiner Angst tatsächlich erlauben, dein Leben zu bestimmen und einzuschränken? Oder willst du sie besiegen oder zumindest lernen, so mit ihr zu leben, dass sie dich zwar begleitet, aber nicht mehr behindert?

TIERE

Auch wenn die Wahrscheinlichkeit, durch ein Tier zu Schaden zu kommen, recht gering ist – du solltest eine Ahnung davon haben, was in dem von dir gewählten Land so kreucht und fleucht und womit nicht zu spaßen ist.

Denn in Deutschland haben wir echt Glück: Es gibt nur sehr wenige gefährliche Tiere und Pflanzen. Das sieht in anderen Teilen der Welt ganz anders aus. Besonders so beliebte Länder wie Australien sind bekannt für ihre manchmal lebensgefährliche Flora und Fauna.

Harmlos

Auch wenn manche Spinnen und Insekten echt fies aussehen, sind die meisten dieser Tiere harmlos. Es gibt nur ein paar wenige

Spinnenarten, deren Bisse gefährlich sind oder gar töten können. Das Gleiche gilt für die Vielzahl an Insekten, die so durch die Gegend fliegen und krabbeln. Auch wenn wir Menschen uns fast reflexartig vor ihnen ekeln, stellen die allermeisten keine Gefahr für uns dar. Wäre es anders, wäre die Menschheit längst ausgestorben.

Lästig

Die wohl lästigsten Tiere sind Mücken, die in tropischen Ländern auch Moskitos genannt werden. Gerade dort wirst du ihrem Gesumme und den furchtbar juckenden Stichen nicht entkommen können. Aber auch in Europa fühlen sich Mücken wohl: Besonders viele findest du (bzw. finden dich) zum Beispiel im Sommer in Skandinavien, vor allem in den seenreichen Gebieten Finnlands und Schwedens, aber auch in Masuren. Allerdings können ein paar Tricks helfen, sich die lästigen Viecher vom Leib zu halten: In den meisten Ländern kannst du vor Ort Anti-Mücken-Spray oder -Lotion kaufen, deren Geruch deine Haut für Mücken unattraktiv macht. Auch Weihrauchstäbchen helfen gegen Mücken. In ganz krassen Mückengebieten, wo du viel draußen unterwegs bist, hilft nur noch entsprechende Kleidung. In der Abenddämmerung kann man allerdings manchmal überhaupt nicht entspannt draußen sitzen. Wichtig ist es, das Zelt oder das Haus durch Mückengitter und -netze abzuschirmen oder das Bett durch ein Moskitonetz zu schützen, damit wenigstens die Nachtruhe gewährleistet ist. Nicht wissenschaftlich bestätigt ist das Gerücht, der Genuss von Tonic Water halte Mücken vom Stechen ab – wahrscheinlich kommt es daher, dass das in Tonic enthaltene Chinin als Mittel gegen Malaria eingesetzt wird. Auf jeden Fall ist es ein hübscher Vorwand, abends ein paar leckere Gin Tonic zu trinken.

Gefährlich

Die bereits erwähnten Moskitos können aber mehr als nur lästig sein: Sie übertragen ernsthafte und bedrohliche Krankheiten. In weiten Teilen Asiens und Afrikas, aber auch in Mittel- und Südamerika sowie in der Karibik ist das die Malaria. Vor deiner Reise solltest du dich genau informieren, welche Form der medikamentösen Prophylaxe sinnvoll und notwendig ist (siehe Kapitel »Achte auf deinen Körper«).

In manchen Regionen gibt es zudem Mücken, die das Denguefieber übertragen. Auch hiervon sind viele Gegenden betroffen: von Süd- und Mittelamerika über die Südstaaten der USA, Afrika, den Mittleren und den Fernen Osten bis hin nach Ozeanien und Australien. Gegen dieses Fieber gibt es bisher keinen Impfstoff. Es äußert sich durch sehr starke Kopf- sowie Muskelschmerzen und hohes Fieber.

In Afrika und Südamerika kommt zudem Gelbfieber vor, das ebenfalls von Mücken, aber auch von Primaten übertragen wird. Hier gibt es allerdings eine sehr sichere Impfung, die du nach Absprache mit einem Arzt eventuell durchführen lassen solltest, bevor du in ein betroffenes Gebiet reist.

Auch Zecken können Krankheiten übertragen. Am weitesten verbreitet sind die Borreliose sowie die Frühsommer-Meningoenzephalitis, kurz FSME. Gerade im Süden Deutschlands sowie in Tschechien und in weiten Teilen Osteuropas kannst du dich durch einen Zeckenbiss infizieren. Wenn du in diesen Gebieten im Wald oder durch Wiesen spazieren gehst, solltest du daher langärmlige Oberteile sowie lange Hosen und feste Schuhe tragen. Borreliose lässt sich am besten behandeln, wenn die Infektion noch nicht zu lange her ist. Also untersuch deinen Körper nach solchen Touren auf Zecken, und lass, wenn du eine entdeckst, vom Arzt abklären, ob sie dich infiziert hat.

Vor allem streunende Hunde, aber auch Affen können durch Bisse die Tollwut übertragen.

Neben der Übertragung von gefährlichen Krankheiten können Tiere aber auch aus anderen Gründen gefährlich sein: weil sie Wild- und Raubtiere oder weil sie giftig sind. Dabei verschätzt man sich, wie am Beispiel der Haie gezeigt, häufig bei der Wahrscheinlichkeit, von einem Tier attackiert zu werden. Die meisten halten Löwen, Tiger und Wölfe für die größte Gefahr – aber diese Raubtiere gehen Menschen in der Regel weiträumig aus dem Weg. Und gerade weil wir Tiere wie Nashörner, Nilpferde und Affen unterschätzen, die wir nur als friedliche Schlummerer oder fröhliche Gesellen aus dem Zoo kennen, passiert mit ihnen viel häufiger etwas.

In Südafrika sieht man beispielsweise viele Schilder, die vor Pavianen warnen. Diese Affen sind nämlich Raubtiere, haben keine große Angst vor Menschen und sind zudem schlau. Sie dringen in Häuser und Autos ein und können schnell gefährlich werden.

Auch Elefanten und Kaffernbüffel darf man nicht unterschätzen oder gar reizen. Und Nashörner und Nilpferde können sehr aggressiv werden und dir erstaunlich schnell hinterherrennen. Im Amazonas sind Jaguare unterwegs, während du in Kanada und im Norden der USA beim Wandern auf wilde Bären stoßen kannst. Und es ist auch niemandem zu empfehlen, einer deutschen Wildsau mit Jungen oder einem wütenden Bullen in die Quere zu kommen.

Und natürlich ist es kein Märchen, dass Haie, die sich in Ufergewässer verirren, dem Menschen gefährlich werden können – meistens, weil sie ihn mit einem Fisch verwechseln. Der Weiße Hai hat schon einige Menschen auf dem Gewissen, aber auch von Tiger- und Bullenhaien sind Attacken auf Menschen bekannt. Die meisten Haiattacken kommen in den USA an der Küste Floridas vor, gefolgt von Australien und Südafrika. Aber auch vor den Philippinen, den Malediven, den Seychellen, Madagaskar, den Bahamas und anderen karibischen Inseln oder Hawaii kommen Begegnungen mit Haien vor – ebenso im Roten Meer und im Mittelmeer. Besonders gefährdet sind übrigens Surfer. Mit ihrem Brett, der meist dunklen Kleidung und den Armen im Wasser sehen sie für einen Hai schnell mal aus wie eine Robbe oder ein toter Fisch, der an der Wasseroberfläche schwimmt.

Aber es gibt auch ein paar andere gefährliche Fischarten: In Südamerika kannst du im Süßwasser z.B. auf hungrige Piranhas stoßen. Auch wenn diese Fische meistens als übertrieben aggressiv und gefährlich dargestellt werden, solltest du nicht unbedingt mit ihnen baden gehen – vor allem nicht, wenn du eine Wunde am Körper hast. Zudem sind auch Muränen nicht ganz ungefährlich, und Zitteraale können dir einen heftigen Stromschlag verpassen! Was ziemlich schmerzhaft und mit langwierigen Problemen enden kann, ist der Tritt auf einen Seeigel. Also immer schauen, wohin du deinen Fuß setzt, und in unübersichtlichem Gelände sicherheitshalber mit Badeschuhen ins Wasser gehen.

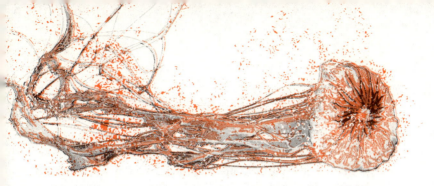

Doch viel wahrscheinlicher als ein Haiangriff oder eine Begegnung mit einem gefährlichen Fisch ist der Kontakt mit einer Qualle. Und das ist nicht nur eklig-glibberig, sondern manchmal auch lebensgefährlich (siehe nächsten Abschnitt zu »tödlichen Tieren«). Besonders im Mittelmeer trifft man häufig auf Leuchtquallen, und eine Berührung mit ihnen setzt ein sehr stark brennendes Nesselgift frei. Teilweise kann es Monate dauern, bis sich die Haut wieder vollständig erholt hat. In der Nord- und Ostsee sind zudem sogenannte Feuerquallen unterwegs, und auch hier brennt die Haut nach einer Berührung höllisch und lange.

Nicht nur im Süßwasser, sondern auch im Meer vor den Küsten Australiens und verschiedenen Inseln Südostasiens tummeln sich zudem gefährliche Krokodile. Ansonsten triffst du diese Reptilien vor allem in Flüssen oder Seen der Tropen und Subtropen. Der Alligator ist dabei im Osten Süd- und Mittelamerikas, aber auch in den Südstaaten der USA zu finden. Das Krokodil hingegen ist weit verbreitet – von Süd- und Mittelamerika über Afrika bis Indien, Südostasien und Australien.

Ebenfalls gefährlich sind alle Pythonarten, da ihr Biss sehr schmerzhaft sein kann und du ihrem Würgegriff nur schwer entkommst. Mehr über die gefährlichsten Schlangenarten im folgenden Abschnitt.

Gefährlich – und für Allergiker manchmal lebensbedrohlich – sind die Stiche von Wespen, Hornissen und Skorpionen. Sie kommen auf allen Kontinenten vor. Als Allergiker solltest du immer ein Gegengift dabeihaben und deine Mitreisenden informieren, dass dir bei bestimmten Stichen ein allergischer Schock droht und du Hilfe brauchst.

Tödlich

Manche Tiere sind so giftig, dass sie dich innerhalb von Minuten töten können. Das giftigste Tier der Welt ist die Seewespe, eine Qualle mit bis zu drei Meter langen Tentakeln, die an der Nord- und Ostküste Australiens sowie im westlichen Pazifik zu Hause ist. Die Seewespe ist auch als Würfelqualle bekannt, und meistens endet ihre Berührung tödlich, weil äußert schnell eingegriffen werden muss.

Auch die Portugiesische Galeere ist eine sehr giftige Quallenart, die eigentlich in der Karibik zu Hause ist, aber mehr und mehr auch an Stränden in Südspanien aufkreuzt. Wenn du mit dieser Qualle in Berührung kommst, kann das zu Lähmungserscheinungen bis hin zu Atemversagen oder Herzstillstand führen.

Der Blauringelkrake ist ebenfalls extrem giftig, ebenso die Kegelschnecke, die ihr Gift durch einen mit einem Giftzahn bestückten Rüssel in ihr Opfer schießt. Gegen das Gift dieser Schnecke gibt es bislang noch kein Gegengift, weshalb du beim Tauchen in tropischen Gewässern extrem aufpassen solltest.

Ebenfalls mit tödlichem Gift ausgerüstet sind der Stachelrochen und der Steinfisch, dessen Gift in seinem Rückenflossenstachel sitzt. Die Dubois'-Seeschlange ist die drittgiftigste Schlange der Welt.

Aber auch auf dem Festland leben Tiere mit tödlichem Gift. In erster Linie sind hier die Schlangen zu nennen. Die giftigste Schlange ist der Inland-Taipan, dicht gefolgt vom Östlichen Taipan. Beide Schlangenarten kommen in Wäldern, Graslandschaften und vor allem in Zuckerrohrplantagen in Nord- und Nordostaustralien sowie in

Probleme und Katastrophen

💬 ELEKTRISIEREND

Nach einem längeren Arbeitsurlaub-Aufenthalt in einem Gartenapartment in Perth wollten wir mit dem Vermieter die Schlüsselrückgabe arrangieren. Dieser meinte ziemlich entspannt, wie die Aussies halt sind, dass wir den Schlüssel einfach in den Sicherungskasten auf der Vorderterrasse hängen sollten, er würde ihn sich dort holen. Kind und Kegel fertig zusammengepackt, Taxi zum Flughafen für den Rückflug nach Sydney bereit, schloss ich die Haustüre ab und öffnete die Tür des Metallkästchens. Aber beim Hineinhängen des Schlüssels entdeckte ich keine 5 cm von meiner Hand entfernt zwei Red Back Spiders. Vor Schreck ließ ich den Schlüssel fallen und knallte das Türchen zu. Uff! Schwein gehabt!

Natürlich haben wir den Vermieter dann telefonisch gewarnt, aber er meinte nur: »Ach, sind wieder welche da drin, ja, die fühlen sich immer recht wohl bei mir ...«
Silvia Schaffner

Papua-Neuguinea vor. Braunschlangen sind die zweitgiftigsten Schlangen und ebenfalls in ganz Australien zu Hause. Weitere extrem giftige Schlangenarten sind die Tigerotter (Süden Australiens), die Diamantklapperschlange (Südosten der USA), die Schwarze Mamba (Süd- und Ostafrika), die Afrikanische Speikobra (Afrika) und die Monokelkobra (Südostasien).

Es gibt zudem sehr giftige und somit lebensbedrohliche Skorpione wie den Roten Indischen Skorpion, der, wie der Name bereits vermuten lässt, in Indien, Pakistan und Sri Lanka vorkommt. Er ist sehr klein, und falls du in diesen Ländern unterwegs bist, solltest du es vermeiden, barfuß zu laufen. Auch der Gelbe Mittelmeerskorpion hat ein lebensbedrohliches Gift und kommt vor allem im Nahen Osten, in der Türkei sowie in Arabien und Nordafrika vor.

Ein paar wenige Spinnenarten sind zudem auch lebensbedrohlich für Menschen. Am giftigsten ist die Trichternetzspinne, die im Großraum Sydney in Australien vorkommt. Diese Spinnenart ist zudem sehr aggressiv – und die einzige, bei der das Männchen mehr Gift besitzt und somit gefährlicher ist als das Weibchen. Auch ein Biss der Rotrückenspinne, die vorwiegend in Australiens Trockenregionen heimisch ist, kann für den Menschen tödlich sein. Diese Spinne ist nicht aggressiv, hat sich dafür aber auch in anderen Ländern Südostasiens sowie in Neuseeland und Japan angesiedelt.

Eine ebenfalls extrem giftige und aggressive Spinne ist die Brasilianische Wanderspinne, auch Bananenspinne genannt. Sie lebt in ganz Südamerika, ist aber vor allem in Brasilien heimisch. Manchmal geraten einzelne Exemplare in Bananenkisten nach Europa. Die Bananenspinne macht angsteinflößende Drohgebärden, und ihr Biss kann einen Menschen innerhalb von zwei Stunden töten.

Eine weitere Spinne, die einen Menschen durch ihren Biss töten kann, ist die Schwarze Witwe bzw. Südliche Schwarze Witwe. Sie lebt hauptsächlich in den südlichen Neuenglandstaaten der USA bis hinunter nach Mexiko, aber auch in Oklahoma, Texas und Kansas. Diese Spinnenart mag vor allem trockene und steppenähnliche Gebiete und lebt in Bodennähe zwischen Steinen und Sträuchern. Allerdings gibt es noch weitere Witwenarten, die ebenfalls giftig und nahezu auf der ganzen Welt anzutreffen sind.

Zu allem Übel gibt es auch fliegende Todesbringer: die asiatischen Riesenhornissen. Diese Insekten sind daumengroß (!) und kommen in Ost- und Südostasien vor. Jedes Jahr sterben schätzungsweise 50 Menschen an ihrem Stich, vorwiegend in China und Japan. Ihr Gift hat eine fleischzersetzende Wirkung und ist deshalb nicht nur superschmerzhaft, sondern lockt auch weitere Hornissen an. So einem fliegenden tödlichen Riesenviech will man wirklich nicht begegnen!

Egal wohin du reist: Du solltest dich vorher über die Tierwelt des Landes informieren und entsprechende Vorsicht walten lassen.

SICHERHEITSTIPPS

Grundsätzlich ist der Aufenthalt in fremden Ländern genauso sicher oder unsicher wie der in einer deutschen Großstadt – solange man den gesunden Menschenverstand einschaltet, sich informiert und sich nicht leichtsinnig verhält. Manchmal gibt es Gegenden, die man einfach nicht besucht – genauso wie in unseren Großstädten. Absolute Sicherheit und Garantien gibt es aber nirgends – wer das verlangt, sollte das mit dem Reisen lieber seinlassen.

Hier ein paar Tipps, wie du und deine Sachen unterwegs sicher bleiben:

Einheimische um Rat fragen So wie du dich in deiner Stadt auskennst, können vertrauenswürdige Einheimische dir natürlich am besten sagen, wann und wo es in ihrer Stadt sicher ist. Sie können Risiken und die aktuelle Lage besser einschätzen als jeder Reiseführer. Eine große Hilfe sind in der Regel die Angestellten deines Hostels oder Hotels beziehungsweise deine Couchsurfing- oder Bed-and-Breakfast-Gastgeber. Und da die Menschen in fast allen Teilen der Welt aufgeschlossener und kontaktfreudiger sind als in Deutschland, wirst du leicht mit ihnen ins Gespräch kommen.

Die Hauptverkehrszeiten nutzen Grundsätzlich sind Städte zur Hauptverkehrszeit am sichersten, also bei Tageslicht. Viele Augen sehen viel, und die Menschen achten aufeinander. Überfälle auf einsame, orientierungslose Touristen sind dann am unwahrscheinlichsten. Die einzige Gefahr, die zu dieser Zeit größer ist, sind Taschendiebe. Achte also auf deine Wertsachen.

Ankunft bei Tageslicht und Hostel in sicherer Lage Vor allem, wenn du allein reist, rate ich dir, deine Anreise so zu planen, dass du bei Tageslicht ankommst und dich nicht bei Dunkelheit in einer fremden Umgebung zurechtfinden musst. Dein Hostel oder Hotel sollte außerdem in einem belebten und sicheren Teil der Stadt liegen.

Tipp: Bei *Hostelbookers* oder *Hostelworld* kannst du die Lage anhand der Rezensionen checken.

Pass dich äußerlich deiner Umgebung an Trage keine Wertgegenstände sichtbar durch die Gegend. Manche Dinge, die in Europa normal sind, wie beispielsweise eine Uhr, eine Kamera, ein Smartphone oder Schmuck, sind in anderen Ländern etwas Besonderes. Kleide dich unauffällig bzw. pass dich deiner Umgebung an.

Übe ein gewisses Maß an Grundvorsicht Die meisten Länder sind sicherer, als du vielleicht annimmst. Doch egal, ob du allein oder in einer Gruppe unterwegs bist, und unabhängig davon, ob die Gegend als sicher gilt oder nicht: Behalte immer eine gewisse Grundvorsicht und Aufmerksamkeit. Achte im Umgang mit den Menschen und Situationen vor allem auf dein Bauchgefühl.

Fahr nur mit offiziellen Taxis In vielen Ländern gibt es sowohl offiziell lizensierte Taxis als auch Privatfahrer. Benutze immer offizielle Taxis – und zwar den Rücksitz, damit du notfalls aussteigen kannst, wenn dir etwas komisch vorkommt. Private Taxis sind nicht immer vertrauenswürdig. Informiere dich vor Ort, welche Taxiunternehmen empfehlenswert und sicher sind.

Geh nachts nicht allein raus Vielleicht hattest du das sowieso nicht vor, aber ich möchte es dennoch betonen: Geh nachts nicht alleine raus – es sei denn, vertrauenswürdige Einheimische haben es ausdrücklich für sicher erklärt. Wenn es sich um nichts Dringendes handelt, verschiebe es lieber auf den nächsten Tag. In einer Gruppe wirst du dich auch nachts sicherer fühlen – und sicherer sein.

Deine Ausstrahlung beeinflusst dein Risiko maßgeblich Wie sicher und gelungen deine Reise sein wird, hängt vor allem davon ab, wie du dich gibst. Die Menschen reagieren positiver auf dich, wenn du offen, bescheiden, aber auch selbstbewusst wirkst. Vor allem aber solltest du den Mut haben, es klar und deutlich auszudrücken, wenn dir jemand zu nahe kommt, und notfalls laut um Hilfe rufen. Auch wenn ich damit keine Hysterie auslösen will: Lieber dreimal zu oft um Hilfe rufen als einmal zu wenig.

Reisegepäck sichern und Wertsachen verteilen Wie bereits im Kapitel »Die Ausrüstung und das Packen« erläutert: Je weniger du mitnimmst, desto weniger kann abhandenkommen oder geklaut werden.

Die wichtigen Dinge gehören immer an den Körper. Bei mir sind das: Pass, Geld, Smartphone, Laptop und externe Festplatte. Alle anderen Wertsachen gehören in den Safe oder ins Schließfach.

Eine Möglichkeit, dein Eigentum zu schützen, ist ein sogenannter »Pacsafe« – ein verschließbares Gepäckstück mit einem Drahtgeflecht, das du an jedem Metallgegenstand festketten kannst und das sich dank seines integrierten Drahtgeflechts nicht aufschneiden lässt.

EINSAMKEIT

Ich reise sehr viel allein. Und fast jeder, den ich unterwegs getroffen habe, hat mich irgendwann gefragt, wie ich eigentlich das Gefühl von Einsamkeit verhindere oder bekämpfe. Hier sind einige meiner Antworten darauf:

1. Reise langsam – sehr langsam! Ich verhalte mich unterwegs eigentlich nicht wie jemand, der von Ort zu Ort und von Land zu Land reist, sondern eher wie ein Expat oder ein Nomade: Ich lasse mich für eine bestimmte Zeit an einem Ort nieder und lebe dort. Dadurch habe ich genug Zeit, Bekanntschaften und Freundschaften mit Einheimischen oder mit anderen Backpackern zu schließen. So bin ich nur dann allein, wenn ich es will. Meist finde ich schnell eine Lieblingsbar, ein Café oder einen anderen Ort, an dem ich gerne regelmäßig bin. Dort spreche ich dann Leute an, die ich öfter sehe. So habe ich während meines Jahrs in Bangkok viele gute Freundschaften geschlossen – und die meisten davon sind im »Cheap Charlies« entstanden.

2. Finde ein Hobby! Du solltest ein Hobby oder eine Beschäftigung haben, die du liebst und gerne betreibst und für die du niemand anderen brauchst. Für mich ist es das Arbeiten, weil ich mein Hobby, das Bloggen übers Reisen, zu meinem Beruf gemacht habe. Jedes Mal, wenn ich mich ein bisschen einsam fühle, fange ich an zu arbeiten: Ich bearbeite Videos, schreibe Artikel, programmiere neue Websites etc. Das macht mir Spaß, und ich kann es nur alleine machen. Dadurch habe ich nie Langeweile – und die ist meiner Meinung nach das größte Einfallstor für Einsamkeit.

3. Sei nicht allein! Du musst nicht allein sein, wenn du es nicht willst. Egal wo du hingehst – du wirst andere Menschen treffen. Wenn du dich nicht so leicht damit tust, fremde Menschen anzusprechen, dann geh einfach in eine Bar und trink ein paar Bier. Dann wird es dir leichtfallen, die Leute um dich herum anzusprechen. Oder sie tun es. In Bangkok habe ich einen Typen beim Pinkeln angesprochen. Fünf Minuten später saß ich mit sieben Flugbegleitern und Piloten an einem Tisch, und wir haben Bier geext. Die Nacht war gigantisch – und der Kater am nächsten Morgen noch viel größer …

4. Übernachte am richtigen Ort Wenn du Gesellschaft suchst, übernachte nicht in schönen und teuren Hotels, sondern in Hostels. Im Gemeinschaftsraum wirst du viel leichter anderen Travallern begegnen als in einer feinen Hotellobby.

5. Triff dich mit anderen Reisenden Ein guter Weg, sich mit anderen Reisenden zu treffen, ist *Couchsurfing.com*. Dort findest du für jede größere Stadt ein Forum – und fast täglich irgendwelche Treffen. Einheimische und Traveller schauen da regelmäßig rein und abonnieren das Ganze meistens sogar per E-Mail. Poste doch einfach mal selbst einen Beitrag, und du wirst sehen, wie schnell und einfach das ist.

6. Fordere dich selbst heraus Du weißt immer noch nicht, was du gegen die Einsamkeit tun sollst? Mach dir eine gute Zeit mit dir selbst! Ich bin mir sicher, dass du einen Traum hast, den du schon immer verwirklichen wolltest. Jetzt ist die Zeit, dir diesen Traum zu erfüllen. Du wolltest schon immer mal Tango tanzen lernen? Oder eine neue Sprache? Oder Bungee-Jumping ausprobieren? Dann los! Mach!

ONLINE BLEIBEN

Wenn du deine Reise planst, fragst du dich mit Sicherheit auch, wie du von unterwegs online bleiben kannst – oder deine Mutter fragt es. Ich habe hierzu mehrere gute Nachrichten und eine schlechte.

Die erste gute Nachricht lautet: Es ist recht einfach, von unterwegs stets mit dem Internet verbunden zu sein. Und die weitere gute Nachricht: Es ist auch nicht so teuer, wie du es dir vielleicht vorstellst. Die schlechte Nachricht ist: Wenn du wirklich so abhängig vom Internet bist, solltest du dein Geld eventuell lieber für eine Therapie ausgeben, statt es in eine Reise zu investieren. Denn die Welt und das Reisen sind viel schöner, wenn du sie mit deinem ganzen Körper aufnimmst und nicht nur mit deinem iPhone!

Hier sind sechs Wege, wie du auf Reisen online bleibst:

1. Lokale SIM-Karte Eine lokale SIM-Karte zu kaufen ist in der Regel die billigste Option. Je nach Land und Anbieter gibt es eine Einrich-

tungsgebühr zwischen null und zehn Euro. Je höher sie ist, desto wahrscheinlicher ist ein Startguthaben dabei.

Wenn du eine lokale SIM-Karte kaufst, solltest du darauf achten, welches Paket du gebucht/gekauft hast. Anbieter haben oft viele verschiedene Pakete mit Sprach-, SMS- oder Internet-Optionen. Dann gibt es auch Pakete, bei denen alle drei zusammen für einen höheren Preis angeboten werden. Wenn du nur online gehen willst, um Bilder auf Facebook hochzuladen, deine E-Mails zu checken oder um mit Freunden über WhatsApp in Kontakt zu bleiben, reicht wohl ein Internet-Paket mit ein paar GB. Wenn du aber auch im In- und Ausland telefonieren willst, würde ich dir empfehlen, ein Paket mit Sprach- und Internet-Optionen zu buchen. Ich buche meistens nur ein Internet-Paket, da ich auf Reisen kaum telefoniere.

Wenn du nur für ein paar Tage bleibst, lohnt es sich oft nicht, eine Einrichtungsgebühr zu bezahlen. Dann ist eine der im Weiteren aufgeführten Optionen die bessere!

Achtung: Wenn du ins Ausland reist und eine lokale SIM-Karte kaufst, solltest du darauf achten, dass dein Smartphone SIM-Lock-frei ist und du es mit SIM-Karten von anderen Anbietern nutzen kannst.

2. Roaming Wenn du nur für ein paar Tage bleibst, ist Roaming wohl die einfachste Option. Besonders in der EU wird Roaming dank des Europäischen Parlaments immer billiger, und angeblich sollen die Kosten fürs Roaming bis 2018 sogar ganz abgeschafft werden. 50 MB Roaming kosten heutzutage im europäischen Ausland im Durchschnitt nur noch 2,50 Euro.

3. Kostenpflichtige WiFi-Netzwerke Je mehr du reist, desto öfter wirst du auf die gleichen kostenpflichtigen WiFi-Netzwerke stoßen. Es gibt bereits einige große Unternehmen, die sich auf kostenpflichtiges WiFi spezialisiert haben. Wenn du also nicht die ganze Zeit rumrennen und nach gratis WiFi-Netzwerken Ausschau halten möchtest, ist dies eine gute Möglichkeit, um schneller online zu sein. *Boingo* ist eines der größten und bietet mobiles (Smartphone & Tablet) WiFi-Roaming ab 9,95 Dollar im Monat (weltweiter Hotspot-Zugang kostet 39 Dollar im Monat für alle Geräte inklusive Laptop). *iPassConnect* ist auch ein großes Unternehmen in diesem Segment, und *Fon* kooperiert mit vielen großen Telekommunikationsunternehmen wie T-Mobile, KPN etc.

4. Gratis WiFi-Netzwerke Wo es bezahlte WiFi-Netzwerke gibt, wird es auch kostenlose geben. Starbucks bietet fast überall gratis WiFi-Netzwerke an, und die meisten Cafés ziehen mittlerweile nach. Bestell dir einfach einen Kaffee und frag nach dem Passwort.

Generell werden Innenstädte immer WiFi-freundlicher. So habe ich am Strand von Barcelona und auf einer Parkbank vor dem Nobel-Museum in Stockholm bereits kostenlos im Internet gesurft. Immer mehr Orte ziehen nach, und bald sind wir dann alle überall vernetzt.

5. MiFis MiFis sind eine tolle und einfache Art, ständig vernetzt zu sein, besonders in Europa. MiFis sind mobile WiFi-Geräte, die mit einer SIM-Karte ausgestattet sind.

Ich habe mein Gerät bereits in Deutschland, Spanien, Dänemark, Schweden, Panama und Nicaragua genutzt, und es hat eigentlich immer sehr gut funktioniert.

Das Internet ist prepaid, und du kannst dein Konto ganz einfach per Kreditkarte aufladen. Das einzige Investment ist der Kauf des MiFis selbst. Es kostet zwischen 59 und 99 Euro.

6. MiFi + lokale SIM-Karte Solltest du für einen längeren Zeitraum verreisen und dich die meiste Zeit außerhalb der EU aufhalten, ist ein MiFi ohne SIM-Karte in Verbindung mit lokalen SIM-Karten das

Beste. Denn besonders außerhalb der EU surfst du so viel billiger im Internet und kannst alle deine Geräte damit verbinden. Solltest du mit Freunden unterwegs sein, könnt ihr euch die Kosten auch einfach teilen.

Dein Reiseblog

Sobald du unterwegs bist, werden deine Freunde und deine Familie dich mit Fragen bombardieren, was du so alles erlebt hast. Einfach nur die Bilder auf deinem Facebook-Profil zu liken wird ihnen nicht reichen. Sie werden deine Erfahrungen hören oder lesen und ganz genau wissen wollen, was du erlebt und wie du dich dabei gefühlt hast.

Das mag am Anfang zwar ganz cool sein, kann auf Dauer aber auch sehr anstrengend werden, wenn du jede Geschichte 20-mal an verschiedene Menschen abtippen musst.

Als ich 2008 auf meine erste lange Reise nach Australien ging, hatte ich mir einen kleinen, aber feinen Reiseblog erstellt, auf dem ich meine Freunde und meine Familie auf dem Laufenden hielt. Alle paar Tage lud ich einen Bericht und Fotos von einem Erlebnis hoch.

So konnte ich nicht nur die Neugier aller Freunde mit einem Blogpost befriedigen, sondern erreichte nach ein paar Monaten auch wildfremde Menschen, die über Google und andere Suchmaschinen auf meinen Blog aufmerksam wurden.

Irgendwann schrieben mich dann auch Unternehmen an, die mit mir arbeiten, sprich: Links auf meiner Seite platzieren wollten und vieles mehr. Ich freute mich so sehr darüber, dass ich das damals alles machte und mich über die ganzen E-Mails von Fremden zum Thema Australien sehr freute. Doch bald wurde mir klar, dass mein Blog auch Einfluss auf Menschen hatte, die ich gar nicht kannte. Deshalb professionalisierte ich das Ganze, bildete mich fort und gründete *Off-The-Path.com*.

Ein Reiseblog kann dir einerseits helfen, viel Zeit zu sparen und trotzdem alle Freunde auf dem Laufenden zu halten. Andererseits kannst

> **Woher bekomme ich aktuelle Reise-Infos?**
> Dieses Buch ist der perfekte Start für dein großes Abenteuer. Wenn du weiter auf dem Laufenden bleiben und neue coole Orte auf der ganzen Welt finden willst, empfehle ich dir, *Off The Path* regelmäßig zu besuchen und dem Blog auf Facebook, Instagram und YouTube zu folgen:
> - Blog: *off-the-path.com/de*
> - Facebook: *facebook.com/offthepathcom*
> - Instagram: *instagram.com/scanaves*
> - YouTube: *youtube.com/SebastianCanaves*
>
> Auf dem Blog werde ich weiterhin regelmäßig tolle Beiträge veröffentlichen. Und in Zukunft kannst du, als Käufer des Buches, deine eigenen Reisebeiträge dort veröffentlichen. Mehr Informationen hierzu findest du auf dem Blog selbst.

du damit auch wildfremde Menschen inspirieren und über deine Reise informieren und dir vielleicht sogar eine kleine Einnahmequelle schaffen.

Um einen Blog zu erstellen, gibt es ein paar Gratis-Plattformen wie *Blogspot.de* oder *Wordpress.de*. Diese empfehlen sich aber nur, wenn du das ausschließlich für Freunde und Familie machen willst.

Solltest du dagegen einen richtig coolen, professionellen Reiseblog erstellen wollen, mit dem du deine Reisen finanzieren und andere Menschen inspirieren willst, solltest du einmal auf *off-the-path.com/de/blogcamp* schauen. Dort findest du viele Informationen, wie du einen erfolgreichen und professionellen Reiseblog aufbaust.

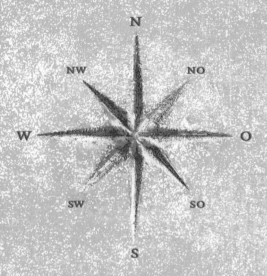

Nach Hause kommen

IV

NACH HAUSE KOMMEN

Redewendungen wie »Zurück zu den Wurzeln« oder »Es gibt keinen besseren Ort als zu Hause« kennen wir alle. Und nach vielen Jahren des Reisens kann ich bestätigen: Da ist was dran.

Wenn ich auf Reisen bin, genieße ich es vorbehaltlos. Aber jedes Abenteuer hört irgendwann mal auf. Und mittlerweile freue ich mich auch auf das Nach-Hause-Kommen. Über die Jahre habe ich gelernt, auch die Zeit, die ich zu Hause bin, zu genießen.

Dabei hat »zu Hause« für mich gar keine bestimmte Adresse. »Zu Hause« ist für mich eine Einstellung, eine Erinnerung und der Ort, an dem meine Mutter gerade ist (sie reist auch viel). Aber das Zuhause, das ich hier meine, ist das mit der realen Adresse – der Ort, an dem man sich am wohlsten fühlt nach Tagen, Wochen oder Monaten unterwegs. Hier ein paar Vorteile des Zu-Hause-Seins.

Im eigenen Bett schlafen Ich habe bereits in vielen supergemütlichen und luxuriösen 5-Sterne-Betten geschlafen – und andererseits auch in dreckigen und billigen Hostelbetten, wo die Matratze dünner war als eine Sonntagszeitung. Aber ganz egal, wo ich war: Nach einer langen Reise freue ich mich immer auf die erste Nacht zu Hause, wo ich mich einfach ins eigene frisch bezogene Bett fallen lasse. Das Bett, in dem meine Lieblingsposition schon eingedrückt ist und in dem ich mich nicht hin und her bewegen muss, bis ich die richtige Schlafhaltung gefunden habe … Ich liebe es, in meinem eigenen Bett zu schlafen!

Nicht mehr aus dem Backpack leben Ich liebe Backpacken. Was ich aber nicht liebe, ist das ständige Ein- und Auspacken, wann immer ich etwas brauche. Ich habe bereits einen sehr guten Rucksack mit vielen Taschen gefunden, der mich seit vielen Jahren auf meinen Reisen begleitet – aber die Dinge, die ich suche, sind meistens trotzdem ganz unten. Zu Hause habe ich einen Schrank, in dem alles perfekt sortiert ist und ich nicht lange wühlen muss, um etwas zu finden. Schön!

Nicht mehr für jedes Essen und jede Nacht bezahlen (mehr oder weniger) Eigentlich zahlt man ja immer, aber es fühlt sich zu Hause einfach nicht so an. Wenn man auf Reisen ist, muss man ja immer

direkt bezahlen. Ich zahle zu Hause dasselbe, wenn nicht sogar mehr als auf Reisen, aber es fühlt sich nicht so an. Und das ist manchmal auch ein ganz gutes Gefühl …

Heiße Dusche und frische Klamotten Mal ehrlich: Wie oft hast du dein Lieblingsshirt auf Reisen noch mal und noch mal ungewaschen wieder angezogen? Hab ich auch schon oft gemacht …

Es ist schön, nach Hause zu kommen und den Luxus einer heißen Dusche und frischer Klamotten zu genießen!

Viel Zeit, um sich zu sammeln und über die Reise nachzudenken Als Reiseblogger ist das für mich natürlich sehr wichtig! Es ist echt schwer, auf Reisen so diszipliniert zu sein, dass ich immer früh aufstehe und am Blog arbeite, obwohl ich eigentlich gerne ausschlafen und dann in dem Paradies da draußen unterwegs sein möchte.

Aber die Arbeit, die viel Konzentration braucht, wie zum Beispiel das Designen von E-Books, das Schneiden von Videos etc. schiebe ich immer auf die Zeit, in der ich zu Hause bin. Ich liebe es, nach Hause zu kommen, mich morgens mit einer Tasse Kaffee hinzusetzen und über meine Reisen nachzudenken.

Menschen treffen, die Heimat bedeuten Es ist toll, zu reisen und jeden Tag neue Menschen kennenzulernen. Aber es ist auch toll, nach Hause zu kommen und nicht ständig dieselben beiden Fragen beantworten zu müssen: »Wo kommst du her und wo willst du noch hin?« Die Menschen zu Hause kennen dich. Und manchmal brauchen sie nicht mal Worte, um dir zu zeigen, wie sehr sie sich freuen, dass du wieder da bist. Ich liebe es, nach Hause zu kommen und zu wissen, dass meine Freunde nur ein paar U-Bahn-Stopps entfernt sind.

Und wenn du einen Hund zu Hause hast, ist das Beste am Nach-Hause-Kommen doch wohl die bedingungslose Liebe, die so ein Hund dir schenkt. Es ist egal, ob du ein paar Tage, Wochen oder gar Monate weg warst – du wirst mit unbändiger Freude begrüßt.

Zeit, das nächste Abenteuer zu planen Sobald es wieder langweilig wird, ist es Zeit, vom gemütlichen Zuhause aus dein nächstes Abenteuer zu planen. Diese Planungszeit ist schließlich auch superspannend. Ich liebe es, andere Reiseblogs nach Inspirationen für meine nächste Reise zu durchsuchen, um zu sehen, was man so alles machen kann. Oft kenne ich das Ziel der nächsten Reise schon, bevor ich überhaupt zu Hause ankomme, weil mich andere Traveller inspiriert haben.

Ich schreibe mir einfach alles in meine »Abenteuer Bucket List«. Die werde ich wahrscheinlich nie komplett abarbeiten können, da immer wieder neue Sachen hinzukommen, aber das ist egal. Allein die Liste ist eine ständige Inspiration.

Du siehst: Es ist gar nicht so schlecht, nach Hause zu kommen …

DANKSAGUNG

Ein großes Danke geht an dich: dafür, dass du dieses Buch gekauft hast und nun dein großes Abenteuer planst. Ich bin sehr stolz auf dich und wünsche dir hierfür alles Gute. Solltest du irgendwann mal feststecken, kannst du jederzeit hier im Buch zurückblättern und dir ein Thema erneut durchlesen. Außerdem kannst du auf meinem Blog nach mehr Informationen suchen.

Solltest du zu einer Frage überhaupt keine Antwort finden, kannst du mir jederzeit eine E-Mail schreiben. Meine Kontaktdaten findest du ebenfalls in meinem Blog.

Ich wünsche dir alles Gute für dein Abenteuer!

Außerdem danke ich meiner Freundin Line Dubois für die Geduld, die sie mit mir gehabt hat. Ich habe dieses Buch in neun verschiedenen Ländern in Europa, dem Mittleren Osten, Südostasien und Australien geschrieben, und sie war immer verständnisvoll, wenn ich das nächste Kapitel durchgearbeitet habe.

Ein großer Dank auch an meine Eltern Heike Hilmer-Börner und Peter Hilmer für die ständige Unterstützung jetzt, aber auch in den letzten 26 Jahren. Egal was ich gemacht habe – sie standen immer hinter mir und haben mich vorbehaltlos unterstützt. Dafür bin ich sehr dankbar!

Danke auch an Tom Thron für die Unterstützung bei der Textarbeit und an Daniel Oertel vom Ullstein Verlag für das Vertrauen in mich und *Off The Path*.

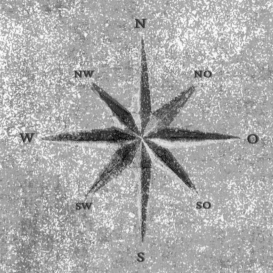

ANHANG

Register

0–9
9Flats 104, 105, 128

A
Abenteurer 27, 28, 46, 50, 183
Abreise 90, 100, 107
Action 182
ADAC 170
Afghanistan 189
Afrika 30, 51, 61, 62, 75, 209, 213
Ägypten 29, 178
Airbnb 82, 104, 105, 127–129
Alkohol 140, 143, 159, 190
Angkor Wat 29, 70, 182
Ängste 76, 205
Anhalter 158
Antibiotika 140
Anti-Moskito-Spray 96, 142
Argentinien 28, 31, 51, 57, 60
Asien 13, 30, 34, 55, 75, 188, 190, 191, 196
Au-pair 65
Auslandsjahr 59, 129
Auslandskrankenversicherung 106, 107
Auslandssemester 68
Auslandsstudium 67, 68
Ausrüstung 96, 170, 216
Australien 11, 27–31, 36, 51, 57–59, 61–66, 72, 74, 99, 143, 144, 146, 151, 163, 165, 167, 168, 182, 187, 189, 195, 205, 207, 209–211, 213
Auswärtiges Amt 203
Auto 40–42, 44, 80, 108, 151, 158, 161–169, 207
Autokauf 165

B
Backpacker 21–24, 32, 56, 61, 63–65, 72, 74, 92, 118, 120, 121, 132, 138, 156, 167
Backpacking 21, 24, 27, 31, 33, 36, 51, 58, 95, 225
Bagan 20, 47, 71, 182
Bahn 81, 151, 159, 162
Bali 28, 29, 47, 68, 113, 182
Banff 28
Bangkok 13, 31, 51, 55, 57, 70, 71, 144, 169, 203, 217
Barcelona 18, 29, 33, 130
Bargeld 90, 200
Bed & Breakfast 123
Belgien 151, 188, 195
Berlin 46, 80, 105, 176
Billigflieger 150
Billigfluglinien 149
Blog Camp 177
Bolivien 28
Bosnien und Herzegowina 54
Botschaft 115, 200
Brasilien 28, 32, 35, 51, 189, 192, 214
Brisbane 11, 12, 64
Brustbeutel 93
Buenos Aires 28
Bulgarien 13, 67, 151, 182, 188

Register 231

C

Camper 163
Campervan 163, 164, 167
Camping 132
Carnet de Passage 170
Carsharing 80, 81
Chiang Mai 13, 50, 55, 182
Chicken busses 35, 89
China 34, 51, 60, 145, 191, 195, 214
Costa Rica 28, 31, 35, 51, 72, 182, 183
Couchsurfing 124–126, 129, 172, 215, 218

D

Dänemark 67, 151
Dehydrierung 139
Denguefieber 142, 209
Deutschland 11–13, 41, 54, 66, 67, 81, 85, 106, 107, 122, 128, 141, 143, 151, 178, 183, 189, 190, 194, 195, 201, 203, 207
Diebstahl 103
Diebstahlversicherung 107
Diphterie 141
Dropscan 104
Dubai 34, 192
Duct-Tape 44
Duty-free 150

E

Ecuador 51
Edding 160
E-Mail 90, 122, 131, 218
ERASMUS 68
Erdbeben 203, 204
Europa 29–33, 54, 57, 68, 74, 128, 134, 135, 143, 151, 155, 161, 192, 199, 204, 208, 220
Extremsport 183

F

Facebook 81, 91, 155, 189, 219, 221
Facebook Messenger 81
Fahrrad 48, 81, 114, 133, 172, 173
Fake-Profil 126
Fettnäpfchen 186, 188, 194
Finnland 132, 136, 137, 151, 182
Fitnessclub 85, 86
Fitnessstudio 85, 108, 183
Flashpacker 21, 92
Flugangst 207
Flughafen 72, 91, 135, 138, 149, 150, 162, 198, 199, 201, 213
Flugzeug 37, 70, 90, 148, 207
FourSquare 115
Frachter 152
Frankreich 132, 151, 182, 188, 194, 195
Freiflüge 150
Fremdsprachen 109
Frühling 33–37, 56, 57
Frühstück 113, 119, 123, 129
Fruit-Picking 64, 65
Führerschein 98, 158, 170

G

Galapagosinseln 156, 157
Gebrauchtwagen 40
Gelbfieber 142, 209
Geld 21, 38, 56, 59, 63, 64, 66, 75, 78–81, 83–87, 90, 105–108, 118, 119, 129, 151, 166, 167, 173, 176, 178, 185, 201–203, 216
Ghana 29, 60
Google Maps 114, 115, 159, 169, 170

Griechenland 61, 146, 151, 182, 184, 185, 188, 189, 205
Großbritannien 33, 95, 97, 109, 182, 187
Guatemala 35, 103
Gumtree 39, 59, 65, 166, 169
Gürteltasche 93

H

Haftpflichtversicherung 107, 166, 170
Haie 205, 209, 210
Handgepäck 21, 90, 92–95, 97, 98
Handyvertrag 81, 86
Hauptsaison 54, 56, 57, 122, 155
Herbst 33–37, 57, 134
Himalaya 34
Home Away 128
Homestay 129
Hongkong 31, 54, 55, 109, 152
Hostel 65, 69, 77, 96, 114, 118–121, 124, 126, 164, 167, 169, 200, 201, 215
Hotel 55, 71, 105, 114, 121, 122, 124, 126, 176, 185, 215
Housesitting 130, 131
Hygiene 119
Hygieneartikel 91, 97

I

Impfpass 98
Impfungen 141, 142
In Case of Emergency 115
Indian Summer 34
Indien 29, 51, 61, 188, 190, 191, 195, 213
Indonesien 28, 34, 143, 161, 170, 178, 182, 190, 195, 203, 204

Internet 44, 81, 83, 120, 125, 162, 165, 176, 178, 218–221
Interrail 22, 37, 151
Island 12, 72, 204
Isonzo 50
Italien 51, 54, 146, 151, 182, 189, 195, 204

J

Jamaika 182
Japan 29, 34, 72, 191, 192, 195, 203–205, 214
Japanische Enzephalitis 142
Jedermannsrecht 136
Jetlag 70, 113, 139
Joggen 146, 183
Jordanien 29

K

Kambodscha 29, 51, 54, 60, 182
Kamera 91, 176, 202, 215
Kanada 28, 29, 31, 33, 51, 57, 64, 72, 125, 210
Karibik 11, 35, 155, 208, 212
Katalonien 51
Keffiyeh 138
Kindle 44, 82, 99, 181
Kirschblütenzeit 34
Kleidung 23, 95, 171, 192, 193, 208, 210
Koh Lanta 50
Kolumbien 29, 35, 51, 61
Konsulat 115, 200
Konto 78, 79, 83, 84, 86, 105, 108, 201, 220
Korea 34, 144, 196
K.-o.-Tropfen 12, 119
Krabi 13, 50, 55, 122

Krankenversicherung 106, 141
Krankheit 106, 107, 141, 142
Kreditkarte 83, 84, 90, 91, 98, 150, 202, 220
Kreuzfahrt 11, 155–157
Kroatien 50, 54
Krüger-Nationalpark 28
Kuala Lumpur 51
Kulturbegeisterte 28, 29
Kulturschock 29, 35, 54

L

Laptop 92, 119, 199, 200, 216, 220
Last minute 127, 162
Last-minute-Flüge 149
Lateinamerika 51, 57, 74, 75, 78, 109
Lebensmittelvergiftung 139
Lebensqualität 182
Los Angeles 33
Luxemburg 151

M

Macau 54, 55
Machu Picchu 29
Madrid 33, 160
Magen-Darm-Beschwerden 139
Malaria 97, 142, 208
Malta 109, 182, 189
Medikamente 92, 97, 142, 143
Mexiko 29, 31, 35, 51, 72, 143, 182, 183, 195, 214
Mietvertrag 101, 102
Mietwagen 41, 78, 161, 162
Mietwagen-Verlegung 162
MiFi 44, 220
Miles and More 150
Mitfahrer 40

Mittelamerika 35, 52, 75, 209, 211
Momondo 149
Monsun 58
Moskitos 142, 208
Motorrad 170, 173
Myanmar 13, 46, 51, 70, 71, 77, 182

N

Nacktbaden 192
Namibia 28, 51
Naturerlebnis 68, 69
Naturkatastrophe 203, 205
Naturkatastrophen 203, 204
Nebensaison 50, 54, 56, 122
Nepal 29, 34
Neuseeland 28, 29, 31, 36, 51, 57, 59, 60, 62, 72, 74, 109, 143, 183, 189, 204, 214
New Orleans 33
New York 33, 69, 152, 207
Nicaragua 35, 51, 61, 182, 199, 220
Niederlande 151, 172, 182
Nordamerika 30, 33–35, 74, 106, 143
Norwegen 28, 62, 72, 132, 146, 151, 182, 183
Notarzt 115
Notfall 90, 91, 171, 202
Notfall-Klamotten 91
NRMA 166

O

Ohropax 96
Oneworld 39, 150
Optimale-Reisezeit.de 57
Orientierung 115, 119
Österreich 67, 151, 182

P

Packen 95, 100, 171, 216
Packliste 44, 94, 95, 99, 171
Palituch 96
Panama 35, 38, 51, 182, 220
Papua-Neuguinea 29, 157
Paris 28, 29, 33, 198
Pass 12, 19, 90, 98, 119, 200, 216
Patagonien 28
Payslip 67
Peru 29, 51, 144
Philippinen 55, 203, 205, 206, 210
Phobien 205
pleite 201
Polen 151, 190
Polizei 115, 160, 201
Portugal 11, 33, 151, 182, 204, 205
Post 104
Prepaid 81

Q

Queenstown 28

R

Railay Beach 55
Rangun 46
Raubtier 134
Regenzeit 34, 56–58, 95
Reiseadapter 96
Reiseapotheke 30, 97, 139
Reisegepäckversicherung 107, 216
Reisepass 30, 66, 90, 170
Reisetyp 27
Relax Ally 44, 145
Relaxen 47, 180
Religiöse Stätten 192
Reward-Programme 150
Rindfleisch 190, 191
Rio de Janeiro 69
Roadtrip 12, 39, 41–44, 164, 165, 166, 168
Roaming 219, 220
Rom 28, 29, 31, 33, 182
Romantiker 28
Roomorama 128
Rücktransport 106
Rumänien 67, 151, 182
Rundum-Sorglos-Paket 37
Russland 33, 34, 151, 190, 195

S

San Francisco 31, 33
San Juan del Sur 88
Santorini 28, 185
Schiff 152
Schlafsack 99, 169
Schlaf-Wach-Rhythmus 113
Schließfach 119, 135, 138, 216
Schließfächer 119
Schottland 28, 46, 48, 49, 51, 52, 132, 182
Schutzbrief 170
Schweden 50, 67, 72, 73, 132, 151, 182
Schweinefleisch 190
Schweiz 72, 151, 182, 183
Seattle 33
Seewespe 212
Segelboot 153, 154
Serbien 54, 67
Seychellen 28, 210
Sharing Economy 127
Sibirien 34
Sicherheit 37, 42, 65, 72, 74, 75, 103, 122, 130, 139, 142, 168, 204, 214, 218

Sicherheitskontrolle 91, 150, 198
Siesta 146, 147
Sightseeing 181
Singapur 51, 54, 55, 70, 109
Skandinavien 33, 46, 132, 208
Skype 81, 91
Skyscanner 149
Slowenien 50, 54, 72, 182
Smartphone 85, 91, 115, 120, 169, 200, 215, 216, 219, 220
Soca 50
Sommer 33–36, 39, 57, 100, 146–149, 197, 205
Spanien 27, 51, 128, 146, 151, 182, 189, 194, 195, 220
Sport 85, 108, 182
Spotify 42, 43
Sprachunterricht 178
Sri Lanka 13, 34, 50, 182, 213
Städtereise 68, 69
Strafzettel 41
Strom-Adapter 44
Südafrika 27, 28, 30, 32, 51, 57, 60, 62, 143, 183, 189, 210
Südamerika 35, 51, 142, 204
Südostasien 30, 31, 34, 45, 51, 55–57, 70, 78, 95, 121, 142, 144, 145, 161, 193, 194, 211, 213, 214
Surfen 12, 27, 47, 182, 183
Syrien 34, 189

T

Tankstelle 41
Tansania 28
Taxfile Number 66
Taxi 12, 114, 169, 213
Tetanus 141
TFN 66
Thailand 19, 27, 28, 32, 34, 50, 51, 54, 60, 70, 72, 143, 149, 178, 182, 189, 203
Tibet 29
Tokio 69
Tollwut 141, 209
Touristenvisum 38
Trampen 158, 159
Traumziele 44–46
Trinkwasser 41, 143, 160
Tropenmedizin 141
Tschechien 151, 209
Türkei 13, 29, 54, 67, 151, 186, 188, 195, 204, 213

U

Ubud 47, 68
Uganda 29
UK 151
Um-die-Welt-Ticket 37, 38, 39
Unfallversicherung 107
Ungarn 13, 67, 151, 186, 197
Universalklebeband 44
Unterkunft 43, 60, 66, 78, 114, 118, 152
Untervermieten 103, 104
Upwork 86, 87
USA 29, 31, 33, 38, 51, 57, 72, 109, 128, 187, 190, 192, 194, 196, 209–211, 213, 214
USB-Stick 92
UV-Schutz 148
UV-Strahlung 143

V

Vancouver 33, 125
Venedig 28

Verkehrsmittel 29, 80, 148, 199, 207
Verschleierung 193
Versicherung 80, 106–108, 201
Versicherungskarte 98, 170
Vielfliegerprogramm 150
Vietnam 34, 51, 54, 70, 72
Visitenkarten 195
Volunteering 60, 61
Vulkane 204

W

Warndreieck 171
Warnweste 171
Weltreise 22, 37, 38, 51, 58, 78
Weltumseglung 152
Western Union 202, 203
WhatsApp 81, 91, 219
WiFi 220
Wild campen 133
William Wallace 46, 48
Wimdu 105, 128
Windchill-Index 148
Winter 34–37, 57, 100, 148
Wirbelstürme 204, 205
WLAN 120
Wohnmobil 163, 164
Wohnung 19, 76, 82, 83, 100–105, 126, 127, 129, 193
Work and Travel 36, 59, 63, 66, 155
World Wide Opportunities on Organic Farms 62
Würfelqualle 212
WWOOF 62
www.bahn.de 151

Y

Yoga 47, 179, 183

YouTube 83

Z

Zecken 209

Bildnachweis

Als Grundlage einiger Illustrationen wurden Fotos verwendet, die aus lizenzrechtlichen Gründen eine Nennung des Urhebers erfordern.

S. 2: Sebastian Canaves, S. 20: Nicholas Kenrick, S. 22: Serpentus, S. 23: Taber Andrew Bain, S. 33: Runner 310, S. 41: Jo Naylor, S. 42: Tobias, S. 49: Superbass, S. 52: Mtmelendez, S. 53: Gerrit Fries, S. 58: Vratislav Darmek, S. 64: Jean-Marc Rosier, S. 70: Terence Ong, S. 72: Siegfried Rabanser, S. 73: Yeti Hunter, S. 74: Lubasi, S. 78: Damian O'Sullivan, S. 84: La Citta Vita, S. 87: Whoisjohngalt, S. 105: Dirk Ingo Fanke, S. 106: weidegruen, S. 109: John Stephen Dwyer, S. 117: Sebastian Canaves, S. 118: 750Claus, S. 132: Tuchodi, S. 137: Joonas Lyytinen, S. 144: Hafiz Issadeen, S. 148: Ansgar Walk, S. 156: William Murphy, S. 157: Datune, S. 166: That Hartford Guy, S. 171: Kelvyn Skee, S. 180: Geraint Owen, S. 188: Tobias Wolter, Fotolia/fotopro, David Benbennick, S. 189: Ra Boe (links), S. 192: MPD01605, S. 199: Horax zeigt hier, S. 204: Árni Friðriksson, S. 206: DFID – UK Department for International Development, S. 209: André Karwath, S. 211: Francesco Crippa, S. 212: Ian W. Fieggen, S. 213: Repat

Fabian Sixtus Körner

Journeyman
1 Mann, 5 Kontinente
und jede Menge Jobs

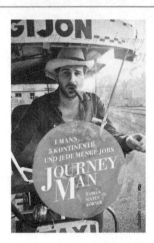

Mit zahlreichen Fotos.
QR-Codes mit Fotos und Videos
im Buch.
288 Seiten. Klappenbroschur.
Auch als E-Book erhältlich.
www.ullstein-extra.de

Ohne Geld um die Welt

Wie kommt man einmal um die Welt, mit nur 255 Euro auf dem Konto? Fabian Sixtus Körner schnappt sich seinen Rucksack und macht sich auf ins Ungewisse. Sein Plan: alle Kontinente dieser Erde bereisen – und überall für Kost und Logis arbeiten. Er legt Tausende von Kilometern in Fliegern, Zügen, Bussen, löchrigen Booten und Rikshas zurück und arbeitet dabei mal als Grafiker, mal als Architekt oder Fotograf. Zwei Jahre und zwei Monate, über sechzig Orte, querweltein.

ullstein